声律启蒙 千家诗

爱读·国学经典

卢平忠 卢宁 逸闻 雨潇 编注

四川文艺出版社

图书在版编目（CIP）数据

声律启蒙·千家诗 / 卢平忠等编注. —3版. —成都：四川文艺出版社，2019.6
（爱读·国学经典）
ISBN 978-7-5411-5408-9

Ⅰ.①声… Ⅱ.①卢… Ⅲ.①诗词格律—中国—启蒙读物②《声律启蒙》—注释③古典诗歌—诗集—中国④《千家诗》—注释 Ⅳ.①I207.21②I222.72

中国版本图书馆CIP数据核字（2019）第093579号

SHENGLU QIMENG QIANJIASHI

## 声律启蒙·千家诗

卢平忠　卢宁　逸闻　雨潇　编注

| | |
|---|---|
| 责任编辑 | 赵海海　燕啸波 |
| 责任校对 | 段　敏 |
| 封面设计 | 闻江文化 |
| 版式设计 | 史小燕 |
| 责任印制 | 唐　茵 |

出版发行　四川文艺出版社（成都市槐树街2号）
网　　址　www.scwys.com
电　　话　028-86259287（发行部）　028-86259303（编辑部）
传　　真　028-86259306

邮购地址　成都市槐树街2号四川文艺出版社邮购部　610031
排　　版　四川胜翔数码印务设计有限公司
印　　刷　四川华龙印务有限公司
成品尺寸　146 mm×210 mm　　　开　本　32开
印　　张　10.25　　　　　　　　字　数　250千
版　　次　2019年6月第三版　　　印　次　2019年6月第一次印刷
书　　号　ISBN 978-7-5411-5408-9
定　　价　42.00元

版权所有·侵权必究。如有质量问题，请与出版社联系更换。028-86259301

# 目录

## 声律启蒙

卷　上 ································· 3
卷　下 ································· 77

## 千家诗

前　言 ································ 145

**第一卷　七言绝句**

春日偶成　程　颢 ···················· 147
春　日　朱　熹 ······················ 147
春　宵　苏　轼 ······················ 148
城东早春　杨巨源 ···················· 149
春　夜　王安石 ······················ 150
初春小雨　韩　愈 ···················· 150
元　日　王安石 ······················ 151
上元侍宴　苏　轼 ···················· 152
立春偶成　张　栻 ···················· 152
打球图　晁说之 ······················ 153

| 宫　词　王　建…………………………………………… 154
| 廷　试　夏　竦…………………………………………… 155
| 咏华清宫　杜　常………………………………………… 155
| 清平调词　李　白………………………………………… 156
| 题邸间壁　郑　会………………………………………… 157
| 绝　句　杜　甫…………………………………………… 157
| 海　棠　苏　轼…………………………………………… 158
| 清　明　杜　牧…………………………………………… 159
| 清　明　王禹偁…………………………………………… 159
| 社　日　王　驾…………………………………………… 160
| 寒　食　韩　翃…………………………………………… 161
| 江南春　杜　牧…………………………………………… 162
| 上高侍郎　高　蟾………………………………………… 162
| 绝　句　僧志南…………………………………………… 163
| 游园不值　叶绍翁………………………………………… 164
| 客中行　李　白…………………………………………… 164
| 题　屏　刘季孙…………………………………………… 165
| 漫　兴　杜　甫…………………………………………… 165
| 庆全庵桃花　谢枋得……………………………………… 166
| 玄都观桃花　刘禹锡……………………………………… 167
| 再游玄都观　刘禹锡……………………………………… 168
| 滁州西涧　韦应物………………………………………… 168
| 花　影　苏　轼…………………………………………… 169
| 北　山　王安石…………………………………………… 170
| 湖　上　徐元杰…………………………………………… 170
| 漫　兴　杜　甫…………………………………………… 171
| 春　晴　王　驾…………………………………………… 171

春　暮　曹　豳……………………………………… 172
落　花　朱淑真……………………………………… 172
春暮游小园　王　淇…………………………………… 173
莺　梭　刘克庄……………………………………… 174
暮春即事　叶　采…………………………………… 175
登　山　李　涉……………………………………… 175
蚕妇吟　谢枋得……………………………………… 176
晚　春　韩　愈……………………………………… 176
伤　春　杨万里……………………………………… 177
送　春　王　令……………………………………… 178
三月晦日送春　贾　岛……………………………… 179
客中初夏　司马光…………………………………… 179
有　约　赵师秀……………………………………… 180
初夏睡起　杨万里…………………………………… 181
三衢道中　曾　几…………………………………… 181
即　景　朱淑真……………………………………… 182
初夏游张园　戴　敏………………………………… 183
鄂州南楼书事　黄庭坚……………………………… 183
山亭夏日　高　骈…………………………………… 184
田　家　范成大……………………………………… 185
村居即事　翁　卷…………………………………… 186
题榴花　朱　熹……………………………………… 186
村　晚　雷　震……………………………………… 187
书湖阴先生壁　王安石……………………………… 187
乌衣巷　刘禹锡……………………………………… 188
送元二使安西　王　维……………………………… 189
题北榭碑　李　白…………………………………… 190

3

| 题淮南寺 程　颢…………………………… 190
| 秋　月 程　颢…………………………… 191
| 七　夕 杨　朴…………………………… 191
| 立　秋 刘　翰…………………………… 192
| 七　夕 杜　牧…………………………… 193
| 中秋月 苏　轼…………………………… 193
| 江楼有感 赵　嘏………………………… 194
| 题临安邸 林　升………………………… 194
| 晓出净慈送林子方 杨万里……………… 195
| 饮湖上初晴后雨 苏　轼………………… 196
| 入　直 周必大…………………………… 196
| 夏日登车盖亭 蔡　确…………………… 197
| 直玉堂作 洪咨夔………………………… 198
| 竹　楼 李嘉祐…………………………… 198
| 直中书省 白居易………………………… 199
| 观书有感 朱　熹………………………… 200
| 泛　舟 朱　熹…………………………… 200
| 冷泉亭 林　稹…………………………… 201
| 冬　景 苏　轼…………………………… 202
| 枫桥夜泊 张　继………………………… 202
| 寒　夜 杜　耒…………………………… 203
| 霜　月 李商隐…………………………… 203
| 梅　 王　淇……………………………… 204
| 早　春 白玉蟾…………………………… 205
| 雪梅（二首） 卢梅坡…………………… 206
| 答钟弱翁 牧　童………………………… 206
| 泊秦淮 杜　牧…………………………… 207

| 归雁 钱起 | 208 |
| 题壁 无名氏 | 209 |

### 第二卷 七言律诗

| 早朝大明宫 贾至 | 210 |
| 和贾舍人早朝 杜甫 | 211 |
| 和贾舍人早朝 王维 | 211 |
| 和贾舍人早朝 岑参 | 212 |
| 上元应制 蔡襄 | 213 |
| 上元应制 王珪 | 214 |
| 侍宴 沈佺期 | 215 |
| 答丁元珍 欧阳修 | 216 |
| 插花吟 邵雍 | 217 |
| 寓意 晏殊 | 218 |
| 寒食书事 赵鼎 | 219 |
| 清明 黄庭坚 | 220 |
| 清明 高翥 | 221 |
| 郊行即事 程颢 | 221 |
| 秋千 僧惠洪 | 222 |
| 曲江（二首） 杜甫 | 223 |
| 黄鹤楼 崔颢 | 224 |
| 旅怀 崔涂 | 225 |
| 寄李儋元锡 韦应物 | 226 |
| 江村 杜甫 | 227 |
| 夏日 张耒 | 227 |
| 积雨辋川庄作 王维 | 228 |
| 新竹 陆游 | 229 |

| | |
|---|---|
| 夏夜宿表兄话旧　窦叔向 | 230 |
| 偶　成　程　颢 | 231 |
| 游月陂　程　颢 | 232 |
| 秋　兴（选四首）　杜　甫 | 232 |
| 月夜舟中　戴复古 | 235 |
| 长安秋望　赵　嘏 | 236 |
| 新　秋　杜　甫 | 237 |
| 中　秋　李　朴 | 238 |
| 九日蓝田会饮　杜　甫 | 239 |
| 秋　思　陆　游 | 239 |
| 与朱山人　杜　甫 | 240 |
| 闻　笛　赵　嘏 | 241 |
| 冬　景　刘克庄 | 241 |
| 冬　至　杜　甫 | 242 |
| 山园小梅　林　逋 | 243 |
| 自　咏　韩　愈 | 244 |
| 干　戈　王　中 | 244 |
| 归　隐　陈　抟 | 246 |
| 时世行赠田妇　杜荀鹤 | 246 |
| 送天师　宁献王 | 247 |
| 送毛伯温　明世宗 | 249 |

## 第三卷　五言绝句

| | |
|---|---|
| 春　晓　孟浩然 | 251 |
| 访袁拾遗不遇　孟浩然 | 251 |
| 送郭司仓　王昌龄 | 252 |
| 洛阳道　储光羲 | 253 |

独坐敬亭山　李　白……………………………………254
登鹳雀楼　王之涣………………………………………254
观永乐公主入蕃　孙　逖………………………………255
伊州歌　盖嘉运…………………………………………256
左掖梨花　丘　为………………………………………257
思君恩　令狐楚…………………………………………257
题袁氏别业　贺知章……………………………………258
夜送赵纵　杨　炯………………………………………259
竹里馆　王　维…………………………………………260
送朱大入秦　孟浩然……………………………………260
长干行　崔　颢…………………………………………261
咏　史　高　适…………………………………………261
罢相作　李适之…………………………………………262
逢侠者　钱　起…………………………………………263
江行望匡庐　钱　起……………………………………263
答李浣　韦应物…………………………………………264
秋风引　刘禹锡…………………………………………265
秋夜寄丘员外　韦应物…………………………………265
秋　日　耿　沣…………………………………………266
秋日湖上　薛　莹………………………………………266
宫中题　李　昂…………………………………………267
寻隐者不遇　贾　岛……………………………………268
汾上惊秋　苏　颋………………………………………268
蜀道后期　张　说………………………………………269
静夜思　李　白…………………………………………270
秋浦歌　李　白…………………………………………270
赠乔侍郎　陈子昂………………………………………271

答武陵太守　王昌龄 …………………………… 272
行军九日思长安故园　岑　参 ………………… 272
婕妤怨　皇甫冉 …………………………………… 273
题竹林寺　朱　放 ………………………………… 274
三闾庙　戴叔伦 …………………………………… 275
易水送别　骆宾王 ………………………………… 276
别卢秦卿　司空曙 ………………………………… 276
答　人　太上隐者 ………………………………… 277

## 第四卷　五言律诗

幸蜀西至剑门　唐玄宗 …………………………… 279
和晋陵陆丞早春游望　杜审言 …………………… 280
蓬莱三殿侍宴奉敕咏终南山　杜审言 …………… 281
春夜别友人（两首选一）　陈子昂 ……………… 282
长宁公主东庄侍宴　李　峤 ……………………… 282
恩赐丽正殿书院赐宴应制得林字　张　说 ……… 283
送友人　李　白 …………………………………… 284
送友人入蜀　李　白 ……………………………… 284
次北固山下　王　湾 ……………………………… 285
苏氏别业　祖　咏 ………………………………… 286
春宿左省　杜　甫 ………………………………… 286
题玄武禅师屋壁　杜　甫 ………………………… 287
终南山　王　维 …………………………………… 288
寄左省杜拾遗　岑　参 …………………………… 288
登总持阁　岑　参 ………………………………… 289
登兖州城楼　杜　甫 ……………………………… 289
送杜少府之任蜀州　王　勃 ……………………… 290

| 送崔融　杜审言 | 291 |
| 扈从登封途中作　宋之问 | 292 |
| 题义公禅房　孟浩然 | 292 |
| 醉后赠张九旭　高　适 | 293 |
| 玉台观　杜　甫 | 294 |
| 观李固请司马弟山水图　杜　甫 | 294 |
| 旅夜书怀　杜　甫 | 295 |
| 登岳阳楼　杜　甫 | 296 |
| 江南旅情　祖　咏 | 296 |
| 宿龙兴寺　綦毋潜 | 297 |
| 破山寺后禅院　常　建 | 298 |
| 题松汀驿　张　祜 | 299 |
| 圣果寺　释处默 | 300 |
| 野　望　王　绩 | 300 |
| 送别崔著作东征　陈子昂 | 301 |
| 陪诸公子丈八沟携妓纳凉晚际遇雨（二首）　杜　甫 | 302 |
| 宿云门寺阁　孙　逖 | 303 |
| 秋登宣城谢朓北楼　李　白 | 304 |
| 临洞庭上张丞相　孟浩然 | 304 |
| 过香积寺　王　维 | 305 |
| 送郑侍御谪闽中　高　适 | 306 |
| 秦州杂诗　杜　甫 | 306 |
| 禹　庙　杜　甫 | 307 |
| 望秦川　李　颀 | 308 |
| 同王征君湘中有怀　张　谓 | 309 |
| 渡扬子江　丁仙芝 | 309 |
| 幽州夜饮　张　说 | 310 |

声律启蒙

# 卷上

## 一东①

**注释**

①一东:"东"指"东韵",是宋金时期的"平水韵"(也叫"诗韵")中的一个韵部。"东"叫韵目,即这个韵部的代表字。东韵中包含有许多字,它们的共同点便是韵相同(当然是指隋唐时期官方颁布的韵书划分的韵部)。像下面的三段文字中,每个句号之前的那个字,即风、空、虫、弓、东、宫、红、翁、同、童、穷、铜、通、融、虹等15字,尽管在现代汉语中的韵母并不完全相同,但都同属于东韵,如果是作格律诗,这些字就可以互相押韵。"一",是指东韵在韵书中的次序。"平水韵"按照平、上、去、入四个声调分为106个韵部。其中因为平声的字较多,故分为上下两卷,东韵是上卷平声中的第一个韵部。后面的"二冬""三江"等情况依此类推,不再一一说明。

云对雨①,雪对风,晚照②对晴空。来鸿③对去燕,宿鸟对鸣虫。三尺剑④,六钧弓⑤,岭北对江东。人间清暑殿⑥,天上广寒宫⑦。

### 注释

①云对雨：在诗歌中云与雨平仄相反，意义属于同类，因此可以相对仗。下面以此类推。如唐代许浑《咸阳城东楼》："溪云初起日沉阁，山雨欲来风满楼。"②晚照：傍晚的阳光。如宋代宋祁的《玉楼春》："且向花间留晚照。"③鸿：大雁，也称为鸿雁。它每年秋季南迁，常常引起游子思乡怀亲之情以及羁旅感伤，所以在诗中被广为引用以寄托此意。《诗经》里有"鸿雁于飞"的句子，曹植的《洛神赋》有"翩若惊鸿，婉若游龙"，范仲淹有"衡阳雁去无留意"句。④三尺剑：故事出《汉书·高帝纪下》："高祖击黥布时，为流矢所中，医曰：'疾可治。'高祖骂曰：'吾以布衣提三尺剑取天下，此非天命乎？命乃在天，虽扁鹊何益！'"⑤六钧弓：《春秋左传·定公八年》："公侵齐，门于阳州，士皆坐列，曰：'颜高之弓六钧。'"钧：古代重量单位，三十斤为钧。用来比喻强弓。⑥清暑殿：西晋佚名撰《洛阳宫殿簿》："内有清暑殿。"⑦广寒宫：神话里称月亮中的宫殿为广寒宫。

两岸晓烟杨柳绿，一园春雨杏花红。两鬓风霜，途次①早行之客；一蓑烟雨，溪边晚钓之翁。

### 注释

①途次：旅途中的住宿处。

沿①对革②，异对同，白叟③对黄童④。江风对海雾，牧子⑤对渔翁⑥。颜巷陋⑦，阮途穷⑧，冀北⑨对辽东⑩。

### 注释

①沿：继承。②革：改变。③白叟：白发老人。唐代韩愈《元和

德圣诗》:"黄童白叟,踊跃欢呼。"宋朝苏辙的《代三省祭司马丞相文》:"白叟黄童,织妇耕夫,庶几休焉,日月以须。"④黄童:黄口之童,即儿童。黄:黄口,雏鸟的喙边有一圈黄色的边,长大后就消失了,故以黄口喻指年龄幼小的。宋朝苏轼《送杨孟容》:"后生多高才,名与黄童双。"⑤牧子:牧童。《新五代史·杂传十七·刘岳》:"《兔园册》者,乡校俚儒教田夫牧子之所诵也。"⑥渔翁:老渔人。唐朝杜甫的《秋兴》诗之七:"关塞极天惟鸟道,江湖满地一渔翁。"⑦颜巷陋:孔子的弟子颜回。孔子认为他虽然生活困顿但乐观豁达,是个贤达的人。《论语·雍也》载:"子曰:'贤哉,回也!一箪食,一瓢饮,在陋巷,人不堪其忧,回也不改其乐。贤哉,回也。'"本指颜回所居的陋巷,后用以指简陋的居处。唐代许浑《李秀才近自涂口迁居新安,适枉缄书,见宽悲戚,因以此答》:"颜巷雪深人已去,庾楼花盛客初归。"⑧阮途穷:三国时候的阮籍是"竹林七贤"之一,生性好酒,常常独自驾着牛车,载着一坛好酒,边行边喝,有时前面没路了,阮籍便痛哭一场,再转向其他道路继续前行。一日来到山巅,曾感言:"时无英雄,使竖子成名!"古诗中一般喻指令人悲哀的歧路。唐杜甫《早发射洪县南途中作》:"茫然阮籍途,更洒杨朱泪。"⑨冀北:大致为现在的河北、山西两省以及辽宁省辽河以西、河南省黄河以北的一片区域。⑩辽东:辽河以东的地区,即辽宁省的东部和南部。明朝在现在的辽宁省境内设辽东都指挥使,防守边境。

池中濯足①水,门外打头②风。梁帝③讲经同泰寺,汉皇置酒未央宫④。尘虑⑤萦心,懒抚七弦绿绮⑥;霜华⑦满鬓,羞看百炼青铜⑧。

### 注释

①濯足：语出《孟子·离娄上》："沧浪之水清兮，可以濯我缨；沧浪之水浊兮，可以濯我足。"本谓洗去脚上的污泥。后以"濯足"比喻清除世尘，保持高洁。晋夏侯湛《东方朔画赞》："退不终否，进亦避荣。临世濯足，希古振缨。"②打头：顶头。谓风浪阻碍前进。宋朝范成大《泊长沙楚秀亭》诗："舟行风打头，陆行泥没鞍。"元朝萨都剌的《高邮阻风》："离家十日得顺水，不卸蒲帆一千里。忽然今日风打头，寸波寸水逆上流。"③梁帝：指南北朝时期的梁武帝萧衍，在位四十八年，是南北朝时期在位时间最长的皇帝。他以帝王之尊，舍身侍佛，精研佛理，兴建佛寺，设坛讲经。④汉皇置酒未央宫：典出《汉书·高帝纪下》："高帝九年冬十月，淮南王、梁王、赵王、楚王朝未央宫，置酒前殿。"未央宫是当时的宫殿名字。⑤尘虑：即俗念。唐朝刘禹锡《游桃源一百韵》："道芽期日就，尘虑乃冰释。"⑥绿绮："绿绮"是汉代著名文人司马相如弹奏的一张琴。与齐桓公的"号钟"、楚庄王的"绕梁"以及蔡邕的"焦尾"合称四大名琴。司马相如原本家境贫寒，徒有四壁，但他的诗赋极有名气。梁王慕名请他作赋，相如写了一篇《如玉赋》相赠。此赋辞藻瑰丽，气韵非凡。梁王极为高兴，就以自己收藏的"绿绮"琴回赠予他。相如得"绿绮"，如获珍宝。他精湛的琴艺配上"绿绮"绝妙的音色，使"绿绮"琴名噪一时。后来，"绿绮"遂成古琴别称。⑦霜华：也可写作"霜花"。喻指白色须发。唐温庭筠《达摩支曲》："旧臣头鬓霜华早，可惜雄心醉中老。"⑧青铜：古人使用的镜子一般是青铜打造的，所以用青铜来代称古镜。这种镜子的表面要经常磨，否则照镜时会由于表面存在划痕或污垢而模糊不清，古时市井当中有专门以磨镜为业的人。

贫对富，塞对通，野叟①对溪童。鬓皤（pó）②对眉绿③，齿皓对唇红。天浩浩④，日融融⑤，佩剑对弯弓。

注释
①野叟：村野老人。唐杜荀鹤《乱后山居》："野叟并田锄暮雨，溪禽同石立寒烟。"②鬓皤：白色的鬓发。皤形容白色，比如白发皤然。③眉绿：一种青黑色的颜料。古时女子用以画眉，把自己的眉毛描画成青黑色的柳叶形。④浩浩：广大的。⑤融融：温暖的。

半①溪流水绿，千树落花红。野渡②燕穿杨柳雨，芳池鱼戏芰（jì）③荷风。女子眉纤，额下现一弯新月；男儿气壮，胸中吐万丈长虹。

注释
①半：虚指而非实指，是古诗中常用的手法，给人以想象的空间。诗词中常用的还有双、几、数、对、独、点、寸等。②野渡：荒落之处或村野的渡口。唐朝韦应物《滁州西涧》："春潮带雨晚来急，野渡无人舟自横。"③芰：古书上指菱。菱：俗称菱角。两角的叫菱，四角的叫芰。《红楼梦》中的《紫菱洲歌》中有"池塘一叶秋风冷，吹散芰荷红玉影"的诗句。

# 二冬①

注释
①"冬"和"东"现代汉语普通话读音完全一致,但在古时读音不同,所以分属不同的韵部。

春对夏,秋对冬,暮鼓对晨钟①。观山对玩水,绿竹对苍松。冯妇虎②,叶公龙③,舞蝶对鸣蛩(qióng)④。

注释
①暮鼓晨钟:古代寺庙傍晚击鼓、早晨敲钟以报时。②冯妇:人名。《孟子·尽心下》:"晋人有冯妇者,善博虎,卒为善士。"晋国人,善搏虎,以此为业,后来不再杀虎,被称为善士。有一次在野外偶遇众人逐虎,不觉技痒,又卷起袖子下车打虎,遭到人们的取笑。后代便以"冯妇"代指重操旧业者。③叶公龙:叶公为春秋楚国贵族,名子高,封于叶。典出西汉刘向《新序·杂事》:"叶公子高好龙,钩以写龙,凿以写龙,屋室雕文以写龙,于是天龙闻之而下。窥头于牖,施尾于堂。叶公见之,弃而还走,失其魂魄,五色无主。"后代便以"叶公"代指表面爱好而并非真正爱好的人。④蛩:蝗虫的别名,俗称"蚱蜢"。

衔泥双紫燕,课①蜜几黄蜂。春日园中莺恰恰②,秋天塞外雁雍雍③。秦岭④云横,迢(tiáo)递⑤八千远路;巫山⑥雨洗，嵯峨⑦十二危峰。

*注释*

①课：致力于，从事。②恰恰：象声词，黄莺的叫声。杜甫《江畔独步寻花七绝句》："黄四娘家花满蹊，千朵万朵压枝低。流连戏蝶时时舞，自在娇莺恰恰啼。"③雍雍：象声词，大雁的叫声。《诗经·邶风·匏有苦叶》："雍雍鸣雁，旭日始旦。"④秦岭：秦岭山脉中段，位于今陕西省中部。唐韩愈《左迁至蓝关示侄孙湘》："云横秦岭家何在，雪拥蓝关马不前。"⑤迢递：遥远的样子。⑥巫山：明陆应阳《广舆记》：巫山在夔州府巫山县大江之滨，形如巫字，有二峰。⑦嵯峨：山高貌。

明对暗，淡对浓，上智①对中庸②。镜奁（lián）③对衣笥（sì）④，野杵（chǔ）⑤对村舂（chōng）⑥。花灼烁（shuò）⑦，草蒙茸（róng）⑧，九夏⑨对三冬⑩。

*注释*

①上智：智力特突出的人。《论语·阳货》："子曰：'唯上智与下愚不移。'"《孙子·用间》："故惟明君贤将，能以上智为间者，必成大功。"②中庸：不偏叫中，不变叫庸。本来指做事不偏不倚、恰到好处，这里是中等人才的意思。③奁：妇女梳妆用的镜匣。④笥：盛衣服的方形竹器。⑤杵：用以捣物的木棒。⑥舂：古代称为碓，舂米的器具。⑦灼烁：光亮的样子。⑧蒙茸：草乱的样子。茸：小草初生纤细柔软的样子。苏轼《后赤壁赋》："披蒙茸。"⑨九夏：夏季的九十天。梁萧统《锦带书十二月启》中的《林钟六月》："三伏渐终，九夏将谢。"⑩三冬：三个冬季，就是三年。《汉书·东方朔传》："年十三学书，三冬文史足用。"

台高名戏马①，斋小号蟠（pán）龙②。手擘蟹螯（áo）③从毕卓，身披鹤氅（chǎng）④自王恭。五老峰⑤高，秀插云霄如玉笔；三姑石⑥大，响传风雨若金镛（yōng）⑦。

**注释**

①戏马：出自北魏郦道元《水经注·泗水》：戏马，台名，亦名掠马台，在今江苏铜山县南，据说项羽曾于此驰马取乐。《南齐书》："宋武帝在彭城，九日游项羽戏马台。"②蟠龙：书斋名。出自《晋书·刘毅传》：东晋大司马桓温之子桓玄曾在南州修筑一书斋，上面绘满龙的图案，称为盘龙斋。盘、蟠在此处同义。③蟹螯：螃蟹的两个大前足。出自《世说新语·任诞》和《晋书·毕卓传》："晋毕卓嗜酒，语人曰：左手擘蟹螯，右手执酒杯，乐足一生矣。"④鹤氅：用仙鹤羽毛制成的外套。《晋书·王恭传》："王恭尝披鹤氅行雪中，孟昶见曰：此真神仙中人也。"⑤五老峰：山峰名，在江西庐山的南部，由五座小山峰构成。李白《望庐山五老峰》："庐山东南五老峰，青天削出金芙蓉。九江秀色可揽结，吾将此地巢云松。"⑥三姑石：山上的三块巨石。在今福建省武夷山。⑦金镛：一种乐器，青铜铸造的大钟。

仁对义，让对恭，禹①舜②对羲③农④。雪花对云叶⑤，芍药对芙蓉。陈后主⑥，汉中宗⑦，绣虎⑧对雕龙⑨。

**注释**

①禹：指上古传说中的帝王夏禹。据《史记·夏本纪》载：禹为黄帝轩辕氏之玄孙，姓姒，名文命。传说远古时期，人民饱受海浸水淹之苦。尧帝开始起用禹的父亲鲧治理洪水，但因水九年不息鲧被诛。舜命鲧的儿子禹继续治水，禹采用因势疏导洪水的办

法,将水引入大海。禹治水有功,初被封为夏伯,故称"伯禹"。后受舜禅让,建立我国历史上第一个世袭王朝——夏朝。②舜:虞舜。三皇五帝之一,名重华,字都君,生于姚地,故姚姓。舜为四部落联盟首领,受尧的"禅让"而称帝于天下,其国号为"有虞",故号为"有虞氏帝舜"。帝舜、大舜、虞舜、舜帝皆虞舜之帝王号,故后世以舜简称之。③羲:伏羲。是我国古籍中记载的最早的帝王之一,所处时代约为新石器时代中晚期。传说他根据天地万物的变化,发明创造了八卦,成了中国古文字的发端,也结束了"结绳记事"的历史。他又结绳为网,用来捕鸟打猎,并教会了人们渔猎的方法。发明了瑟,创作了《驾辨》曲子。他的活动,标志着中华文明的起始,也给我们留下了大量的神话传说。④农:神农。据司马贞《三皇本纪》载:"神农氏,姜姓以火德王。母曰女登,女娲氏之女,感神龙而生,长于姜水,号历山,又曰烈山氏。"相传他是农业的发明者。《周易·系辞下》:"包牺氏没,神农氏作,斫木为耜,揉木为耒,耒耨之利,以教天下,盖取诸益。"他也是医药之祖。神农尝百草的神话,流传久远。⑤云叶:像叶子一样的彩云。⑥陈后主:南朝陈的最后一位皇帝陈叔宝。公元582—589年在位,在他统治时,陈的政治日趋腐败,生活奢侈,不理朝政,日夜与妃嫔、文臣游宴,制作艳词,对于一衣带水强大的隋朝了无防备。隋军南下时,自恃长江天险,不以为然。祯明三年(589),隋军入建康,陈叔宝被俘,陈亡。他写的最著名的诗是《玉树后庭花》:"花开花落不长久,落红满地归寂中。"后来被当作亡国之音。⑦汉中宗:汉宣帝刘询。刘询是汉武帝的曾孙,在位二十五年,很有作为,班固称之为"功广祖宗,业垂后嗣,可谓中兴"。⑧绣虎:指曹植。宋曾慥《类说·玉箱杂记》:"曹植七步成章,号绣虎。"⑨雕龙:指南朝梁刘勰,著有《文心雕龙》一书。

柳塘风淡淡，花圃月浓浓。春日正宜朝看蝶，秋风那更夜闻蛩。战士邀功，必借干戈成勇武；逸民①适志，须凭诗酒养疏慵②。

**注释**

①逸民：避世隐居的人。②疏慵：懒散。

## 三江

楼对阁，户对窗，巨海对长江。蓉裳①对蕙帐②，玉斝（jiǎ）③对银釭（gāng）④。青布幔⑤，碧油幢（chuáng）⑥，宝剑对金釭⑦。

**注释**

①蓉裳：芙蓉花做的衣裳。屈原《离骚》："制芰荷以为衣兮，集芙蓉以为裳。"②蕙帐：香草做成的帐子。南朝齐孔稚珪《北山移文》："蕙帐空兮夜鹤怨，山人去兮晓猿惊。"③斝：古代盛酒器具，圆口，三足。④釭：油灯。宋晏几道《鹧鸪天》："从别后，忆相逢，几回魂梦与君同。今宵剩把银釭照，犹恐相逢是梦中。"⑤幔：布帐。⑥幢：古代一种用羽毛作装饰的用于仪仗的旗帜。又指佛教用物经幢。经幢有两种：在圆形的长筒状的绸伞上书写佛经叫经幢，在圆形石柱上雕刻佛经叫石幢。⑦釭：疑"釭"之误。东汉刘熙的《释名》说，函谷关以西的方言，称箭镞为"釭"。金釭，金属铸成的箭镞。

忠心安社稷①，利口②覆家邦③。世祖中兴延马武④，桀（jié）王失道杀龙逢（páng）⑤。秋雨潇潇，漫烂黄花⑥都满径；春风袅袅，扶疏⑦绿竹正盈窗。

*注释*

①社稷：国家。社和稷分别指祭祀土神和谷神的庙，是国家最重要的神庙，故用以代指国家。②利口：能言善辩的嘴，代指只说不做的清谈家。③家邦：国家。④马武：汉代名将。典出《后汉书·马武传》：世祖，指光武帝刘秀，因其为首推翻了王莽建立的新朝，建立东汉，恢复了刘姓的天下，故被称为中兴之主。马武字子张，骁勇善战。刘秀在一次宴会后，曾独自与马武一起登上丛台，延请马武为将军，率领其精锐部队。马武十分感激刘秀的知遇之恩，所以忠心不贰，在战争中功勋卓著。刘秀称帝后，马武被封为捕虏将军扬虚侯，为云台二十八将之一。⑤龙逢：指夏朝忠臣关龙逢。夏桀王荒淫无道，不理朝政。关龙逢常引黄图直谏，立而不去，夏桀烧去黄图，以龙逢"妖言犯上"为罪，将他囚禁杀死。⑥黄花：此处特指菊花。宋李清照《醉花阴》词："东篱把酒黄昏后，有暗香盈袖。莫道不消魂，帘卷西风，人比黄花瘦。"毛泽东《采桑子·重阳》词："人生易老天难老，岁岁重阳，今又重阳，战地黄花分外香。"⑦扶疏：植物错落有致的样子。宋姜夔《虞美人·咏牡丹》词："玉盘摇动半厓花。花树扶疏，一半白云遮。"

旌①对旆（pèi）②，盖③对幢④。故国对他邦。千山对万水，九泽⑤对三江⑥。山岌（jí）岌⑦，水淙淙（cóng）⑧。鼓振对钟撞。

**注释**

①旌：古代的一种旗子，旗杆顶上用五色羽毛作装饰。②旆：古时末端形状像燕尾的旗。③盖：车盖，古代竖立在车上用来遮阳蔽雨的器具。④幢：张挂于车或船上的帷幕。⑤九泽：古代的九个大湖。明朝陆应阳《广舆记》："吴越之间具区，楚云梦，秦杨纡，晋大陆，郑圃田，宋孟诸，齐海隅，燕巨鹿，并昭余祁，为九薮。"薮即泽也。⑥三江：古代的三条大河。《尚书·禹贡》："三江既入，震泽底定。"蔡沉注："三江在震泽下分流，东北入海为娄江，东南入海为东江，并松江为三江。"⑦岌岌：形容十分危险，快要倾覆。⑧淙淙：流水发出的轻柔的声音。《东周列国志》第九十八回："血流淙淙有声，杨谷之水，皆变为丹，至今号为丹水。"

　　清风生酒舍，皓月照书窗。阵上倒戈辛纣①战，道旁系剑子婴②降。夏日池塘，出没浴波鸥对对；春风帘幕，往来营垒燕双双。

**注释**

①倒戈：将武器倒过来指向己方的军队，代指叛变。辛纣：即商纣王，商代的亡国之君。据《史记·殷本纪》记载，周武王讨伐商纣王，原来同属商朝的八百诸侯也同时起兵造反，与武王会于盟津，在牧野决战时，商王自己的军队也阵前哗变，商纣王兵败，在鹿台自焚而死。②子婴：秦始皇长子扶苏的儿子。据《史记·始皇本纪》记载，秦始皇死后，其次子胡亥继位，称秦二世。后赵高杀胡亥，立子婴，去帝号，称秦王。子婴继位刚四十六天，刘邦的军队即攻至秦都咸阳附近的灞上，子婴便素车白马在道旁向刘邦投降，后被项羽所杀。

铢(zhū)①对两,只对双。华岳②对湘江③。朝(zhāo)车④对禁鼓⑤,宿火对寒釭⑥。青琐闼(tà)⑦,碧纱窗。汉社⑧对周邦⑨。

*注释*

①铢:古代重量单位。一两的二十四分之一为一铢。②华岳:即西岳华山,在今陕西华阴县。③湘江:湖南境内第一大江。④朝车:古时君臣行朝夕礼时所用之车。⑤禁鼓:古代皇宫里晚上禁止通行敲打的鼓。⑥寒釭:寒夜里的孤灯。⑦青琐:一种雕刻在门和窗上的用来作装饰的青色连环状花纹。《汉书·元后传》:"曲阳侯根骄奢僭上,赤墀青琐。"注:"青琐者,刻为连环文而青涂之也。"闼:宫门。⑧汉社:汉朝。《汉书·郊祀志》:"高祖祷丰枌榆社。"⑨周邦:周朝。《尚书·武成》:"惟先王建邦启土。"

笙箫鸣细细,钟鼓响枞(chuāng)枞①。主簿栖鸾(luán)②名有览,治中展骥(jì)③姓惟庞。苏武牧羊④,雪屡餐于北海;庄周活鲋(fù)⑤,水必决于西江。

*注释*

①枞枞:钟声。②栖鸾:鸾凤所栖。典出《后汉书·仇览传》:东汉仇览先任蒲亭长,后任蒲县主簿,能用道德教化民众,政绩显著。当时任考城令的王涣见到后说,荆棘之中并非鸾鸟凤凰栖身的地方。并将自己一个月的俸禄送给他表示鼓励。③展骥:千里马奔跑。典出《三国志·蜀书·庞统传》:三国时的庞统与诸葛亮齐名,做耒阳县令却治理不好一县,被免了职。鲁肃向刘备推荐说,庞统不是治理小县的人才,至少让他做个治中、别驾,

才能施展他千里马一样的才干。④苏武牧羊：故事出自《汉书·苏武传》：苏武为西汉武帝时人，奉命出使匈奴，被扣留在匈奴，曾卧冰吞雪，数日不死，后在北海边上牧羊，历经艰辛，十九年后才回到西汉首都长安。⑤庄周活鲋：典出《庄子·外物篇》中的一个寓言。庄子在路上遇到一条鲋鱼被困在有少量水的车辙中，已经快要干死了。鲋鱼向庄子求救，庄子说，我将要到吴越（今江浙一带）去，到了以后，我一定修堤坝堵住西江，让西江水倒涨过来救你。

# 四支

茶对酒，赋①对诗，燕子对莺儿②。栽花对种竹，落絮③对游丝④。四目颉（jié）⑤，一足夔（kuí）⑥，鸲鹆（qú yù）⑦对鹭鸶⑧。

注释

①赋：我国古代的一种文体，通常是用铺陈的方式来写景叙事，盛行于汉魏六朝。②莺儿：即黄鹂，也叫黄莺，身体黄色，叫的声音很好听。唐金昌绪《春怨》："打起黄莺儿，莫教枝上啼。"③落絮：飘落的柳絮。④游丝：飘浮在空中的蛛丝。比如《红楼梦》里的"游丝软系飘春榭，落絮轻沾扑绣帘"。⑤四目颉：颉指仓颉（亦作苍颉），传说中创造汉字的人。据说他"四目灵光"，创造文字后，"天雨粟，鬼夜哭"。⑥一足夔：见于《韩非子·外储说左下》：夔为人名，是尧（一说舜）的乐正（管理朝

廷音乐的官员）。鲁哀公听说"夔一足"，以为夔只有一只脚，就去问孔子，孔子就说"夔一而足，非一足也"（夔这样的人有一个，就足以将音乐的事管理好了，不是说他只有一只脚）。但传说一久，慢慢也就衍生出夔是只有一只脚的音乐之神的说法了。长沙马王堆汉墓出土的漆器上就绘制有一只脚的夔的图形。⑦鸲鹆：鸟名，俗称八哥。⑧鹭鸶：白鹭。

半池红菡萏（hàn dàn）①，一架白荼蘼（tú mí）②。几阵秋风能应候③，一犁春雨甚知时。智伯恩深，国士吞变形之炭④；羊公德大，邑人竖堕泪之碑⑤。

注释

①菡萏：古人称未开的荷花为菡萏，即花苞。南唐李璟《摊破浣溪沙》词："菡萏香销翠叶残，西风愁起绿波间。"②荼蘼：也写作酴醿、酴釄，又名木香，一种藤类植物，晚春开白花。凋谢后即表示花季结束，所以有完结的意思。比如宋朝王琪《春暮游小园》："开到荼蘼花事了。"再如《红楼梦》第十七回中的"吟成豆蔻才犹艳，睡足荼蘼梦也香"。③候：气象学名词，五天为一候，一年七十二候。这里是节气、时令的意思。④智伯：春秋战国时人。典出《战国策·赵策一》：智伯是晋国的权臣，由于统治阶级内部权力的纷争，被赵襄子联合韩、魏诛杀。此前，他曾以国士的待遇对待一位侠士豫让，豫让为了报答智伯的知遇之恩，立意替智伯报仇。他将生漆涂在身上使皮肤生疮，剃掉眉毛头发，吞下烧红的木炭改变自己的声音，使别人认不出自己后，多次谋刺赵襄子。⑤羊公：对晋人羊祜的尊称。典出《晋书·羊祜传》：羊祜主管荆州军务诸事，在任十年，勤政亲民，深得百姓及部下爱戴，死后襄阳百姓痛哭流涕，为之停止市场交易以悼

念他。后来，其部下在羊祜生前游玩休息的地方岘山立碑建庙纪念，每年祭祀，见碑者无不堕泪。后人便称此碑为堕泪碑。

　　行对止，速对迟。舞剑对围棋。花笺①对草字，竹简②对毛锥③。汾水鼎④，岘（xiàn）山碑⑤。虎豹对熊罴（pí）⑥。

注释

①花笺：精致华美的笺纸。南朝陈徐陵《玉台新咏·序》："三台妙迹，龙伸蠖屈之书；五色花笺，河北胶东之纸。"②竹简：古时无纸，书都刻在竹简之上，因此称书为竹简。③毛锥：毛笔，因为毛笔的笔头以毛制成，形状像锥子，故得此名。④汾水鼎：据《史记·武帝本纪》记载，汉武帝在汾水得到了一个古鼎，因此改换年号为"元鼎"。⑤岘山碑：即前面的堕泪碑。⑥罴：一种野兽，俗称人熊。

　　花开红锦绣，水漾碧琉璃。去妇因探邻舍枣①，出妻为种后园葵②。笛韵和谐，仙管恰从云里降；橹声咿轧（yīyā）③，渔舟正向雪中移。

注释

①去妇因探邻舍枣：典出《汉书·王吉传》：王吉，西汉人，品行高洁。东邻的枣树越过院墙伸到了王吉家，其妻摘了树上的枣子给王吉吃。王吉知道枣子的来历后，认为妻子这是偷盗，便将她赶出了家门。邻居知道原因后，就要砍掉这株枣树。后经邻里再三劝阻，坚决请求，王吉才让妻子回来。②出妻为种后园葵：典出《史记·循吏列传》：春秋时鲁国的宰相公仪休，很喜欢吃其妻在后园所栽种的葵菜。后来又看见妻子亲自织布，忽然想到

这是与靠种菜织布谋生的人争利,便拔掉自家菜园的葵菜,并休弃了他的妻子。③咿轧:摇橹的声音。

戈对甲,鼓对旗,紫燕对黄鹂。梅酸对李苦①,青眼②对白眉③。三弄笛④,一围棋,雨打对风吹。

注释

①李苦:李子很苦。典出《世说新语·雅量》:晋王戎小的时候,曾和一群小孩在大路边玩耍,看见道边一株李树上果实累累,但无人摘取。小孩们都争着去摘,只有王戎不去。有人问他为什么,他说:李树长在大路边,果实还没被路人摘去,这一定是苦李。小孩们摘下李子一尝,果然苦涩不能入口。②青眼:瞳孔是黑色的,正视对方时眼球是黑色的,称青眼,表示重视对方;其旁为白色,斜视对方则白色出现,表示轻视对方。《世说新语·简傲》注引《晋书·阮籍传》说,晋人阮籍不拘于世俗的礼法,看见才干普通的人,就翻着白眼对着他。只有当时的名士嵇康去见他,阮籍才青眼相对。③白眉:白色的眉毛。《三国志·蜀书·马良传》记载三国时蜀人马良(字季常)有兄弟五人,都以"常"字排行,其中马良的才学在兄弟当中最为突出。马良眉毛中间有白毛,当时有俗语说"马氏五常,白眉最良"。后世便称兄弟中才干最突出者为白眉。④三弄笛:典出《世说新语·任诞》:晋人王徽之(书法家王羲之之子)曾听说桓伊善吹笛,但互不相识。有一天,王徽之乘船出城,桓伊正驾车从岸上经过,别人告诉王徽之,这个人就是桓伊。王徽之便叫人对桓伊说:"闻君善吹笛,试为我一奏。"当时桓伊已经担任过淮南太守、豫州刺史等高官,但久闻王徽之的名气,便下车替王徽之吹了三支曲子,吹完以后,未交谈一句,便各奔东西了。弄:本为双手把

玩的意思,此处引申为双手持笛演奏,有一支古笛曲名便为《梅花三弄》。

　　海棠春睡早①,杨柳昼眠迟②。张骏曾为槐树赋③,杜陵不作海棠诗④。晋士特奇,可比一斑之豹⑤;唐儒博识,堪为五总之龟⑥。

*注释*

①典出宋人《诗话总龟》等引《太真外传》:唐明皇在沉香亭召见杨贵妃,而杨贵妃宿醉未醒。明皇叫侍女将杨贵妃扶至沉香亭,杨贵妃带醉补了一下妆,但不能下拜。唐明皇笑着说:"岂醉?是海棠睡未足耳!"(怎么是醉了呢?是海棠花还没睡够呀!)后来宋朝苏轼的《海棠》诗"只恐夜深花睡去,故烧高烛照红妆",用的就是这个典故。②典出晋佚名撰《三辅故事》,据说汉朝宫苑中有株柳树,树形像人,称之为人柳,"一日三眠三起"。清厉鹗的《台城路·蚕》词中写养蚕人"守定芦帘,三眠三起似人柳",用的就是这个典故。③典出《太平御览》卷一二四《偏霸部·西梁》:李暠所云,从前河右地区(今甘肃酒泉一带)无楸树槐树,东晋后期割据于河右地区的前凉国张骏曾从陕西一带弄来一些树种移栽,都死了。前凉于公元376年被前秦灭掉之后,李暠逐渐占据河右,于公元400年建立西凉。有一天,忽然在酒泉宫西北角上长出了一棵槐树,李暠认为是吉兆,便有感而作了《槐树赋》。④杜陵指唐代诗人杜甫。宋人王禹偁《诗话》中说,杜甫的母亲名海棠,杜甫为避讳而从不作吟咏海棠的诗。⑤晋代的文士才具奇特,外人只能观察到其中很少的一部分,就如同从竹管中看金钱豹,只能看到它身上的一块花纹一样。此语原出《世说新语·方正》:说王子敬(即王献之)小时候看人玩

一种棋,能看出双方的胜负。游戏者看他年龄小,轻视他,说:"此郎亦管中窥豹,时见一斑。"⑥典出《新唐书·儒林传》贺知章语。意为对世事无所不知。龟每二百岁生出二尾称一总,至千岁生出五总称一聚,五总之龟无所不知。

## 五微

　　来对往,密对稀,燕舞对莺飞。风清对月朗,露重对烟微。霜菊①瘦,雨梅肥,客路对渔矶(jī)②。

*注释*
①霜菊:傲霜的秋菊。宋苏轼《甘菊》:"越山春始寒,霜菊晚愈好。"②矶:水边的石滩或突出的大石头。

　　晚霞舒锦绣①,朝露缀珠玑②。夏暑客思欹(yī)③石枕,秋寒妇念寄边衣④。春水才深,青草⑤岸边渔父去;夕阳半落,绿莎(suō)⑥原上牧童归。

*注释*
①锦绣:色彩鲜艳,质地精美的丝织品。②珠玑:宝珠;珠宝。玑:形状不圆的珠子。③欹:这里是斜靠着、斜倚着的意思。④边衣:供戍守边防的战士穿的衣裳。⑤青草:在这里指青草湖,在湖南岳阳市西南。唐张志和《渔父》:"青草湖中月正圆,巴陵渔父棹歌还。"⑥莎:草名,即香附。其块茎叫香附子,呈

细长的纺锤形，可入药。

宽对猛①，是对非，服美对乘肥。珊瑚②对玳瑁（dài mào）③，锦绣对珠玑。桃灼灼④，柳依依⑤，绿暗⑥对红稀⑦。

注释

①宽对猛：宽指政策宽缓，猛指政策严厉。《左传》昭公二十年说："宽以济猛，猛以济宽，政是以和。"（宽缓的政令和严厉的政令互相补充调剂，国家的政局就能上下和谐。）②珊瑚：海洋中一种腔肠动物珊瑚虫的骨髓形成的树枝状的东西，颜色多样，可作装饰品。③玳瑁：海洋中的一种动物，形状似大龟，背壳有花纹，四肢为鳍足状，古时用其甲片作装饰。南朝梁徐陵《玉台新咏·古诗为焦仲卿妻作》："足下蹑丝履，头上玳瑁光。"④灼灼：《诗经·周南·桃夭》："桃之夭夭，灼灼其华。"灼灼：形容花开得茂盛。⑤依依：《诗经·小雅·采薇》："昔我往矣，杨柳依依；今我来思，雨雪霏霏。"⑥绿暗：指绿叶颜色变深。北宋晁补之《临江仙》词："绿暗汀州三月暮，落花风静帆收。"⑦红稀：指红花凋谢变少。北宋晏殊《踏莎行》词："小径红稀，芳郊绿遍，高台树色阴阴见。"

窗前莺并语，帘外燕双飞。汉致太平三尺剑，周臻（zhēn）大定一戎衣①。吟成赏月之诗，只愁月堕；斟满送春之酒，惟憾春归。

注释

①周臻大定一戎衣：典出《尚书·武成》：书中说周朝"一戎衣，天下大定"，说周武王一穿上打仗的服装，就消灭了商纣王，建

立周朝，天下安定。臻：至、到。

声对色，饱对饥，虎节①对龙旗②。杨花③对桂叶④，白简⑤对朱衣⑥。尨（máng）也吠⑦，燕于飞⑧，荡荡⑨对巍巍⑩。

### 注释

①虎节：即兵符，古代军队中调兵遣将的凭证。一般为铜铸，虎形，上有相应的铭文，分左右两半，右半留在中央，左半归统兵者掌管。调兵时由使者持右半虎节与统兵者验合，方能发兵。②龙旗：绘有龙蛇形状的旗帜。③杨花：指柳絮。北周庾信《春赋》："新年鸟声千种啭，二月杨花满路飞。"④桂叶：桂树的叶。⑤白简：古代御史谏官弹劾的奏章称白简，也可用来代指御史等主管监察的官员。⑥朱衣：官员所穿的一种红色的官服，也可代指有资格穿此类服装的官员。汉代祭官、唐宋四品五品的官员都穿朱衣。⑦尨也吠：出自《诗经·召南·野有死麕》："无感我帨兮，无使尨也吠。"（不要揭动我的围裙呀，不要让你的猎狗叫起来。）尨：多毛狗。⑧燕于飞：出自《诗经·邶风·燕燕》："燕燕于飞，差池其羽。"（燕子在飞翔，羽毛参差不齐。）⑨荡荡：这里指水奔突涌流貌。《文选·上林赋》："荡荡乎八川分流，相背异态，东西南北，驰骛往来。"⑩巍巍：这里指山高大壮观貌。《吕氏春秋·观世》："登山者，处已高矣，左右视，尚巍巍焉山在其上。"

春暄①资②日气，秋冷借霜威。出使振威冯奉世③，治民异等尹翁归④。燕我弟兄，载咏棣棠韡（wěi）韡⑤；命伊将帅，为歌杨柳依依。

注释

①暄：温暖。②资：借助。③冯奉世：典出《汉书·冯奉世传》：冯奉世为西汉武帝时人，奉命出使西域大宛国时，遇上莎车国杀了汉朝使者，他便劝说西域诸国发兵大破莎车，杀莎车王，威名远扬，得到西域各国敬重。④尹翁归：典出《汉书·尹翁归传》：尹翁归为西汉宣帝时人。曾任东海郡太守，因为政绩卓著而调迁右扶风，为官清廉严正，死后家无余财。异等：与一般人不一样，超出别人一等。⑤出自《诗经·小雅·棠棣》："棠棣之华，鄂不韡韡，凡今之人，莫如兄弟。"（棠棣树开的花呀，外观不是明艳照人吗？所有现在的人呀，没有人能赶上亲兄弟。）据说这是周公为宴饮兄弟而作的诗。燕：通"宴"。载：发语词，无义。棣棠：树木名，即郁李，也写作棠棣、唐棣。文中将"棠棣"写成"棣棠"，是因为服从对仗平仄的要求而改的。韡韡：光明美盛的样子。

# 六鱼

无对有，实对虚，作赋对观书。绿窗①对朱户②，宝马③对香车④。伯乐马⑤，浩然驴⑥，弋（yì）⑦雁对求鱼。

注释

①绿窗：绿色纱窗。指女子的居室。前蜀韦庄《菩萨蛮》词："劝我早归家，绿窗人似花。"②朱户：古代帝王赏赐诸侯或有功大臣的朱红色的大门，古为"九锡"之一种。汉韩婴《韩诗外

传》卷八："诸侯之有德，天子锡之。一锡车马，再锡衣服……六锡朱户，七锡弓矢，八锡铁钺，九锡钜鬯，谓之九锡也。"唐李绅《过吴门二十四韵》："朱户千家室，丹楹百处楼。"③宝马：名贵的骏马。唐张说《安乐郡主花烛行》："商女香草珠结网，天人宝马玉繁缨。"黄钧《锦城纪游》诗："将军雄武气纵横，宝马雕弓出锦城。"④香车：用香木做的车。泛指华美的车或轿。唐卢照邻《行路难》："春景春风花似雪，香车玉舆恒阗咽。"⑤伯乐马：伯乐是春秋时期秦国人，姓孙名阳，以善相马著称。唐韩愈《马说》："世有伯乐，然后有千里马。千里马常有，而伯乐不常有。"⑥浩然驴：浩然就是唐朝诗人孟浩然，喜骑驴。大概如郑綮所说，诗都构思于灞陵风雪中的毛驴背上。⑦弋：也叫弋射，一种用系有细丝绳的箭射猎飞禽的射猎方式。

分金齐鲍叔①，奉璧蔺（lìn）相如②。掷地金声孙绰③赋，回文锦字窦滔④书。未遇殷宗，胥靡困傅岩之筑⑤；既逢周后，太公舍渭水之渔⑥。

注释

①鲍叔：鲍叔牙。典出《吕氏春秋》(《史记·管晏列传》下《索隐》所引)。鲍叔即鲍叔牙，春秋齐人，与管仲为知交。两人曾在南阳合伙经商，分利润时，管仲私自多取，鲍叔知道管仲家有老母且家境贫寒，不认为是管仲贪财。②奉璧：指蔺相如完璧归赵的故事。典出《史记·廉颇蔺相如列传》：蔺相如，战国时赵国的大夫。秦昭襄王说要用秦国十五座城换赵国的和氏璧，蔺相如主动请求奉璧前往。秦王收下璧而不给赵国城，蔺相如设计取回和氏璧，终于完璧归赵。③孙绰：晋代官吏。典出《晋书·孙楚传》：孙绰，博学善文，曾作《天台山赋》，其友人范荣期读了

以后,盛赞说:您试着将它扔到地上,必将会发出钟磬那些乐器一样的声音。④窦滔:典出《晋书·列女传》:东晋末人,在前秦苻坚朝做秦州刺史,被调往西北的沙漠,其妻苏蕙就用锦织成一首回文旋图诗(顺读反读皆能成文的诗)寄赠给他,表示自己的思念之情,据说其诗"词甚凄婉","凡八百四十字"。⑤殷宗:商朝的殷高宗。胥靡:古代服劳役的刑徒。傅岩之筑:典出《史记·殷本纪》:傅说本为犯人,在傅岩服劳役替人筑墙,后来殷高宗武丁做梦得到一个贤臣,访得傅说,正与梦中之人相貌相合,便让他做了商朝的相。傅说竭力辅佐武丁,商朝因而得以中兴。⑥渭水之渔:典出《史记·齐太公世家》:太公,周初人,姜姓,吕氏,名尚,故也叫姜太公、姜尚、吕尚、太公望,周朝的贤相。传说太公在渭水钓鱼,周文王打猎正好路过,与之交谈,大喜,便同车而归,立为师。

终对始,疾对徐,短褐(hè)[1]对华裾(jū)[2]。六朝[3]对三国[4],天禄[5]对石渠[6]。千字策[7],八行书[8],有若[9]对相如[10]。

注释

①短褐:古代平民穿的粗布短衣。短通"裋"。②华裾:华美的衣裳。裾,衣袖和衣襟均可叫裾,此处代指衣服。唐李贺《高轩过》:"华裾织翠青如葱,金环压辔摇玲珑。"③六朝:有南六朝(指吴、东晋和南朝的宋、齐、梁、陈,它们均建都于今南京)和北六朝(指魏、晋和北朝的后魏、北齐、北周,以及隋,它们均建都于北方)之分,今一般泛指三国至隋这段时期内南北两方的各个朝代。④三国:魏、蜀、吴。⑤天禄:即天禄阁,西汉宫中藏书阁名。汉高祖时创建,在未央宫内。佚名著《三辅黄图·

未央宫》:"天禄阁,藏典籍之所。《汉宫殿疏》云:'天禄麒麟阁,萧何造,以藏秘书,处贤才也。'"⑥石渠:即石渠阁。西汉皇室藏书之处,在长安未央宫殿北。《三辅黄图·阁》:"石渠阁,萧何造。其下砻石为渠以导水,若今御沟,因为阁名。所藏入关所得秦之图籍。至于成帝,又于此藏秘书焉。"《汉书·儒林传》:"甘露中,与五经诸儒,杂论同异于石渠阁。"⑦千字策:宋代庆历之后考试有策论,字数限为一千字。策:策论,一种文体。⑧八行书:书信。旧时笺每页八行,故称书信为八行。⑨有若:人名,字子有,孔子弟子。⑩相如:人名。战国时有蔺相如。西汉有司马相如,文学家,以善作赋闻名。

花残无戏蝶,藻密有潜鱼。落叶舞风高复下,小荷浮水卷还舒。爱见①人长②,共服宣尼休假盖③;恐彰④己吝,谁知阮裕竟焚车⑤。

### 注释

①见:表现、显示。②长:长处、优点。③宣尼:指孔子。孔子字仲尼,西汉平帝元始元年追谥孔子为褒成宣尼公,故可简称为宣尼。典出魏王肃《孔子家语》:孔子将出门而天要下雨了,学生们劝孔子向卜商(字子夏,孔子学生)借车盖,孔子说,我听说,要长久地与别人交好,就要表现他的长处而避开他的短处。卜商不富裕,我向他借车盖,他如果不肯的话,就使他吝啬的短处表现出来了,所以我不向他借。④彰:使……明显。⑤焚车:烧毁车子。典出《晋书·阮籍传》所附之《阮裕传》:阮裕有一辆漂亮的车子,只要有人来借,他总是高兴地答应,从不吝啬。有个人想借车给母亲办丧事,因忌讳不吉利而不敢开口。阮裕听说了,感叹地说:我有好车而使人不敢借,还要这车子干什么?

便烧掉了它。

麟①对凤②，鳖对鱼，内史③对中书④。犁锄对耒耜（lěi sì）⑤，畎浍（quǎn kuài）⑥对郊墟⑦。犀角带⑧，象牙梳，驷马⑨对安车⑩。

*注释*

①麟：麒麟。麒麟是中国古代神话传说中的神兽，据说能活两千年。雄的名麒，雌的名麟，合称为麒麟。性情温和，不伤人畜，不践踏花草，故称为仁兽。麒麟的形似马，状比鹿，尾似牛尾。麒有独角，麟无角，口能吐火，声音如雷。中国古代用麒麟象征祥瑞。相传只在太平盛世时才会出现。②凤：凤凰亦称为朱鸟、丹鸟、火鸟、鹍鸡等，又叫不死鸟、火之鸟、长生鸟、火烈鸟，是传说中的一种瑞鸟，是四灵之一，百禽之王。凤凰和麒麟一样，是雌雄统称，雄为凤，雌为凰，其总称为凤凰。凤凰齐飞，是吉祥和谐的象征。它跟龙的形象一样，愈往后愈复杂，有了鸿头、麟臀、蛇颈、鱼尾、龙纹、龟躯、燕子的下巴、鸡的嘴。自古以来凤凰就是中华民族文化中的重要组成部分。③内史：古代官名。西周始置，协助天子管理爵、禄、废、置等政务。《孔子家语·执辔》："古者天子以内史为左右手。"④中书：古代官名。中书令的省称。汉时设中书令，掌传宣诏令，以宦者为之，后多任用有名望之士。⑤耒耜：一种较为原始的翻土用的农具。耒形如木叉，曲柄；耜形如铁锹，装在耒的下端，用来掘土。⑥畎浍：田间水沟。泛指溪流、沟渠。据《尚书·益稷》注：水沟深一尺宽一尺为畎。据《周礼·地官》注：浍宽一丈八尺、深一丈四尺左右。⑦郊墟：郊外，村野荒丘之间。唐韩愈《符读书城南》："时秋积雨霁，新凉入郊墟。"明高明《琵琶记·风木余

恨》："伤心满目故人疎，看郊墟，尽荒芜。"⑧犀角带：大明诸司职掌朝服之革带，二品用犀角。⑨驷马：拉一辆车的四匹马。⑩安车：一匹马拉的可以坐乘的小车。乘驷是站在车上，乘安车是坐在车上，较为舒适，故称安车。供年老的高级官员及贵妇人乘用。高官告老还乡或征召有很高声望的人，皇帝往往赐乘安车。宋朝司马光《王侍郎挽辞》诗之二："清朝解鸣玉，旧里挂安车。"

　　青衣能报赦①，黄耳解传书②。庭畔有人持短剑③，门前无客曳（yè）长裾④。波浪拍船，骇（hài）⑤舟人之水宿；峰峦绕舍，乐⑥隐者之山居。

*注释*

①青衣能报赦：典出唐代白居易的《白孔六帖》：前秦苻坚独自在房中起草赦免罪人的文书，有一只青蝇围着书桌飞来飞去，赶也赶不走。赦书尚未公布，外人都传说开了，苻坚追问来源，人们说，有一个穿青衣的人在市场上大声呼喊此事。苻坚说，这个人就是那只青蝇。②黄耳解传书：典出《晋书·陆机传》：陆机在洛阳为官，其家在吴中，久不通音讯。他有一只爱犬名黄耳，他开玩笑似的问黄耳：你能否替我传信到家里去呢？狗摇着尾巴叫了几声，好像在回答"能"。于是陆机写了一封信系在狗脖子上，狗奔跑了数千里，将信送到吴中他家，并将回信带回洛阳，送到陆机手中。③短剑：典出《史记·荆轲传》：战国时燕国的太子丹为报仇，想谋刺秦王，用优礼重金聘得刺客荆轲。荆轲便借向秦王献地图的机会，用匕首刺杀秦王，未中，被杀。④长裾：典出《汉书·贾邹枚路传》：西汉初期，各诸侯王都招聘贤人治国，齐人邹阳投于吴王刘濞麾下。吴王因不满西汉中央政权

的政策，图谋造反。邹阳便上书劝阻，文中解释自己之所以投奔吴王的原因，是因为"说大王之义"（仰慕大王您的高义）才来投奔的，我如果用尽我的才智，则无论哪个地方都能去求得一个职位，"何王之门不可曳长裾乎"（哪个诸侯王门前不能让我拖着长袍走来走去呢）？此联是反用其义，说因为王不贤明，故门前没有贤人来投奔。曳：拖。⑤骇：使……受到惊吓。⑥乐：使……享受快乐。

## 七虞

金对玉，宝对珠，玉兔①对金乌②。孤舟③对短棹（zhào）④，一雁对双凫（fú）⑤。横醉眼⑥，捻吟须⑦，李白⑧对杨朱⑨。

注释

①玉兔：指月亮，传说月亮中有玉兔。《楚辞·天问》："夜光何德，死则又育？厥利维何，而顾兔在腹？"顾兔在腹，谓月中有玉兔。②金乌：古代神话传说太阳中有三足乌，因而用为太阳的代称。《淮南子》："日中有踆乌，谓有三足金乌也。"唐李涉《寄河阳从事杨潜》："金乌欲上海如血，翠色一点蓬莱光。"③孤舟：孤独的小船。宋陆游《戏题江心寺僧房壁》："史君千骑驻霜天，主簿孤舟冷不眠。"明高启《出郭舟行避雨树下》："一片春云雨满川，渔簑欲借苦无缘。多情水庙门前树，遮我孤舟半日眠。"④棹：桨之类的划船工具，也可代指船和划船。⑤凫：野鸭之类

的水鸟。汉苏武出使匈奴被羁，归国时留别李陵的诗中有"双凫俱北飞，一雁独南翔"之句。后以"双凫一雁"为感伤离别之词。⑥横醉眼：出自唐李洞《赠唐山人》："醉眼青天小，吟情太华低。"⑦捻吟须：出自唐卢延让《苦吟》："吟安一个字，捻断数茎须。"⑧李白：字太白，号青莲居士。祖籍陇西成纪（今甘肃天水附近），幼时随父迁居绵州昌隆（今四川江油）青莲乡。李白的诗以抒情为主，具有超异寻常的艺术天才和磅礴雄伟的艺术力量。与杜甫齐名，世称"李杜"。⑨杨朱：战国时期哲学家，主张"为我""贵生重己"。孟子称其："拔一毛而利天下不为也。"

秋霜多过雁，夜月有啼乌。日暖园林花易赏，雪寒村舍酒难沽。人处岭南①，善探巨象口中齿②；客居江右③，偶夺骊（lí）龙④颔下珠。

### 注释

①岭南：五岭山脉之南，即今广东广西一带。②巨象口中齿：大象的牙。《初学记》引万震《南州异物志》："象牙岁脱犹爱惜之，掘地而藏之，人欲取，当作假牙潜往易之，觉则不藏故处。"③江右：指长江下游以西地区，后来称江西省为江右。④骊龙：黑色的龙。《庄子·列御寇》：河上有家贫恃纬萧食者，其子没于渊，得千金之珠。其父谓其子曰："取石来锻之，夫千金之珠必在九重之渊，而骊龙颔下，子能得珠者，必遭其睡也，使骊龙而寤，子尚奚微之有哉。"

贤对圣，智对愚，傅粉①对施朱②。名缰③对利锁④，椠槠（kē）⑤对提壶。鸠⑥哺子，燕调雏（chú）⑦，石帐⑧对郇（xún）厨⑨。

*注释*

①傅粉：搽粉。南朝梁简文帝《独处愁》："弹棋镜奁上，傅粉高楼中。"清李渔《闲情偶寄·声容》："从来傅粉之面，止耐远观，难于近视。"②施朱：涂以红色。战国楚宋玉《登徒子好色赋》："臣里之美者，莫若臣东家之子……著粉则太白，施朱则太赤。"宋苏轼《红梅》诗之二："雪里开花却是迟，何如独占上春时。也知造物含深意，故与施朱发妙姿。"③名缰：功名的缰绳。④利锁：名利的锁链。⑤挈榼：挈：用手提着。榼：古时盛酒的器具。⑥鸠：鸟名，斑鸠、布谷之类的鸟，古人统称为鸠。⑦燕调雏：据说小燕子学飞时，母燕一定在旁边调教。雏：幼鸟，此处指小燕子。⑧石帐：石崇的锦帐。石崇为晋代豪富，据《晋书·石崇传》记载：他曾在河阳（今河南孟县）建金谷园，极其奢华，曾作锦丝步帐，长五十里。后以"石帐"代表豪富的装饰。⑨郇厨：据唐朝冯贽《云仙杂记》卷三记载：唐朝的韦陟袭封为郇国公，饮食特别奢靡，时人号之为郇公厨。后人便以"郇厨"作为饮食精美、奢华的代称。

烟轻笼岸柳，风急撼庭梧。鸲（qú）眼一方端石砚①，龙涎（xián）三炷博山炉②。曲沼③鱼多，可使渔人结网④；平田兔少，漫劳耕者守株⑤。

*注释*

①鸲眼：特指石头上的一种像鸲鹆（八哥鸟的古名）眼睛的圆形斑点。端石砚：即端砚，一种珍贵的砚台，是用产于广东德庆县端溪之石料制成，上面有"鸲眼"的最为珍贵。②龙涎：一种珍贵的香料，为抹香鲸的分泌物，因得之于海上，故称龙涎。博山炉：一种香炉，其表面雕刻成群山重叠的形状，极为精致。③曲

沼：曲池，曲折迂回的池塘。宋朝叶绍翁《四朝闻见录·阅古南园》："危峰隐石，浅湾曲沼。"清王韬《淞隐漫录·茝蔚山庄》："即泛画舸，荡兰桨，采莲花，摘菱芡，亦总不出方塘曲沼之间。"④结网：织网。《汉书·扬雄传上》："雄以为临川羡鱼，不如归而结网。"⑤守株：守株待兔的意思。故事出自《韩非子·五蠹》：有农夫见到一只兔子奔跑时撞树桩而死，便放下农具守在树桩边，等待再拾到死兔。

秦对赵，越①对吴②，钓客③对耕夫④。箕裘⑤对杖履⑥，杞梓⑦对桑榆⑧。天欲晓，日将晡（bū）⑨，狡兔对妖狐。

注释

①越：古国名，国都为会稽（今浙江绍兴）。春秋末期，吴国打败越国，传说越王勾践卧薪尝胆，图谋雪耻，最终灭吴称霸。战国时为楚国所灭。②吴：古代以"吴"为国号的国家很多，此处指春秋时期的吴国，统治着淮河以南至浙江太湖以东的大片地区，传至夫差，为越王勾践所灭。③钓客：垂钓的人。唐薛能《边城寓题》："蚕市归农醉，渔舟钓客醒。"唐薛能《题褒城驿池》："钓客坐风临岛屿，牧牛当雨食菰蒲。"④耕夫：农夫。唐张继《阊门即事》："耕夫召募逐楼船，春草青青万顷田。"⑤箕裘：箕为簸箕，用柳条编织而成。裘为皮袍，此处指铁匠系于胸前，防止溅起的火星烫伤身体的皮具。《礼记·学记》上说，冶铁能手的儿子，一定要学习制造防护用的皮具；造弓能手的儿子，一定要学习做簸箕（因为这些工作都是冶铁造弓的基础）。此处隐含能继承父业的年轻人之意，如此才能和杖履老者相对。⑥杖履：拄拐杖穿鞋子的人，代指老人、长辈。杖：拐杖，老人所用。履：鞋，古人进房间必将鞋脱于门外，老人则可进入房间

后再脱鞋。⑦杞梓：指杞和梓两种优质木材，用以比喻优秀人才。⑧桑榆：农村常见的两种树木。引申为日暮和晚年。唐刘禹锡《酬乐天咏老见示》："莫道桑榆晚，为霞尚满天。"⑨晡：申时，下午三时到五时，泛指晚间。

　　读书甘刺股①，煮粥惜焚须②。韩信③武能平四海，左思④文足赋三都。嘉遁⑤幽人⑥，适志⑦竹篱茅舍；胜游⑧公子，玩情柳陌花衢⑨。

注释

①刺股：典出《战国策·秦策一》：苏秦为战国时的纵横家，用连横的外交策略（秦国联合东方某国，对付东方的其他五国）游说秦王，未能成功。归家后发奋学习，想打瞌睡时使用锥子刺自己的大腿，血流至足，最终学成纵横之术，劝说东方六国君主实行合纵的策略（六国联合，对付秦国），同时担任六国的宰相。②焚须：典出《新唐书·李勣传》：唐朝开国功臣英国公李勣天性友爱，他姐姐病了，李勣亲自为姐姐熬粥，不觉被火烧掉了胡须。其姐劝他不必如此，他说："姐姐您多病，而我又年老了，即使我想多给您熬几次粥，又还能熬几次呢？"③韩信：汉初大将，佐助汉高祖刘邦平四海、定天下，后被贬为淮阴侯。④左思：西晋人，博学能文，以十年时间写成《三都赋》，洛阳豪贵争相传抄，洛阳因之而纸价飞涨。⑤嘉遁：也写作"嘉遯"。古代指合乎正道的退隐，合乎时宜的隐遁。宋朝范仲淹《祭吕相公文》："辞去台衡，命登公衮，以养高年，如处嘉遁。"⑥幽人：幽隐之人，隐士。宋朝苏轼《定惠院寓居月夜偶出》："幽人无事不出门，偶逐东风转良夜。"⑦适志：舒适自得。《庄子·齐物论》："昔者庄周梦为胡蝶，栩栩然胡蝶也，自喻适志与。"郭象

注:"自得快意,悦豫而行。"⑧胜游:快意的游览。唐刘禹锡《奉和裴侍中将赴汉南留别座上诸公》:"管弦席上留高韵,山水途中入胜游。"金元好问《探花词》:"美酒清歌结胜游,红衣先为渚莲愁。"⑨衢:四通八达的大街。

## 八齐

岩对岫(xiù)①,涧对溪,远岸对危堤②。鹤长③对凫短④,水雁对山鸡。星拱北⑤,月流西⑥,汉露⑦对汤霓(ní)⑧。

### 注释

①岫:山洞。陶渊明的《归去来兮》:"云无心以出岫,鸟倦飞而知还。"②危堤:高高的堤坝。③鹤长:仙鹤的腿长。④凫短:野鸭的腿短。⑤星拱北:群星都环绕着北斗星。⑥月流西:月亮东升西落,所以称为"月流西",指月亮向西边移动。唐朝张若虚《春江花月夜》:"江水流春去欲尽,江潭落月复西斜。"⑦汉露:典出晋佚名撰《三辅故事》:建章宫的承露盘"高二十丈,大七围,以铜为之,上有仙人掌承露"。汉武帝迷信神仙之说,在宫内修建承露盘以承接天上降下来的甘露,用它来调玉屑,希望喝了能够长生不老。⑧汤霓:典出《孟子·梁惠王下》:夏桀王十分暴虐,天下的百姓都盼望商汤王来解救自己,就像大旱的时候盼望大雨之后的彩虹一样。霓:雨后出现的附于虹旁边的副虹,其成因与虹相同,但是颜色排列的次序相反。此处是泛指彩虹。

桃林牛已放①，虞坂马长嘶②。叔侄去官闻广受③，弟兄让国有夷齐④。三月⑤春浓，芍药⑥丛中蝴蝶舞；五更天晓，海棠⑦枝上子规⑧啼。

### 注释

①桃林牛已放：典出《尚书·武成》：周武王灭商以后，将战马放归华山的南边，将运输辎重的牛放归桃林之野，表示不再用它们打仗了。②虞坂马长嘶：典出《战国策·楚策四》：千里马在其晚年拖着盐车上太行山，上坡中途已无力再前进，见着伯乐，仰天长嘶。虞坂：地名。③叔侄去官闻广受：故事出自《汉书·疏广传》：汉代的疏广和其侄疏受都在朝廷任职，一为太子太傅，一为少傅，官高位尊。疏广对疏受说：知道满足就能不受侮辱，知道适可而止就能避免危险，功成身退是最符合自然规律的。于是两叔侄同时辞官归乡。古人将他们看成明哲保身的典范。去：离开。④弟兄让国有夷齐：典出《孟子·万章下》：夷齐指伯夷和叔齐，是商代孤竹君的两个儿子。相传孤竹君临死遗命将君位传给小儿子叔齐，孤竹君死后，叔齐要将君位让给哥哥伯夷。伯夷不接受，叔齐也不愿即位为君，于是一起逃到首阳山隐居。古人将他们看成道德高尚的典范。⑤三月：古代春季分三个月，即农历正月称孟春，二月称仲春，三月称季春。此处指第三月季春，所以说"三月春浓"，同时也是芍药开放的时候。⑥芍药：多年生宿根草本，花大且美，有芳香，花生枝顶或生于叶腋；而牡丹花只生于枝顶，这是牡丹与芍药的区别之一。芍药花瓣白、粉、红、紫或红色，花期5—8个月。不同的花开放的时间是不同的，民间的说法是："一月蜡梅花，二月梅花，三月迎春花，四月牡丹花，五月芍药，六月紫丁香，七月荷花，八月凤仙花，九月桂花，十月芙蓉花，十一月菊花，十二月象牙红。"⑦海棠：

即海棠树,落叶乔木,卵形叶,开淡红或白花,结红、黄色球形果,酸甜可食。海棠花姿潇洒,花开似锦,自古以来是雅俗共赏的名花,素有"花中神仙""花贵妃""花尊贵"之称,栽在皇家园林中常与玉兰、牡丹、桂花相配植,形成"玉棠富贵"的意境。历代文人多有脍炙人口的诗句赞赏海棠。宋代刘子翚《海棠花》:"幽姿淑态弄春晴,梅借风流柳借轻,……几经夜雨香犹在,染尽胭脂画不成……"形容海棠似娴静的淑女。因此海棠集梅、柳优点于一身而妩媚动人,雨后清香犹存,花艳难以描绘。
⑧子规:布谷鸟的别称,也称杜鹃、杜宇、秭归。相传它是望帝杜宇死后的化身变的,而杜宇又是历史上的开明皇帝。当他看到鳖相治水有功,百姓安居乐业,便主动让王位给他,他自己不久就去世了。他死后便化作杜鹃鸟,日夜啼叫,催春降福,所以这种鸟十分逗人喜爱。

云对雨,水对泥,白璧①对玄圭②。献瓜对投李③,禁鼓④对征鼙(pí)⑤。徐稚榻⑥,鲁班梯⑦,凤翥(zhù)⑧对鸾(luán)⑨栖。

*注释*

①白璧:洁白的玉璧。②玄圭:黑玉。《尚书·禹贡》:"禹锡玄圭,告厥成功。"③投李:《诗经·卫风·木瓜》:"投我以木李,报之以琼玖。"④禁鼓:设置在宫城谯楼上报时的鼓。⑤征鼙:古时军队出战时所击的战鼓。⑥徐稚榻:典出《后汉书·徐稚传》:徐稚,东汉人,品行高尚,多次谢绝朝廷的征聘,隐居自耕为生。太守陈蕃从不迎接宾客,但对徐稚却极为敬重,特为他设置一坐具,徐稚一离开,陈蕃便将此坐具挂起来。榻:一种狭长而矮的家具,可供坐卧。⑦鲁班梯:典出《墨子·公输》:鲁

班也叫公输般,春秋时鲁国人,著名的工匠,据说是锯子的发明人。他曾给楚王制造云梯以进攻宋国。⑧翥:向上飞。⑨鸾:凤凰之类的神鸟。

　　有官清似水①,无客醉如泥②。截发惟闻陶侃③母,断机只有乐羊④妻。秋望佳人,目送楼头千里雁;早行远客,梦惊枕上五更鸡。

### 注释

①有官清似水:典出《汉书·郑崇传》:汉哀帝时,郑崇为尚书仆射,曾多次向哀帝进谏。哀帝"郜封祖母傅太后从弟",郑崇劝阻,因而得罪傅太后和哀帝。哀帝责问郑崇说:"你门前来求见你的人多得像市场上的人一样,你凭什么想要阻止我封赏外戚呢?"郑崇回答说:"我的门口人多得像市场,我的心毫无偏私,像水一样洁静。"②无客醉如泥:典出《世说新语·任诞》:晋山涛的儿子山简镇守襄阳时,每次到岘山之南的高阳池,总是喝得大醉而还。襄阳百姓唱道:"山公时一醉,径造高阳池。日莫(暮)倒载归,酩酊无所知。"唐朝李白《襄阳歌》:"襄阳小儿齐拍手,拦街争唱白铜鞮。傍人借问笑何事?笑杀山公醉似泥。"③陶侃:典出《晋书·列女传》:陶侃,晋人,曾封长沙郡公,都督八州军事。贫贱时,有鄱阳孝廉范逵来拜访陶侃,寄宿于陶家。当时下大雪,陶侃的母亲湛氏抽出自己垫床的稻草,切碎来喂范逵的马,偷偷地剪下自己的长发卖给邻居,换来酒食招待客人。范逵事后知道此事,说:"非此母不生此子。"(不是这样优秀的母亲不会生出这样优秀的儿子)④乐羊:典出《后汉书·列女传》:乐羊即乐羊子,"子"是对男子的美称,东汉人。他出门求学,一年后因思家辍学而归。其妻便以织布为喻,说所织之布

一旦剪断,就前功尽弃,再也不能恢复。乐羊子被感动,又出门学习,七年未归,终成学业。

熊对虎,象对犀,霹雳①对虹霓。杜鹃对孔雀,桂岭②对梅溪③。萧史凤④,宋宗鸡⑤,远近对高低。

注释
①霹雳:又急又响的雷。唐朝李白《梦游天姥吟留别》:"列缺霹雳,丘峦崩摧。"②桂岭:栽种桂树的山岭。③梅溪:旁边种植有梅树的溪水。宋范成大《天平先陇道中时将赴新安掾》诗:"霜桥冰涧净无尘,竹坞梅溪未放春。"④萧史凤:典出西汉刘向《列仙传》:萧史为春秋时人,娶秦穆公的女儿弄玉为妻。他善于吹箫,能吹出凤鸣之声。有一天在凤台上吹箫,引来了凤凰,便和弄玉一起乘凤升天成仙而去。⑤宋宗鸡:即宋处宗,晋人,曾任兖州刺史。据明朝廖用贤所辑的《尚友录》卷一七《二宋》记载,宋处宗有一只长鸣鸡,养在窗间,能和人交谈,见解十分玄妙。宋处宗经常和它讨论各种问题,因而学业大进。

水寒鱼不跃,林茂鸟频栖。杨柳和烟彭泽县①,桃花流水武陵溪②。公子追欢③,闲骤玉骢(cōng)④游绮陌⑤;佳人倦绣,闷欹珊枕⑥掩香闺。

注释
①彭泽县:晋代陶渊明曾做彭泽县令,后来隐居,他在门前种有五棵柳树,号五柳先生。②武陵溪:武陵,地名,在今湖南常德桃源县一带。陶渊明曾作《桃花源记》,文中说,武陵渔夫顺着一条溪流进入桃花源,中有桃花流水,遇见很多避秦时战乱的隐

居者。③追欢：寻欢。宋苏轼《去岁与子野游逍遥堂》诗："往岁追欢地，寒窗梦不成。"宋杨万里《中秋病中不饮》诗之一："病来不饮非无酒，老去追欢总是愁。"④玉骢：即玉花骢。泛指骏马。唐韩翃《少年行》："千点斑斓喷玉骢，青丝结尾绣缠鬃。"元王实甫《西厢记》第四本第三折："柳丝长玉骢难系，恨不倩疏林挂住斜晖。"⑤绮陌：繁华的街道。亦指风景美丽的郊野道路。南朝梁简文帝《登烽火楼》诗："万邑王畿旷，三条绮陌平。"唐刘沧《及第后宴曲江》诗："归时不省花间醉，绮陌香车似水流。"⑥珊枕：用珊瑚做的枕头。

# 九佳

河对海，汉①对淮②，赤岸③对朱崖④。鹭飞对鱼跃，宝钿（diàn）⑤对金钗。鱼圉（yǔ）圉⑥，鸟喈（jiē）喈⑦，草履对芒鞋⑧。

注释

①汉：汉水，发源于陕西省宁强县蟠冢山，流经陕西、湖北后在武汉注入长江。②淮：淮河，发源于河南省南部的桐柏山，流经河南省南部、安徽省北部、江苏省北部，至江苏省江都县三江营注入长江。③赤岸：泛指土石呈赤色的崖岸。《楚辞·东方朔·七谏·哀命》："哀高丘之赤岸兮，遂没身而不反。"王逸注："楚有高丘之山，其岸峻崄，赤而有光明。"④朱崖：红色山崖。唐朝陆龟蒙《秋热》诗："午气朱崖近，宵声白羽随。"明朝何景明

《姜子岭至三垒》诗："朱崖秀夏木，石壁映寒潭。"⑤宝钿：上面镶有宝玉的金银首饰。⑥鱼圉圉：典出《孟子·万章上》：有人送了一条鱼给郑国的相子产，子产要手下人养在池塘里，手下人将鱼煮着吃了，回来欺骗子产，说刚放下去的时候，鱼慢慢地绕着圆圈游，过了一会儿就自由自在的了，一下子就游得看不见了。圉圉：尚未舒展开来的样子。⑦鸟喈喈：《诗经·周南·葛覃》："黄鸟于飞，集于灌木，其鸣喈喈。"喈喈：象声词，鸟叫声。⑧芒鞋：用芒茎外皮编织成的鞋。亦泛指草鞋。唐朝张祜《题灵隐寺师一上人十韵》："朗吟挥竹拂，高揖曳芒鞋。"宋朝苏轼《定风波》词："竹杖芒鞋轻胜马，谁怕，一蓑烟雨任平生。"

古贤尚笃厚①，时辈喜诙谐②。孟训文公谈性善③，颜师孔子问心斋④。缓抚琴弦，像流莺而并语；斜排筝柱⑤，类过雁之相挨。

### 注释

①笃厚：老实忠厚。②诙谐：谈话富于风趣。③孟训文公谈性善：典出《孟子·滕文公上》：滕文公做太子的时候，有一次路过宋国到楚国去，遇见了孟子，孟子以尧舜为榜样与之谈论了性善的问题。训：教育。④颜师孔子问心斋：典出《庄子·人间世》：卫君无道，颜回欲前往干预，孔子说："这样危险，通过心斋方有效果。"心斋：排除一切思虑和欲望，保持心境清净。⑤筝柱：筝上的弦柱。每弦一柱，可移动以调定声音。唐朝钱起《送崔十三东游》诗："千里有同心，十年一会面。当杯缓筝柱，倏忽催离宴。"唐朝李商隐《独居有怀》诗："浦冷鸳鸯去，园空蛱蝶寻。蜡花长递泪，筝柱镇移心。"

丰对俭，等对差（chā），布袄对荆钗①。雁行②对鱼阵③，榆塞④对兰崖。挑荠（jì）⑤女，采莲娃，菊径对苔阶。

**注释**

①荆钗：用树枝做成的首饰，贫家妇女用。钗：头饰的一种，可用来簪住头发。②雁行：飞雁组成的行列。③鱼阵：指规模较大的鱼群。唐朝皮日休、嵩起等《报恩寺南池联句》："坐来鱼阵变。"唐朝刘恂《岭表录异》卷上："船冲鱼阵，不施罟网，但鱼儿自惊跳入船，逡巡而满。"④榆塞：即榆关，靠近山海关。⑤荠：一种野菜。古人多在春天采摘食用，味道甘美。

诗成六义①备，乐奏八音②谐。造律吏哀秦法酷③，知音人说郑声哇④。天欲飞霜，塞上有鸿行⑤已过；云将作雨，庭前多蚁阵⑥先排。

**注释**

①六义：据《诗经·大序》说，诗的"六义"为风、雅、颂、赋、比、兴。前面的三种为诗歌的体裁，即国风（各国的民间歌谣）、大雅和小雅（周王朝王都的歌）、颂歌（庙堂祭祀用的乐歌）；后面三种为诗歌表现的艺术手法，即铺叙其事、借物比喻、借他物以起兴。②八音：古时用金、石、丝、竹、匏、土、革、木八种材料制作的乐器。③秦法酷：汉高祖入咸阳，感叹秦朝法律太严酷，就约以三章之法，后无以除奸，命萧何制定法律，次其轻重。④郑声哇：郑声：古时郑地的俗乐。哇：淫。《论语·卫灵公》："颜渊问邦。子曰：'行夏之时，乘殷之辂，服周之冕，乐则《韶》舞。放郑声，远佞人。郑声淫，佞人殆。'"《论语·阳货》：子曰："恶紫之夺朱也，恶郑声之乱雅乐也，恶利口之覆

邦家者。"《礼记·乐记》："郑卫之音，乱世之音也，比于慢矣，桑间濮上之音，亡国之音也。"《荀子·乐论》："姚冶之容，郑卫之音，使人之心淫。"⑤鸿行：即雁行。⑥蚁阵：蚂蚁的阵势。宋陆游《睡起至园中》诗："更欲世间同省事，勾回蚁战放蜂衙。"《西游记》第六十六回："人如蚁阵往来多，船似雁行归去广。"

　　城对市，巷对街，破屋对空阶。桃枝对桂叶，砌①蚓对墙蜗。梅可望②，橘堪怀③，季路④对高柴⑤。

*注释*

①砌：台阶。②梅可望：典出《世说新语·假谲》：曹操带部队行军，道缺水，士兵口渴走不动了。曹操就说，前边有一个大梅树林，结了很多梅子，又甜又酸可以解渴。士兵听说以后，口里都流出了口水，因而坚持着走出了缺水的地区。③橘堪怀：典出《三国志·吴志·陆绩传》：陆绩六岁到九江拜见袁术，接见时看见座间有橘，便偷偷地在怀中藏了三个。告辞下拜时，橘子不小心滚出来掉在地上，袁术问他原因，陆绩说："我想带回去给母亲吃。"后来"怀橘"便成了孝敬父母亲的典故。④季路：又叫子路、子由、仲由，孔子的学生。⑤高柴：字子羔，孔子弟子。

　　花藏沽酒市，竹映读书斋。马首不容孤竹扣①，车轮终就洛阳埋②。朝宰锦衣，贵束乌犀之带③；宫人宝髻（jì）④，宜簪（zān）白燕之钗⑤。

*注释*

①孤竹扣：典出《孟子·万章下》：孤竹君的两个儿子伯夷、叔

齐隐居周地之后，周武王起兵讨伐商纣王，他们认为这是以臣伐君，不合道义，拦在周武王的马前劝阻。扣：牵住（马）不让它前进。②洛阳埋：典出《后汉书·张皓传》所附的《张纲传》：东汉安帝派遣八人巡视天下风俗吏治，其中张纲年龄最轻、职位最低。张纲刚出洛阳，就下车将车轮拆下，用土埋上，说："豺狼当道，安问狐狸！"（意思是最大的奸臣就在都城洛阳，为什么要到地方上去查那些小贪官呢？）立即上书弹劾当时官高权重的大将军梁冀及其弟梁不疑，朝野为之震动。③乌犀之带：上有黑犀牛角作装饰的腰带。乌犀：犀牛的一种。皮可为甲，角可为器具、饰物，又可入药。亦指乌犀的角或其制品。④髻：妇女盘发曰髻。⑤白燕之钗：据《述异记》记载，汉时修建招灵阁，有神女献了一支上面镶有燕子的发钗。汉武帝赏给了赵婕妤。后来昭帝时一宫人不小心将其打碎，此钗便化为白燕飞去。唐刘言史《赠成炼师四首》之四："当时白燕无寻处，今日云鬟见玉钗。"唐张祜《吴宫曲》："玉钗斜白燕，罗带弄青虫。"都用了这个典故。

## 十灰

　　增对损，闭对开，碧草①对苍苔②。书签③对笔架④，两曜(yào)⑤对三台⑥。周召（shào）虎⑦，宋桓魋(tuī)⑧，阆(làng)苑⑨对蓬莱⑩。

### 注释

①碧草：青草。南朝梁江淹《贻袁常侍》："幽冀生碧草，沅湘含翠烟。"宋朝苏轼《题织锦图上回文三首》诗之一："春晚落花馀碧草，夜凉低月半枯桐。"②苍苔：青色苔藓。晋潘岳《河阳庭前安石榴赋》："壁衣苍苔，瓦被驳藓，处悴而荣，在幽弥显。"唐朝杜甫《醉时歌》："先生早赋《归去来》，石田茅屋荒苍苔。"③书签：古代卷子装的书籍最右端有一根带子，上系有一象牙做的书签。收藏时，先将书籍卷好，用带子捆紧，然后将书签插入带中，起紧固的作用。④笔架：搁毛笔的架子。⑤两曜：指日、月。宋朝陆游《春雨》："羲和挟两曜，疾走不可遮。"⑥三台：星名。相传天上有三台六星，在人为三公，在天为三台。上台司命，中台司爵，下台司禄。唐朝高适《奉酬睢阳李太守》："三台冀入梦，四岳尚分忧。"⑦召虎：人名，即召穆公，见于《诗经·大雅·韩奕》。据说周宣王曾命令他带兵，沿长江汉水出征当时的少数民族淮夷。⑧桓魋：春秋时宋国人，曾经将孔子围困在宋国的大树下。⑨阆苑：传说为昆仑之巅的阆风山中的一座园林，为神仙所居。旧时诗文中常用来指宫苑。《红楼梦》："一个是阆苑仙葩，一个是美玉无瑕。"⑩蓬莱：也叫蓬壶，传说中渤海上的三座神山之一（另两座为方丈、瀛洲），上有神仙居住。唐朝李商隐《无题》："蓬山此去无多路，青鸟殷勤为探看。"

薰风①生殿阁，皓月②照楼台。却马汉文思罢献③，吞蝗唐太冀移灾④。照耀八荒⑤，赫（hè）赫⑥丽天⑦秋日；震惊百里，轰轰出地春雷。

### 注释

①薰风：和暖的风。指初夏时的东南风。《吕氏春秋·有始》："东

南曰薰风。"唐朝白居易《首夏南池独酌》："薰风自南至，吹我池上林。"②皓月：犹明月。唐朝李白《友人会宿》："良宵宜清谈，皓月未能寝。"宋朝柳永《倾杯乐》词："皓月初圆，暮云飘散，分明夜色如晴昼。"③却马汉文思罢献：典出《汉书·贾捐之传》：有人献千里马给汉文帝，文帝想通过此事堵住官员向上级献礼的恶习，下诏退回不收。④吞蝗唐太冀移灾：典出《贞观政要·务农》：唐贞观二年，关中大旱，蝗灾肆虐，唐太宗视察时抓住几只蝗虫说，百姓以农作物为命，你们却去残害，这是危害百姓。百姓的过错是我造成的，你们只应该吞噬我的心肺，不要危害百姓。说完便要将蝗虫吞入口中。手下人都来劝阻，说吃了会生病。太宗说："所冀移灾联躬，何疾之避？"（所希望的就是将灾难转移到我的身上，怕什么生病？）就将蝗虫吞下去了。此后蝗虫就都飞走，不再危害庄稼了。⑤八荒：又称八方。四面八方荒远的地方。根据西汉刘向《说苑》的讲法，九州之外有四海，四海之外为八荒。汉朝贾谊《过秦论》："并吞八荒之心。"⑥赫赫：显赫明亮的样子。明朝刘基《卖柑者言》："赫赫乎可象也。"⑦丽天：谓附着于天。《晋书·地理志上》："星象丽天，山河纪地。"

沙对水，火对灰，雨雪对风雷。书淫①对传癖②，水浒③对岩隈（wēi）④。歌旧曲，酿新醅（pēi）⑤，舞馆⑥对歌台⑦。

注释

①书淫：爱书入迷的人。典出《晋书·皇甫谧传》。皇甫谧字士安，"博宗典籍百家之言"，"耽玩典籍，忘寝与食，时人谓之书淫"。淫：过分地（爱好）。②传癖：以热爱经典为癖好的人。典出《晋书·杜预传》。杜预字元凯，极有政治才干，且"耽思经籍，为《春秋左氏经传集解》"。"又作《盟会图》《春秋长历》，

备成一家之学"。杜预曾说王济善解马性,有马癖;和峤爱钱如命,有钱癖。武帝司马炎问他有何癖好,杜预说:"臣有《左传》癖。"③水浒:水边。明朝何景明《津市打鱼歌》:"野人无船住水浒,织竹为梁数如罟。"④岩隈:深山曲折处。元张纬《结庐》:"却恐汉庭须羽翼,鹤书未许老岩隈。"⑤新醅:刚刚酿造出来的酒。醅:未过滤的酒。唐白居易《问刘十九》:"绿蚁新醅酒,红泥小火炉。晚来天欲雪,能饮一杯无?"⑥舞馆:舞蹈的场所。南朝齐谢朓《和伏武昌登孙权故城》:"舞馆识馀基,歌梁想遗啭。"⑦歌台:表演歌舞的楼台。唐朝杜牧《阿房宫赋》:"歌台暖响,春光融融。"南宋辛弃疾《永遇乐》词:"舞榭歌台,风流总被雨打风吹去。"

春棠经雨放,秋菊傲霜开。作酒固难忘曲蘖(niè),调羹必要用盐梅①。月满庾(yǔ)楼,据胡床而可玩②;花开唐苑,轰羯(jié)鼓以奚催③。

注释

①作酒固难忘曲蘖,调羹必要用盐梅:典出《尚书·说命下》:"若作酒醴,尔惟曲蘖;若作和羹,尔惟盐梅。"(我如果酿酒,你就是发酵的曲蘖;我如果烹煮肉羹,你就是调味的盐和酸梅。)这是商高宗武丁对其贤相傅说虚心求教,请他尽心辅佐自己的话。曲蘖:酿酒或制酱所用的发酵物,俗称酒母;调羹:动宾结构,调和羹汤的味道,与"作酒"对仗。盐梅:盐和酸梅,用来调配食物的咸淡和酸味的调味品。②月满庾楼,据胡床而可玩:典出《世说新语·容止》。东晋庾亮做江州刺史,曾在州治武昌与手下的官吏殷浩等人登南楼赏月,在楼上交谈吟咏一直到天亮。胡床:一种可以折叠的轻便坐具,因由西域传入,故称胡

床。③花开唐苑,轰羯鼓以奚催:典出唐人南卓《羯鼓录》。唐玄宗(明皇)精通音乐,特别喜好羯鼓。曾亲自在内廷临轩击鼓,庭院中柳树杏树的枝叶花苞随着鼓声发芽开放。轰:象声词,鼓声,此处用作动词,使……轰响,即击鼓的意思。羯鼓:古代羯族的一种鼓,形状像漆桶,下有鼓架,用两个鼓槌击打,声音高亢激烈。

休对咎,福对灾,象箸①对犀杯②。宫花③对御柳④,峻阁对高台。花蓓蕾,草根荄(gāi)⑤,剔藓对刬苔。

注释

①象箸:象牙制作的筷子。唐朝李咸用《长歌行》:"象箸击折歌勿休,玉山未倒非风流。"②犀杯:犀牛角做的酒杯。③宫花:皇宫庭苑中的花木。唐朝李白《宫中行乐词》之五:"宫花争笑日,池草暗生春。"唐朝元稹《行宫》:"寥落古行宫,宫花寂寞红。白头宫女在,闲坐说玄宗。"④御柳:宫禁中的柳树。唐朝韩翃《寒食》诗:"春城无处不飞花,寒食东风御柳斜。"⑤荄:草根。

雨前庭蚁闹,霜后阵鸿哀。元亮①南窗今日傲,孙弘②东阁几时开。平展青茵③,野外茸茸软草;高张翠幄(wò)④,庭前郁郁凉槐。

注释

①元亮:东晋人陶渊明的字,其所作《归去来兮辞》中有"倚南窗以寄傲"的句子。②孙弘:即公孙弘,西汉武帝时人,汉代儒家学派的代表之一,曾任宰相。据《史记·公孙弘传》记载,公孙弘在东阁中用私人俸禄供养故人宾客,家无余财。③茵:草席

子。青茵是说青草平整柔软如席。④幄：帐篷。翠幄是说树叶浓荫蔽日如帐篷。

## 十一真

邪对正，假对真，獬豸（xièzhì）①对麒麟②。韩卢③对苏雁④，陆橘⑤对庄椿⑥。韩五鬼⑦，李三人⑧，北魏⑨对西秦⑩。

注释

①獬豸：传说中的神兽，形似羊，有一角，见争讼者，能用角去顶触理屈者。②麒麟：传说中的神兽，形似麋鹿，牛尾，狼蹄，有一角，是仁慈吉祥的兽，出现则天下大治。③韩卢：犬名，又叫韩子卢，战国时期韩国的一只善于奔跑的猎犬。《战国策·秦策三》："以秦卒之勇，车骑之多，以当诸侯，譬若放韩卢而逐蹇兔也。"④苏雁：苏武用来传递书信的大雁。《汉书·苏武传》记载，汉朝的苏武出使匈奴被扣留了十九年，后来两国交好，又互通使者。汉使追问苏武的下落，匈奴诡称苏武已死，汉使知道苏武流放的地方，就假称汉朝天子在长安射到一只大雁，大雁脚上系了苏武亲笔所写的书信。匈奴无法抵赖，只好将苏武叫来，让他归国。⑤陆橘：陆绩所收藏的橘子，参见本书前文"九佳"注释。⑥庄椿：庄子在书中所提到的大椿树。《庄子·逍遥游》中说，上古有棵大椿树，"以八千岁为春，八千岁为秋"，是长寿的代表。元萨都剌《溪行中秋玩月》诗："惟期母寿庄椿逾，有子愿效返哺乌。"⑦韩五鬼：唐代文学家韩愈曾作《送穷文》，文中

声律启蒙·卷上

提到穷鬼有五类，即智穷、学穷、文穷、命穷、交穷。⑧李三人：唐朝李白《花下独酌》："花间一壶酒，独酌无相亲。举杯邀明月，对影成三人。"三人指自己、影子和月亮。⑨北魏：南北朝时，北朝的一个由鲜卑族建立的少数民族国家，也叫元魏、拓拔魏、后魏。⑩西秦：可指春秋战国时的秦国，因其地理位置在列国之西，故有此名；也可指晋朝时北方十六国之一的秦，为鲜卑族建立的少数民族国家，统治区域在今甘肃一带，公元431年为夏所灭。史书上称之为西秦。

蝉鸣哀暮夏，莺啭（zhuàn）①怨残春。野烧焰腾红烁烁②，溪流波皱碧粼粼③。行无踪，居无庐，颂成《酒德》④；动有时，藏有节，论著《钱神》⑤。

注释

①啭：鸟叫。②烁烁：火光明亮的样子。汉李陵《赠苏武》诗："烁烁三星列，拳拳月初生。"③粼粼：波光闪耀的样子。④《酒德》：即《酒德颂》，晋人刘伶所作，歌颂饮酒的功用。文中有"行无辙迹，居无室庐"之语。⑤《钱神》：即《钱神论》，晋人鲁褒所作，极言金钱之作用，以讽刺时局。文中有"动静有时，行藏有节"（钱的流通与否有一定的时节）之语。动和行，指钱币在交易过程中流通。静和藏，指商品未流通则钱币被收藏。

哀对乐，富对贫，好友对嘉宾。弹冠①对结绶②，白日对青春③。金翡翠④，玉麒麟，虎爪⑤对龙鳞⑥。

注释

①弹冠：典出《楚辞·渔父》。又《汉书·王吉传》：王吉字子

阳,他与贡禹为好友,互相推举提拔为官,当时人说,"王阳在位,贡公弹冠"(王吉做了官,贡禹就弹去冠上的灰尘,准备出来做官了)。比喻相友善者援引出仕。东晋葛洪《抱朴子·自叙》:"内无金张之援,外乏弹冠之友。"宋朝孙光宪《北梦琐言》卷七:"唐襄阳孟浩然,与李太白交游。玄宗征李入翰林。孟以故人之分,有弹冠之望,久无消息,乃入京谒之。"②结绶:典出《汉书·萧望之传》所附《萧育传》:萧育和朱博为好朋友,两人互相推荐,都出仕为官。因为以前有王吉和贡禹的事,故当时人说"萧朱结绶,王贡弹冠"。结绶:佩好用来系官印的丝带,比喻准备出来做官。唐朝皇甫冉《杂言无锡惠山寺流泉歌》:"我来结绶未经秋,已厌微官忆旧游。"③青春:春天。按照五行学说,季节的春和颜色的青是相配的,故称青春。唐朝杜甫《闻官军收河南河北》:"白日放歌须纵酒,青春作伴好还乡。"④金翡翠:比金子还宝贵的翡翠鸟的羽毛,代指用其做成的装饰品。翡翠:鹬鸟。唐陈子昂《感遇诗三十八首》之二十三:"翡翠巢南海,雄雌珠树林。何知美人意,娇爱比黄金。"⑤虎爪:虎之爪;虎爪形。《山海经·中山经》:"有兽焉,其状如犬,虎爪有甲,其名曰獜。"《后汉书·舆服志下》:"佩刀……小黄门雌黄室,中黄门朱室,童子皆虎爪文。"⑥龙鳞:龙的鳞甲。《韩非子·说难》:"夫龙之为虫也,柔可狎而骑也,然其喉下有逆鳞径尺,若人有婴之者,则必杀人。人主亦有逆鳞,读者能无婴人主之逆鳞,则几矣。"后因以"龙鳞"指人主。宋梅尧臣《送马司谏使北》诗:"每逆龙鳞司谏净,又持旄节使阴山。"

柳塘①生细浪②,花径③起香尘④。闲爱登山穿谢屐(jī)⑤,醉思漉(lù)酒⑥脱陶巾⑦。雪冷霜严,倚槛松筠(yún)⑧同傲岁;日迟⑨风暖,满园花柳各争春。

注释

①柳塘:周围植柳的池塘。唐严维《酬刘员外见寄》:"柳塘春水慢,花坞夕阳迟。"唐王建《汴路水驿》:"晚泊水边驿,柳塘初起风。"②细浪:微小的波纹。唐朝杜甫《城西陂泛舟》:"鱼吹细浪摇歌扇,燕蹴飞花落舞筵。"金元好问《梁园春》诗之二:"暖入金沟细浪添,津桥杨柳绿纤纤。"③花径:花间的小路。南朝梁庾肩吾《和竹斋》:"向岭分花径,随阶转药栏。"唐朝李端《暮春寻终南柳处士》:"入溪花径远,向岭鸟行迟。"④香尘:芳香之尘。多指女子之步履而起者。语出东晋王嘉《拾遗记·晋时事》:"(石崇)又屑沉水之香如尘末,布象床上,使所爱者践之。"唐沈佺期《洛阳道》:"行乐归恒晚,香尘扑地遥。"唐朝杜牧《金谷园》:"繁华事散逐香尘,流水无情草自春。"元朝王实甫《西厢记》第一本第一折:"若不是衬残红芳径软,怎显得步香尘底样儿浅。"⑤谢屐:典出《晋书·谢灵运传》:南朝宋诗人谢灵运嗜好登山,设计出一种专用的登山木屐,其底部的两道齿是活动的,上山时抽去前边的齿,下山时抽去后边的齿,总能使木屐的底部保持为平面状态。后人称这种木屐为谢公屐,简称谢屐。此字在平水韵中是入声陌韵的字,属仄声,故与下联中"陶巾"的"巾"字构成对仗。今读为 jī,则是平声字。⑥漉酒:过滤酒。⑦陶巾:晋代陶潜自己酿酒,酒熟则取下头上葛巾来滤酒,用完后再把葛巾戴回头上。⑧松筠:松树和竹子。筠:竹外青皮,引申为竹子。此两种植物均耐寒,冬季不落叶,故称"傲岁"。⑨日迟:太阳移动得很慢,这是春天的景象。《诗经·豳风·七月》有"春日迟迟"。

香对火,炭对薪①,日观②对天津③。禅心④对道眼⑤,野妇⑥对宫嫔(pín)⑦。仁无敌⑧,德有邻⑨,万石(dàn)⑩对千钧。

**注释**

①薪：柴火。②日观：泰山顶上的一座山峰名，为观日出的最好地点。此处"观"读"惯"，是借用这个去声（仄声）的读音和"天津"的"津"（平声）构成对仗。③天津：天津桥的简称，在河南洛阳市西南洛河之上，为隋炀帝所建。④禅心：佛教用语，指清静寂定的心境。南朝梁江淹《吴中礼石佛》："禅心暮不杂，寂行好无私。"宋朝黄庭坚《听崇德君鼓琴》："禅心默默三渊静，幽谷清风淡相应。"⑤道眼：佛教语，指能洞察一切，辨别真妄的眼力。《敦煌变文汇录·维摩诘经问疾品变文》："必使天龙开道眼，教伊八部悟深因。"宋朝苏轼《与王定国书》："粉白黛绿者，俱是火宅中狐狸射干之流，愿公以道眼照破。"⑥野妇：村野妇女。明朝何景明《古松行》："傍枝出地子成树，野妇山樵摧作薪。"⑦宫嫔：帝王的侍妾。⑧仁无敌：出自《孟子·梁惠王上》：孟子说："仁者无敌。"意思是用仁德统治天下的人，没有人能与他对抗。⑨德有邻：出自《论语·里仁》：孔子说："德不孤，必有邻。"意思是有德行的人一定会有人帮助。⑩石：重量单位，《汉书·律历志上》："三十斤为钧，四钧为石。"

滔滔三峡①水，冉冉②一溪冰。充国③功名当画阁④，子张言行贵书绅⑤。笃志⑥诗书，思入圣贤绝域⑦；忘情官爵，羞沾名利纤（xiān）尘⑧。

**注释**

①三峡：据明陆应阳《广舆记》记载："三峡巴蜀地，明月峡、巫山峡、广泽峡也。"②冉冉：慢慢漂流的样子。③充国：赵充国，西汉武帝时的著名武将，在讨伐匈奴、西羌的战斗中屡立战功。④阁：麒麟阁，汉武帝时在未央宫内所建的一座高阁，汉宣

帝在阁中画了汉代十一大功臣之像，赵充国的像便在其中。⑤子张言行贵书绅：典出《论语·卫灵公》：孔子学生子张问孔子关于"行"的问题，孔子回答了他，子张当时手上没有记录用的竹简，便写在自己衣裳的大带上。绅：古人衣裳上的大带。行：中古有两个读音，一为平声（行走、行为，庚韵），一为去声（品行，敬韵），此处是用平声字的意义，仄声字（去声）的读音，和上一句的平声字"名"构成对仗的。⑥笃志：专心致志，一心一意。⑦绝域：极其遥远的地方。《后汉书·班超传》："愿从谷吉，效命绝域。"⑧纤尘：细小的灰尘，喻指微小的、不值得看重的东西。

# 十二文

家对国，武对文，四辅①对三军②。九经③对三史④，菊馥(fù)⑤对兰芬。歌北鄙⑥，咏南薰⑦，迩（ěr）⑧听对遥闻。

注释

①四辅：官职名，见于《尚书·洛诰》，指天子身边的四个辅佐大臣。后代帝王的"四辅"所指官员不一，都是依托《尚书》所说而产生的。②三军：古时指中军、上军、下军或中军、左军、右军。二千五百为一军，三军者法天、地、人也。③九经：儒家的九部经典，各书所说的名称小有不同，宋代刻印的《九经白文》所列的名称为：《易经》《尚书》《诗经》《左传》《礼记》《仪礼》《周礼》《论语》《孟子》，这是唐宋时期形成的名称。加上

《孝经》《尔雅》《公羊传》《穀梁传》，就成为儒家的十三经了。④三史：魏晋六朝时以《史记》《汉书》《东观汉记》为三史；唐朝以后《东观汉记》失传，便以《史记》《汉书》《后汉书》为三史。⑤馥：香。⑥歌北鄙：殷纣好为北鄙之乐，其忽然败亡，北鄙之乐成为杀伐之声。典出《孔子家语》卷八《辩乐解第三十五》："殷纣好为北鄙之声，其废也忽焉。"鄙：边境上的城邑。北鄙：代指北边边境地方的歌谣。⑦咏南薰：典出《孔子家语》卷八《辩乐解第三十五》：圣明天子虞舜弹五弦之琴，唱南风之歌，歌词里唱道："南风之熏兮，可以解吾民之愠兮；南风之时兮，可以阜吾民之财兮。"薰：和煦。南薰：南风，代指南风之歌。⑧迩：近。

召公周太保①，李广②汉将军。闻化蜀民皆草偃（yǎn）③，争权晋土已瓜分④。巫峡⑤夜深，猿啸苦哀巴地⑥月；衡峰⑦秋早，雁飞高贴楚天⑧云。

注释

①召公：又称召伯，姓姬，名奭，为周的同族，因封于召，故称召公，卷上十灰注中的召虎即其后人。周太保：周天子的太保，召公于周武王时曾任此职。②李广：西汉陇西成纪人，汉景帝、汉武帝时与匈奴作战，屡立战功，擅长骑射，为边郡太守时，匈奴不敢入侵，称之为"汉之飞将军"。唐朝王昌龄《出塞》："秦时明月汉时关，万里长征人未还。但使龙城飞将在，不教胡马度阴山。"③闻化蜀民皆草偃：典出《汉书·循吏传》：西汉景帝末年，文翁为蜀地太守，为改变蜀地鄙陋的民风，他挑选品质优秀的小吏到京城学习政务，并提倡文教，在当地开办学校，提高文士的地位，结果蜀地百姓都闻风而化，民风大变。班固称赞说：

"至今巴蜀好文雅，文翁之化也。"草偃：像草一样随风而倒伏，比喻人心倾服。④争权晋土已瓜分：春秋末年，晋国掌握国家大政的六卿（智氏、赵氏、韩氏、范氏、魏氏、中行氏）之间因为权力的纷争，钩心斗角，最后留下韩、赵、魏三家。到晋静公二年（公元前376年），他们三家共废晋君，瓜分了晋国的土地。此事史称"三家分晋"。⑤巫峡：长江三峡之一，在今四川巫山县与湖北巴东县交界处。北魏郦道元《水经注·江水》中说，巫峡中"常有高猿长啸，属引凄异，空谷传响，哀转久绝。故渔者歌曰：巴东三峡巫峡长，猿鸣三声泪沾裳"。⑥巴地：秦汉设巴、蜀二郡，皆在今四川省，东部为巴，西部为蜀。后用为四川的别称。今部分土地划归重庆市。⑦衡峰：湖南南岳衡山有峰名回雁峰，据说大雁冬天向南迁徙，至此峰便不再南行。贴：紧挨着。此字在现代汉语中读平声，而中古是个入声字，属仄声，所以能和上联的平声字"哀"构成对仗。⑧楚天：古代楚国在今长江中下游一带，位居南方，所以泛指南方天空为楚天。柳永《雨霖铃》："暮霭沉沉楚天阔。"

歆对正，见对闻①，偃武②对修文③。羊车④对鹤驾⑤，朝旭对晚曛（xūn）⑥。花有艳，竹成文，马燧⑦对羊欣⑧。

**注释**

①闻：听见。②偃武：停息武备、停止战争。③修文：采取措施加强文治，主要指修治典章制度，提倡礼乐教化等。④羊车：羊拉的小车，多用于宫廷内部或供小儿乘坐。《晋书·胡贵嫔传》记载，晋武帝喜乘坐羊车在宫内游走，羊车停在何处便在何处歇宿，妃子们为了争宠，在自己的门前插上竹叶、洒上盐水来吸引拉车的羊。《晋书·卫玠传》记载，卫玠年幼时乘羊车到市场上

去,一城人都跑去观看,认为他漂亮无比。故后人以"羊车"代指君王或美童。⑤鹤驾:题名为西汉刘向所著的《列仙传》上说,周灵王的太子王子乔喜欢吹笙,能吹出凤凰鸣叫的声音。后来有个仙人浮丘生将他接上了嵩高山。三十多年后,有人看见他骑着仙鹤停留在山巅上,几天后拱手与人告别离去。故后人多以"鹤驾"代指仙人或太子。⑥曛:日落时的余光。⑦马燧:字洵美,唐大历年间人。他先跟从其兄马炫学习文学,后来看到天下动乱,便改学兵书战策,屡立战功,封北平郡王。此处仅以其字面与"羊欣"构成对仗。⑧羊欣:晋和南朝宋之间的人,擅长书法和医术,宋时曾任新安太守。

山中梁宰相①,树下汉将军②。施帐解围嘉道韫(yùn)③,当垆沽酒叹文君④。好景有期,北岭几枝梅似雪;丰年先兆,西郊千顷稼⑤如云。

注释

①梁宰相:南朝的陶弘景隐居句容句曲山(即茅山,在今江苏西南部),曾辅佐萧衍夺取齐的帝位,建立了梁。萧衍(梁武帝)称帝后屡次征聘他,而陶氏不肯出山,国家有大事,武帝则入山咨询,时人称之为"山中宰相"。②汉将军:东汉的冯异辅佐光武帝刘秀从王莽手中夺回刘氏天下,胜利后诸将争功,只有冯异一人独坐大树下,当时军中称之为"大树将军"。③道韫:指东晋谢安之侄女谢道韫。典出《晋书·列女传》:道韫嫁与王凝之为妻,王凝之的弟弟王献之与客人讨论问题,被客人难住,道韫欲为其解围,便在客人座前设一青色帷帐,坐在帷帐之后伸张其小叔的观点,客人都不能难住她。④文君:西汉蜀地大富翁卓王孙的女儿。典出《史记·司马相如列传》:卓文君寡居,因羡慕

司马相如的才学，与相如私奔，开一酒店谋生，卓文君当垆买酒，司马相如则和雇来的人一起充当酒保。⑤稼：谷物。

尧①对舜②，夏③对殷④，蔡惠⑤对刘黄（fén）⑥。山明对水秀，五典⑦对三坟⑧。唐李杜⑨，晋机云⑩，事父对忠君。

注释

①尧：传说中的上古帝王名。姓伊祁，名放勋，史称唐尧。在唐地伊祁山诞生，随其母在庆都山一带度过幼年生活。十五岁时在唐县封山下受封为唐侯。二十岁时，其兄帝挚为形势所迫让位于他，成为我国原始社会末期的部落联盟长。他践帝位后，复封其兄挚于唐地为唐侯，他也在唐县伏城一带建第一个都城，以后因水患逐渐西迁山西，定都平阳。②舜：传说中的上古帝王名。尧帝的女婿，因建国于虞，故称为虞舜或有虞氏。性至孝，尧用之，使摄位三十年，后受禅为天子，都于蒲阪（今山西省永济县）。在位四十八年，舜每五年巡天下一次，其余时间让各地君长到京城朝见。舜在南巡中崩于苍梧之野，传位于禹。亦称为大舜。③夏：夏朝。中国史书记载的第一个世袭王朝。是一个部落联盟形式的国家，中国历史上的"家天下"，就是从夏朝的建立开始的。依据史书记载，自唐、虞至夏、商、周三代皆分封建藩时代，帝王与诸侯分而治之。此时期的文物中有一定数量的青铜和玉制的礼器，所以其文化及文明程度高于新石器晚期文化。④殷：商朝。公元前1600年至公元前1046年，经历了三个大的阶段。第一阶段是"先商"，第二阶段是"早商"，第三阶段是"晚商"。夏朝之诸侯国商部落首领商汤率诸侯国于鸣条之战灭夏后，在亳（今河南商丘）建立商朝。经历17代31王后，末代君王商纣王于牧野之战被周武王击败而亡。⑤蔡惠：汉代人，梦见

得到一棵谷穗又失去了,郭乔给他圆梦说,"禾"旁加"失"字是"官秩"(官爵的等级)的"秩",你应当会升官了。后来果真升了官。⑥刘蕡:唐人,典出《旧唐书·刘蕡传》:他参加朝廷的考试,在对策中极言宦官对国家的危害,考官不敢录取他。同考的人说,刘蕡不能被录取,而我们能被录取,这真叫作厚颜无耻。⑦五典:传说中的上古的五部典籍。《左传·昭公十二年》:"(倚相)能读《三坟》《五典》《八索》《九丘》。"杜预注:"皆古书名。"《尚书序》:"少昊、颛顼、高辛、唐、虞之书,谓之五典。"南朝梁刘勰《文心雕龙·宗经》:"皇世《三坟》,帝代《五典》。"可见此等文籍,当时确有,现已失传。⑧三坟:传说中我国最古的书籍。现已失传。⑨唐朝李杜:唐朝的李白、杜甫,均为著名诗人。唐朝韩愈的《调张籍》诗:"李杜文章在,光焰万丈长。"⑩晋机云:晋朝的陆机陆云兄弟,均为当时著名的文人。

雨晴鸠唤妇①,霜冷雁呼群②。酒量洪深周仆射③,诗才俊逸鲍参军④。鸟翼长随,凤分洵⑤众禽长⑥;狐威不假⑦,虎也真百兽尊。

*注释*

①鸠唤妇:据清郝魏行《尔雅·释鸟》引三国时吴人陆玑的《毛诗草木鱼虫疏》说,雄鹁鸠灰色,脖颈上没有彩色的羽毛,天阴下雨时则将身边的雌鹁鸠赶走,天将转晴时又大声鸣叫将雌鹁鸠唤回,俗语讲"天将雨,鸠逐妇",就是指这种鸟。②雁呼群:大雁在群飞迁徙时,经常鸣叫以互相呼应。③周仆射:典出《世说新语·任诞》:晋人周伯仁很有名气,实际却志大才疏,做了仆射以后,好酒成性,经常一醉则三日不起,时人称之为"三日仆射"。仆射:官名,秦朝始设立,为主管武官骑射之官。后来

各朝沿袭此官职名,但职掌不一,宋以后废此官职。④鲍参军:南朝宋的鲍照,擅长诗文,特别工于七言歌行体,因曾任临海王刘子顼手下的前军参军,故后人称他为鲍参军。唐杜甫《春日忆李白》:"白也诗无敌,飘然思不群。清新庾开府,俊逸鲍参军。"称赞李白的诗清新得像北朝的庾信,飘逸得像鲍照。⑤洵:确实、实在。⑥众禽长:众多飞禽的首领。《大戴礼记·易本命》里说,长羽毛的飞禽有三百六十种,凤凰是它们的首领。⑦狐威不假:《战国策·楚策一》有"狐假虎威"的故事,此联从反面使用它,说老虎不必像狐狸假借老虎的威势那样,是真正的百兽的尊长。

# 十三元

幽对显,寂对暄①,柳岸②对桃源③。莺朋对燕友,早暮对寒暄④。鱼跃沼⑤,鹤乘轩⑥,醉胆⑦对吟魂⑧。

**注释**

①暄:温暖。②柳岸:植柳的水岸。宋苏轼《好事近·黄州送君猷》词:"明年春水漾桃花,柳岸隘舟楫。"③桃源:"桃花源"的省称,在今湖南桃源县境内。杜甫《北征》诗:"缅思桃源内,益叹身世拙。"④寒暄:冷暖。今多泛指宾主见面时谈天气冷暖之类的应酬话。白居易《桐花》:"地气反寒暄,天时倒杀生。"⑤鱼跃沼:《诗经·大雅·灵台》:"王在灵沼,于牣鱼跃(周天子在灵沼边游玩,群鱼在池中翻腾跳跃)。"⑥鹤乘轩:典出《左

传·闵公二年》：卫懿公喜欢仙鹤，所喂养的仙鹤享受大夫的待遇，可以乘轩车。后狄人入侵，国人们都说，应该让仙鹤去打仗，因为它们有了禄位，我们又没禄位，怎能打仗呢？后"鹤轩"借指得到的禄位。⑦醉胆：醉酒后的胆量。形容豪气。金元好问《过希颜故居》诗之一："缺壶声里《短歌行》，星斗阑干醉胆横。"⑧吟魂：诗人的灵魂。唐末僧人齐己《经贾岛旧居》："若有吟魂在，应随夜魄回。"元叶颙《日暮江村杂兴》："孤舟中夜笛，感慨动吟魂。"

轻尘生范甑（zèng）①，积雪拥袁门②。缕缕轻烟芳草渡，丝丝微雨杏花村。诣阙（què）王通，献《太平》十二策③；出关老子，著《道德》五千言④。

注释

①范甑：典出《后汉书·独行传》：东汉桓帝时，范冉因牵连到反对宦官的事件当中，为避祸而逃出京城，靠卖卜为生，家中屡屡断粮，蒸饭的甑中都落满了灰尘，但他怡然自得，根本不放在心上。当时人称赞说："甑中生尘范史云。"②袁门：袁安为汝南汝阳人，立身严谨正直，为州里所敬重。东汉明帝永平年间，曾任楚州太守，平反冤狱，获释者达四百余家。唐人李贤注解《后汉书·袁安传》，曾引用《汝南先贤传》的记载说：有一次洛阳下大雪，深达丈余。洛阳县令晨出巡视灾民，看见别人家都有人出门求食的脚印，只有袁安家门口无脚印。洛阳县令以为袁安已经冻死，推开门一看，见袁安冻得僵直地躺在床上，问他何以不出门求食，袁安答道：大雪天别人都粮食困难，不应当再去麻烦人家。③诣：往、到。阙：古代宫殿或墓门前大道两旁竖立的建筑物，后用以代指宫殿、皇宫。王通：隋人，唐代诗人王勃的祖

父。据杜淹《文中子世家》记载，王通"西游长安，见隋文帝"，献《太平策》十二策，以古论今，推崇用道德统一天下，"恢恢乎运天下于指掌矣"。④老子：春秋时楚人，名李耳，字聃，故又叫李聃、老聃。据说他西出函谷关，为关尹喜著《道德经》（即《老子》），全文共五千字，此书后成为道家的经典。

儿对女，子对孙，药圃对花村。高楼对邃（suì）阁①，赤豹②对玄猿③。妃子骑④，夫人轩⑤，旷野对平原。

注释

①邃阁：深幽的楼阁。②赤豹：红色的豹子。《诗·大雅·韩奕》："献其貔皮，赤豹黄罴。"③玄猿：也作"玄猨"，黑色的猿。西汉司马相如《长门赋》："孔雀集而相存兮，玄猨啸而长吟。"西晋陆机《苦寒行》："猛虎凭林啸，玄猿临岸叹。"唐朝皮日休《追和虎丘寺清远道士诗》："海光天一半，玄猿行列归。"④妃子骑：杨贵妃爱吃荔枝，唐明皇令岭南每年用驿骑传送至长安，急如星火。唐朝杜牧《过华清宫绝句三首》之一："长安回望绣成堆，山顶千门次第开。一骑红尘妃子笑，无人知是荔枝来。"⑤夫人轩：又叫鱼轩，一种用鱼皮装饰的供贵妇人乘坐的车子。《左传》闵公二年记载有齐侯赠送给鲁国国君夫人鱼轩的事。

匏巴①能鼓②瑟，伯氏善吹埙（xūn）③。馥馥早梅思驿④使，萋萋芳草怨王孙⑤。秋夕月明，苏子黄冈游绝壁⑥；春朝花发，石家金谷启芳园⑦。

注释

①匏巴：古代传说中的乐人。《列子·汤问》："匏巴鼓琴而鸟舞

鱼跃。"张湛注："匏巴，古善鼓琴人也。"《荀子·劝学》："昔者匏巴鼓瑟，而流鱼出听。"②鼓：弹奏。③吹埙：《诗经·小雅·何人斯》："伯氏吹埙。"埙：古代土制乐器，椭圆形，有六孔。④驿：驿站，古代国家设置的负责投递公文、转运国家物资、供来往官员休息的机构。典出《太平御览》所引南朝宋盛弘之的《荆州记》：陆凯与范晔交好，特地从江南折一枝梅花托人带给长安的范晔，并附诗一首："折花逢驿使，寄与陇头人。江南无所有，聊赠一枝春。"⑤王孙：古代指贵族子弟。《楚辞·招隐士》："王孙游兮不归，春草生兮萋萋。"白居易《赋得古原草送别》："又送王孙去，萋萋满别情。"⑥苏子：指苏轼。典出苏轼《前赤壁赋》："壬戌之秋，七月既望，苏子与客泛舟游于赤壁之下。"苏轼所游的，实际是今湖北黄冈长江边上的赤壁山（也叫赤鼻山，下有赤鼻矶），并非三国时东吴周瑜大败曹操处。赤壁之战真正的战场在今湖北赤壁市境内的长江南岸。⑦石家：指石崇。晋代石崇曾任晋散骑常侍、荆州刺史等职，家豪富，性奢靡，在今河南洛阳市西北金谷水旁（旧称河阳）修建金谷园，其奢华程度，当时豪贵无人能与之相比。

歌对舞，德对恩，犬马①对鸡豚（tūn）②。龙池③对凤沼④，雨骤⑤对云屯⑥。刘向阁⑦，李膺（yīng）门⑧，唳（lì）鹤对啼猿。

### 注释

①犬马：狗和马。特指良狗名马。引申为玩好之物。《孟子·梁惠王下》："事之以犬马，不得免焉。"《东观汉记·北海敬王睦传》："大夫其对以孤袭爵以来，志意衰惰，声色是娱，犬马是好。"苏辙《汉昭帝论》："小人先之，悦之以声色犬马，纵之以驰骋田

猎。"②豚：小猪，有时也泛指猪。③龙池：琴底的二孔眼之一。上孔曰龙池，下孔曰凤沼。宋赵希鹄《洞天清录·古琴辨》："雷张制槽腹有妙诀，于琴底悉洼，微令如仰瓦，盖谓于龙池凤沼之弦，微令有唇，余处悉洼之。"④凤沼：指琴底的洼处。⑤雨骤：指雨势迅猛。南朝梁王湜《赠情人》："雨骤行人断，云聚独悲深。"⑥云屯：如云之聚集。形容盛多。《后汉书·袁绍刘表传赞》："鱼丽汉轴，云屯冀马。"清朝吴伟业《杂感》诗之三："居庸千尺蓟门低，八部云屯散马蹄。"⑦刘向阁：刘向，西汉人，汉成帝时任光禄大夫。他曾总领一批人整理汉朝宫廷内部收藏的文献典籍，其校阅典籍的地方叫天禄阁，是朝廷的藏书之所。⑧李膺门：李膺，东汉人，桓帝时任司隶校尉。当时宦官专权，李膺与太学生首领郭泰联合起来反对，名气极大，太学生称"天下楷模李元礼"，以得到其接见为极为光荣的事，号为"登龙门"。

柳摇春白昼，梅弄月黄昏。岁冷松筠皆有节，春暄桃李本无言①。噪晚齐蝉②，岁岁秋来泣恨；啼宵蜀鸟③，年年春去伤魂。

注释

①桃李本无言：《史记·李将军列传》："谚曰：桃李不言，下自成蹊。"意思是说，桃树李树自己不说话，但（由于其花美、其果甜）下边自然会形成因人来往而形成的小路。②齐蝉：晋崔豹《古今注》下《问答释义》说，齐国的王后因与齐王斗气而死，死后变成蝉，飞到庭树上哀鸣，齐王听到后悔恨不已，故后人称蝉为齐女。③蜀鸟：相传战国时蜀王名杜宇，称帝，号望帝。后自以为德薄而禅位于鳖令，逃隐而化为杜鹃鸟。古人有"杜鹃啼血"的说法，认为杜鹃鸟每年春天啼叫，叫到口中流血，便化为杜鹃花。

## 十四寒

　　多对少,易对难,虎踞(jù)①对龙蟠(pán)②。龙舟③对凤辇④,白鹤对青鸾⑤。风浙浙⑥,露漙(tuán)漙⑦,绣毂(gǔ)⑧对雕鞍⑨。

*注释*

①踞:蹲坐。②蟠:弯曲着盘伏。③龙舟:帝王所乘的船。《隋书·炀帝纪》载,炀帝龙舟幸江都,舳舻相接二百余里。④辇:一种人拉的小车,从汉朝以后成为天子的专用车辆。凤辇:上面雕有凤凰图案的车子。唐钱起《和李员外扈驾幸温泉宫诗》:"未央月晓度疏钟,凤辇时巡出禁中。"⑤青鸾:古代传说中凤凰一类的神鸟。赤色多者为凤,青色多者为鸾。李白《凤凰曲》:"嬴女吹玉箫,吟弄天上春。青鸾不独去,更有携手人。"借指传送信息的使者。宋朝赵令畤《蝶恋花》词:"废寝忘餐思想偏。赖有青鸾,不必凭鱼雁。"⑥浙浙:叠音词,风吹的声音。⑦漙漙:露水很多的样子。《诗经·郑风·野有蔓草》说:"野有蔓草,零露漙兮。"唐朝许浑《酬康州韦侍御同年》:"桂楫美人歌木兰,西风裊裊露漙漙。"⑧毂:车轮上的一个部件,位于车轮中间,圆形,中有孔以贯穿车轴,外边用数根车辐将其固定在车轮的外缘上。引申代指车。⑨雕鞍:雕饰有精美图案的马鞍。欧阳修《蝶恋花》:"庭院深深深几许?杨柳堆烟,帘幕无重数。玉勒雕鞍游冶处,楼高不见章台路。"

鱼游荷叶沼,鹭立蓼(liǎo)①花滩。有酒阮貂②奚③用解,无鱼冯铗(jiá)④必须弹。丁固梦松⑤,柯叶忽然生腹上;文郎画竹⑥,枝梢倏(shū)尔长毫端。

注释

①蓼:草本植物,开浅红色或白色的花。②阮貂:典出《晋书·阮孚传》:阮孚为晋散骑常侍,终日饮酒,放浪不羁,曾以所戴的金貂换酒喝,遭到有司的弹劾。貂:金貂,原为汉代武官所戴的一种头饰,后来为皇帝服务的近臣如侍中、中常侍之类的官员也常戴它,不过其上加金珰,上附有像蝉的花纹,有貂尾作装饰。③奚:疑问代词,为什么。④冯铗:典出《战国策·齐策四》:战国时,齐人冯谖生活无着,经人介绍做了齐国之相孟尝君的食客。刚到时无人知道他的才干,所以享受的生活待遇很差,冯谖便靠着柱子,一边弹击着他的宝剑一边唱道:"长铗归来兮,食无鱼!"后来孟尝君满足了他的各项愿望,冯谖也运用自己的智谋,使孟尝君在齐国的地位得到空前的巩固,安安稳稳地当了几十年的相。铗:剑柄。长铗:一种剑柄很长的剑。⑤丁固梦松:典出《三国志·吴志·孙皓传》裴松之注所引《吴书》:丁固在东吴任尚书,忽然梦见肚子上长了棵松树,他就对别人说:"'松'字拆开是'十八公',再过十八年我大概会升到三公的位置。"过了十八年,果真做了三公。⑥文郎画竹:典出《宋史·文同传》:文同,宋朝人,元丰年间曾任湖州太守,故也称文湖州。他善画山水,特别擅长画墨竹,曾说过:"画竹必先胸有成竹,不能节节叶叶为之。"

寒对暑,湿对干,鲁隐①对齐桓②。寒毡(zhān)③对暖席④,夜饮对晨餐。叔子带⑤,仲由冠⑥,郏鄏(jiárǔ)⑦对邯郸(hándān)⑧。

**注释**

①鲁隐：即鲁隐公，春秋时期鲁国的国君，他是被其同父异母的弟弟鲁桓公杀掉的。②齐桓：即齐桓公，春秋时期齐国的国君，名小白，在争夺、巩固君主地位的斗争中，曾威逼鲁国杀死了其弟弟公子纠。③毡：用兽毛或纤维制成的片状物，可做防寒用品。《新唐书·文艺传中·郑虔》："（郑虔）在官贫约甚，澹如也。杜甫尝赠以诗曰：'才名四十年，坐客寒无毡'云。"后以"寒毡"形容寒士清苦的生活。④暖席：久坐而留有体温的座席。指安坐闲居。《淮南子·修务训》："孔子无黔突，墨子无暖席。"⑤叔子带：叔子，晋人羊祜之字。据说羊祜总管荆州军事十年，筹划灭吴，暗中开屯田、储军备，积极做战争准备，表面上却身不披甲，轻裘缓带，和吴将陆抗经常来往，收买江汉一带及吴地的民心。⑥仲由冠：仲由，字子路，孔子的学生。据《史记·仲尼弟子列传》说："子路性鄙，好勇力，志伉直，冠雄鸡，佩猳豚。"雄鸡公猪都是好斗之物，所以子路喜欢佩带。⑦郏鄏：地名，即周之雒邑。据《尚书·召诰》《史记·周本纪》记载，西周的首都本在镐京（今陕西西安一带），周成王亲政之后，命周公营造雒邑（今河南洛阳市一带），成王亦曾到雒邑接受各方诸侯朝见，称其为东都。后来，西周灭亡，周平王宜臼正式迁都至雒邑，史称东周，这就是春秋时期的开始。东周有十二个王都定都于此。⑧邯郸：地名，故址在今河北邯郸市一带。春秋时为卫地，后属晋，战国时为赵国的首都。

嘉禾①忧夏旱，衰柳耐秋寒。杨柳绿遮元亮宅②，杏花红映仲尼坛③。江水流长，环绕似青罗带④；海蟾⑤轮满，澄明如白玉盘⑥。

**注释**

①嘉禾：生长奇异的禾，古人以之为吉祥的征兆。亦泛指生长苗壮的禾稻。东汉王充《论衡·讲瑞》："嘉禾生于禾中，与禾中异穗，谓之嘉禾。"②元亮宅：元亮为晋诗人陶潜的字，陶潜在《五柳先生传》中说，他家宅旁有五棵大柳树，所以自号为"五柳先生"。③仲尼坛：仲尼为孔子之字。《庄子·渔父》说，孔子曾经在缁帷之林游玩，休息时坐在杏坛之上，弟子们在旁读书，孔子则弹琴歌唱。后人附会庄子的寓言故事，便在山东曲阜孔庙的大成殿前筑坛栽杏、建亭立碑，指认此处即孔子讲学的杏坛。④青罗带：罗带是一种质地轻薄、手感柔软的丝织窄长带子。韩愈《送桂州严大夫同用南字》："江作青罗带，山如碧玉簪。"⑤海蟾：月亮的代称。古人认为月中有蟾蜍（见《淮南子·精神训》），而月亮是从海中升起，故以海蟾代指月亮。⑥白玉盘：白玉做成的盘子。形容洁白的月亮。李白《古朗月行》："小时不识月，呼作白玉盘。又疑瑶台镜，挂在青云端。"

　　横对竖，窄对宽，黑志对弹丸①。珠帘②对画栋③，彩槛对雕栏。春既老，夜将阑（lán），百辟（bì）④对千官。

**注释**

①黑志对弹丸：黑志也叫黑子，指人体上的黑痣，弹丸指弹弓射出的泥丸，都是比喻（土地）面积很小的意思。南北朝北周庾信《哀江南赋》中形容梁元帝土地之小，说"地惟黑子，城犹弹丸"。《宋史·赵普传》记载宋太祖想攻取太原，赵普说："等到削平诸国，弹丸黑痣之地将何所避。"②珠帘：用线穿成一条条垂直串珠构成的帘幕。唐朝杜牧《赠别》："春风十里扬州路，卷上珠帘总不如。"③画栋：有彩绘装饰的栋梁。唐朝王勃《滕王

阁》:"画栋朝飞南浦云,珠帘暮卷西山雨。"明朝王韦《阁试春阴》:"小院门闲莺自语,画栋泥香燕初乳。"④百辟:诸侯,泛指百官。辟:天子和诸侯的通称,因为天子只有一个,而诸侯可以有许多,所以这里的"辟"是诸侯的意思。

怀仁称足足①,抱义美般般②。好(hào)马君王曾市骨③,食猪处士仅思肝④。世仰双仙⑤,元礼舟中携郭泰;人称连璧⑥,夏侯车上并潘安。

注释

①足足:象声词,凤凰的鸣叫声,此处代指凤凰。《宋书·符瑞志中》说:"凤凰者,仁鸟也……雄曰凤,雌曰凰……其鸣,雄曰节节,雌曰足足。"凤凰为传说中的神鸟,为百鸟之王,据说飞行的时候,有数万只鸟跟随着它。②般般:形容词,身上有花纹的样子,此处代指麒麟。《史记·司马相如列传》的《封禅文》中有"般般之兽,乐吾君囿,白质黑章,其仪可喜",所谓"般般之兽"即指麒麟。麒麟为传说中的仁义之兽,身子像麋鹿,尾巴像牛,蹄子像狼,头上有一角。③市骨:买骨头。故事出自《战国策·燕策一》:战国时,燕昭王想延揽人才,问郭隗该用什么办法。郭隗说,从前有个君王想寻求千里马,悬赏千金,三年后,有人送来一匹死了的千里马,君王用五百金买下了死马的骨头。此事传出去以后,不到一年,就有人送来了三匹千里马。于是燕昭王就用重金礼聘郭隗,别国的贤才听到此事,便纷纷来投奔燕国。④肝:猪肝。典出《后汉书·周黄徐姜申徒列传》:食猪处士指东汉人闵仲叔。他老病家贫,不能每天买肉吃,只好"日买猪肝一片",屠夫有时嫌他买得太少而不肯卖给他。安邑县令听说后,下令要小吏每天买肉送给他。闵仲叔觉得很奇怪,知

道真相后感叹地说:"闵仲叔岂以口腹累安邑邪?"(我闵仲叔难道能因为自己的口腹之欲而连累安邑的百姓吗?)说完就马上从安邑搬到沛县去了。处士:有气节有才干但不出来做官的人。⑤双仙:典出《后汉书·郭泰传》:郭泰,东汉人,学问渊博,善于言谈。他到洛阳拜会当时的大名士、河南尹李膺,交谈之后成为知交。后来他回太原介休故乡时,京城的读书人有几千辆车送他,他和李膺同船而渡,送行的人都认为他们是一对神仙。⑥连璧:连在一起的两块宝玉,此处喻这两个漂亮的人。典出《世说新语·容止》:潘岳和夏侯湛都很漂亮,喜欢一起出游,当时人称之为"连璧"。

## 十五删

兴对废,附①对攀②,露草③对霜菅(jiān)④。歌廉⑤对借寇⑥,习孔⑦对希颜⑧。山垒垒,水潺潺,奉璧⑨对探环⑩。

注释

①附:依附。②攀:攀附、依附。③露草:沾了露水的草。唐朝李华《木兰赋》:"露草白兮山凄凄,鹤既唳兮猿复啼。"清谭嗣同《武昌夜泊》诗之二:"露草逼蛮语,霜花凋雁翎。"④霜菅:霜后枯萎的菅草。菅:苎麻。用以比喻白发。宋苏轼《再用前韵(追钱正辅表兄至博罗赋诗为别)》:"乐天双鬓如霜菅,始知谢遣素与蛮。"宋陆游《怀昔》:"岂知堕老境,槁木蒙霜菅。"⑤歌廉:廉指东汉人廉范。据《后汉书·廉范传》记载,他任蜀郡太

守的时候,废除了以前为防火烛而禁止百姓夜晚点灯劳作的命令,只是要百姓多储水以备火灾。百姓觉得方便,都十分感激他,歌唱道:"廉叔度,来何暮?不禁火,民安作。平生无襦今五绔。"⑥借寇:寇指东汉人寇恂。据《后汉书·寇恂传》记载,寇恂为颍川太守,政令平和,百姓安居乐业,后调离此地。有一次寇恂随光武帝刘秀路过颍川,百姓在路上拦住光武帝,说:"希望从您那里再借寇先生一年(治理颍川)。"⑦习孔:孔指孔子。习孔:学习孔子。⑧希颜:颜指颜回,孔门的高足弟子,儒家学派尊之为"复圣"。希颜:希望能学成颜回那样。希:仰慕、企求,这里是希望达到(某种程度)的意思。⑨奉璧:战国赵惠文王得楚和氏璧,秦昭王致书赵王,愿以十五城易璧。时秦强赵弱,惠文王恐赵予璧而秦不予城,蔺相如愿奉璧前往,曰:"城入赵而璧留秦;城不入,臣请完璧归赵。"后即以"归赵""奉璧"等比喻物归原主。⑩探环:这是指晋羊祜之事,典出《晋书·羊祜传》。羊祜五岁时,有一天忽然叫乳母去取他平时玩的金环,乳母说:"咱们家没有这个东西呀!"羊祜立即跑到隔壁邻居李氏家,伸手到东边墙壁边桑树的树洞里,拿出了一个金环。李家大吃一惊,说"这是我死去儿子丢失的东西,你为何要拿去?"乳母赶来,将羊祜讲的话说了一遍,李家十分悲痛,大家也觉得很奇怪,说李家的儿子是羊祜的前身。

礼由公旦①作,诗本仲尼②删。驴困客方经灞水③,鸡鸣人已出函关④。几夜霜飞,已有苍鸿辞北塞⑤;数朝雾暗,岂无玄豹隐南山⑥。

注释

①公旦:即周公旦(也称周公),姓姬名旦,周文王之子。他辅

佐周武王消灭商纣王,建立周朝。据《史记·鲁周公世家》记载,周朝的礼乐制度都是周公制定的。②仲尼:孔子的字。据《史记·孔子世家》记载,上古的诗本有三千多篇,传到春秋的时候,孔子对其进行整理删除,挑选出符合儒家道德礼仪且文辞优美的共三百多篇,就成了流传到现在的《诗经》。③灞水:说唐代诗人孟浩然的事,见本书前文"六鱼"注释。④函关:函谷关。故事出自《史记·孟尝君列传》:战国时,孟尝君在齐国为相,养有很多门客。有一次,孟尝君出使秦国,被秦王扣留,他在门客的帮助下想法脱身逃到了函谷关,但天色尚黑,关门紧闭,无法出关。孟尝君门客中有人会学鸡叫,他一叫起来,关卡周围居民家的鸡也跟着叫起来。守门的关吏以为已到了天明开关之时,便打开了关门,孟尝君顺利地出关逃回了齐国。⑤北塞:北方偏远的地方。塞:边界、险要之处。⑥南山:典出西汉刘向《列女传·陶荅子妻》:陶荅子在陶地为官,因贪而家富。他的妻子劝阻他说:"我听说南山有一只玄色的豹子,隐息在浓雾之中,七天不吃东西,为什么?就是想要它的皮毛润泽,形成漂亮的花纹。至于猪狗之类的畜生,不加选择地见东西就吞食,飞快地长肥,就被人吃掉了。"陶荅子不听劝阻,其妻便带着孩子离开了他。后来陶荅子果真罪行暴露被杀。

犹对尚,侈①对悭(qiān)②,雾鬓对烟鬟。莺啼对鹊噪,独鹤对双鹇(xián)③。黄牛峡④,金马山⑤。结草⑥对衔环⑦。

注释

①侈:浪费。②悭:吝啬。③鹇:又名银雉,形状像山鸡,羽毛多为白色。《西京杂记》说闽越王曾献给汉高帝白鹇、黑鹇各一双。④黄牛峡:长江上的一个险滩名,在今湖北宜昌境内,滩边

有黄牛山，上有黄色巨石，形状酷似人背刀牵牛的样子。北魏郦道元《水经注·江水》说，此处长江河道迂回曲折，当地民谣说："朝发黄牛，暮宿黄牛，三朝三暮，黄牛如故。"⑤金马山：在今云南昆明市附近。清顾祖禹《读史方舆纪要》说，此山"西对碧鸡山，相距五十余里，其中即滇池也"。⑥结草：典出《左传·宣公十五年》：晋国大夫魏武子临死前命其子魏颗将其妾殉葬。武子死后，魏颗未听从父亲的遗命而将此妾改嫁他人。后来晋秦交战，魏颗和秦力士杜回相搏，见一老人将地上的草打了个结，绊倒了杜回，魏颗便俘虏了他。后来晚上魏颗做梦，梦见那个老人对他说，我就是你将其改嫁的那个妾的父亲。⑦衔环：典出南朝梁吴均《续齐谐记》：汉杨宝九岁时，见到一只受伤的黄雀，杨宝将其带回家，精心治疗喂养，过了百多天，才伤好飞去。当天晚上来了个穿黄衣的童子，说自己便是那只黄雀，是西王母的使者，感谢他的救命之恩，并送给他白玉环四枚，说佩上这玉环，能让他的子孙品质高洁，像这白玉环一样，做到三公这样位置的高官。

昆山惟玉集①，合浦有珠还②。阮籍③旧能为眼白，老莱新爱着（zhuó）衣斑④。栖迟⑤避世人，草衣木食⑥；窈窕倾城女⑦，云鬟花颜。

*注释：*

①昆山：即昆仑山，位于新疆、西藏之间。古人认为那里是仙人聚居的地方，出美玉。②合浦：汉代郡名，在今广东海康县一带。《后汉书·孟尝传》记载，合浦郡不产粮食，但海中盛产珍珠，后来因为官员贪求无厌，珍珠都移往他处。孟尝为合浦太守后，革除弊政，禁止官员搜刮，珍珠又重新回到合浦郡的海中。

③阮籍：见本书前文"四支"注释。④老莱：典出唐朝徐坚《初学记》：老莱子为春秋时楚国的隐士，相传他年龄将近七十时父母还健在，他经常穿着五色的彩衣，学着小孩玩耍啼哭的样子，逗父母开心。"老莱娱亲"是相传的二十四孝之一。⑤栖迟：《诗经·陈风·衡门》："衡门之下，可以栖迟。"朱熹《集传》："栖迟，游息也。"引申为漂泊失意。唐朝李贺《致酒行》："零落栖迟一杯酒，主人奉觞客长寿。"⑥草衣木食：以草为衣，以树上的果实为食。⑦倾城女：本指能使国君昏乱而导致国家倾覆的漂亮女子。《诗经·大雅·瞻卬》有"哲夫成城，哲妇倾城"。后来也泛指漂亮女子，《汉书·外戚传》引李延年的歌说："北方有佳人，绝世而独立。一顾倾人城，再顾倾人国。"

姚对宋①，柳对颜②，赏善对惩奸。愁中对梦里，巧慧对痴顽。孔北海③，谢东山④，使越对征蛮。

*注释*

①姚对宋：姚和宋分别指唐玄宗开元年间的姚崇和宋璟。姚崇（650~721），字元之，祖籍江苏吴兴，因先辈世代在陕州为官，遂定居陕州硖石（今属陕县硖石乡）。姚崇自幼受父影响，孜孜好学，胸怀大志。长大入朝论政，答对如流，且下笔成章，得到武则天的赏识，初拜侍郎，后连续升迁，成为武则天、睿宗、玄宗三朝宰相，是中国封建史上一位杰出的政治家。宋璟（663~737），河北邢台市南和县阎里乡宋台人。其祖于北魏、北齐皆为名宦。璟少年博学多才，擅长文学。弱冠中进士，官历上党尉、凤阁舍人、御史台中丞、吏部侍郎、吏部尚书、刑部尚书等职。唐开元十七年（729）拜尚书右丞相。开府仪同三司，晋爵广平郡开国公，经武则天、中宗、睿宗、殇帝、玄宗五帝，在任五十

二年。一生为振兴大唐励精图治，终于与姚崇同心协力，把一个充满内忧外患的唐朝，改变为政治、经济、文化、军事处于世界领先地位的大唐帝国，史称"开元盛世"。②柳对颜：柳和颜指唐代的两大书法家柳公权和颜真卿。柳公权（778～865），是唐朝最后一位著名书法家，京兆华原（今陕西耀县）人。官至太子少师，故世称"柳少师"。他的字取匀衡瘦硬，追魏碑斩钉截铁势，点画爽利挺秀，骨力遒劲，结构严谨。他的楷书较之颜体则稍均匀瘦硬，故有"颜筋柳骨"之称。颜真卿，唐代中期杰出书法家。琅琊孝悌里（今临沂市费县诸满村）人。其曾祖、祖父、父亲都工篆隶，母亲殷氏亦长于书法。开元（713～741）年间中举进士，登甲科，曾四次被任命为监察御史，迁殿中侍御史。因受到当时的权臣杨国忠排斥，被贬黜到平原（今属山东）任太守。人称颜平原。肃宗时至凤翔授刑部尚书，迁御史大夫。代宗时官至吏部尚书、太子太师，封鲁郡公，人称"颜鲁公"。德宗兴元元年（784），淮西节度使李希烈叛乱，奸相卢杞预趁机借李希烈之手杀害了颜真卿。③孔北海：指东汉末年的孔融，因汉献帝时曾任北海太守，故有此名。孔融门第高贵，擅长文学，为建安七子之一，因对曹操多有讥讽，为曹操所杀。④谢东山：指晋朝的谢安。据《晋书·谢安传》记载，谢安很有才干，但隐居东山，多次谢绝朝廷的征聘，四十岁才开始从政，因功绩卓著，做到了尚书仆射，掌管吏部，加封后将军，为晋朝的名臣。但他虽为朝廷重臣，隐居东山的志向始终没有改变，经常在语言脸色上表现出来。

淫声①闻濮上②，离曲听阳关③。骁（xiāo）将④袍披仁贵⑤白，小儿衣着老莱斑⑥。茅舍无人，难却尘埃生榻上；竹亭有客，尚留风月在窗间。

注释

①淫声：超出正常限度的音乐。古人认为导致亡国的靡靡之音和男女幽会时的爱情歌曲都属于此类。②濮上：地名，即濮水之上；有时用以代指淫靡歌曲产生的地方。《礼记·乐记》郑玄注说，亡国之君商纣王曾命令其乐工师延作靡靡之音，后来师延投濮水而死；《汉书·地理志下》说，郑、卫两地之间隔着濮水，但青年男女经常在濮水边的桑间（本指桑林之间，后变为地名）幽会，唱爱情歌曲。③阳关：汉代设置的关隘，为通向西域的必经之道，因其在玉门关之南而得名，故址在今甘肃省敦煌县西南。唐代著名诗人王维曾作《送元二使安西》："渭城朝雨浥轻尘，客舍青青柳色新。劝君更进一杯酒，西出阳关无故人。"因此诗情境极为动人，后来被收入乐府，反复吟唱，称之为《阳关三叠》，作为送别专用的曲子。④骁将：勇将。骁：勇敢敏捷。⑤仁贵：即唐太宗时勇将薛仁贵，他骁勇善战，使戟，身佩双弓，穿白衣，在出征辽东的战役中功勋卓著，拜本卫大将军，封平阳郡公。⑥斑：斑斓、花色漂亮。

# 卷下

## 一先

　　晴对雨,地对天,天地对山川。山川对草木,赤壁①对青田②。郏鄏鼎③,武城弦④,木笔⑤对苔钱⑥。

**注释**

①赤壁:传为中国古代著名的赤壁之战遗址,位于湖北省赤壁市西北。见本书前文"十三元"注释。②青田:地名,今浙江省青田县。在浙江省青田县西北境有青田山,山有泉石之胜,道教称三十六洞天之一。素以产青田石、青田鹤闻名。又借指鹤。唐王勃《上武侍极启》:"驰魂雾谷,忻逢紫岫之英;驿思霞丘,佇接青田之响。"宋朝文同《李生画鹤》:"昂昂青田姿,杳杳在轻素。一身万里意,双目九霄顾。"③郏鄏鼎:郏鄏,地名,即周朝的东都雒邑,在今河南洛阳一带。鼎:名词用作动词,定鼎,即建都的意思。全句指周成王命周公营建东都雒邑,周平王正式迁都雒邑的事,参见卷上十四寒注。④武城弦:武城,地名,春秋时鲁国的一个城邑,故址在今山东费县西南。弦:弦乐器,代指音乐,此处用作动词,用音乐教化百姓。据《论语》中《雍也》和《阳货》的记载,孔子的学生子游为武城宰,孔子到武城时,听

到弦歌之声，孔子说这是杀鸡用牛刀，小题大做。子游解释说：我听您说过，君子学了道（此处指音乐）就仁爱，小人学了道就容易指挥。孔子认为子游说得对，就承认以前的话是开玩笑。⑤木笔：又名辛夷，花名，属木本类观赏植物，开紫白色花，因花苞形状像毛笔笔尖而得名。白居易《营闲事》："暖变墙衣色，晴催木笔花。"元戴表元《林村寒食》："出门杨柳碧依依，木笔花开客未归。"⑥苔钱：苔藓的别名。同其形状呈圆形像铜钱，故有此名。北宋司马光《和宋复古小园书事》："东家近亦富，满地布苔钱。"清金农《寄闵八》："简雨疎风草堂闭，定知一夕长苔钱。"

　　金城①三月柳，玉井②九秋③莲。何处春朝风景好，谁家秋夜月华圆。珠缀花梢④，千点蔷薇⑤香露；练⑥横树杪（miǎo）⑦，几丝杨柳残烟。

### 注释

①金城：地名，故址在今甘肃皋兰县西北、黄河北岸。汉朝始设郡。②玉井：井的美称。"玉"有美好的意思。唐韩愈《古意》："太华峰头玉井莲，开花十丈藕如船。"③九秋：秋季共三个月九十天，故称九秋。唐杜甫《月》："斟酌姮娥寡，天寒奈九秋。"唐陆畅《催妆五首》之一："闻道禁中时节异，九秋香满镜台前。"④花梢：花木的枝梢。五代王仁裕《开元天宝遗事·花上金铃》："至春时，于后园中纫红丝为绳，密缀金铃，系于花梢之上。每有鸟鹊翔集，则令园吏掣铃索以惊之。"宋辛弃疾《东坡引》词："花梢红未足，条破惊新绿，重帘下徧阑干曲。"⑤蔷薇：植物名。落叶灌木，花白色或淡红色，有芳香。亦指这种植物的花。南朝梁江洪《咏蔷薇》："当户种蔷薇，枝叶太葳蕤。"唐韩愈《题于宾客庄》诗："榆荚车前盖地皮，蔷薇蘸水笋穿

篱。"⑥练：一种白色的熟绢，此处指白色的雾气。⑦杪：树梢。王维《送梓州李使君》诗："山中一夜雨，树杪百重泉。"

前对后，后对先，众丑对孤妍①。莺簧②对蝶板③，虎穴对龙渊。击石磬（qìng）④，观韦编⑤，鼠目⑥对鸢（yuān）肩⑦。

注释

①妍：美好、漂亮。孤妍：独秀的花。亦借指俊才。宋陈与义《清平乐·木犀》词："楚人未识孤妍，《离骚》遗恨千年。"②簧：某些吹奏类乐器中的有弹性、能振动发出乐音的薄片。莺簧：可指黄莺的鸣叫声，簧用来形容其声婉转美妙，如竽笙吹奏出来一般；也可指能吹奏出像黄莺鸣叫声那样婉转音乐的竽笙类乐器。唐朝温庭筠《舞衣曲》："蝉衫麟带压愁香，偷得莺簧锁金缕。"宋朝欧阳修《奉酬长文舍人出城见示之句》："清浮酒蚁醅初拨，暖入莺簧舌渐调。"③板：乐队演奏中击打出声以控制节拍的一种乐器。蝶板：可指蝴蝶拍击翅膀的姿势，形容其翅膀的拍动像板一样，频率始终保持一致；也可指能像蝴蝶拍击翅膀一样均匀控制节拍的乐器板。④击石磬：《论语·宪问》记载，孔子在卫国击磬，有个隐者从磬声中听出了孔子的心事。石磬：一种美石制成的形状有点像曲尺的敲击乐器。⑤观韦编：韦编，代指书籍，特指《易经》。古人将文字写在简上，然后将数目众多的简按照文字的先后次序用细绳编连起来，编连好以后就叫"册"；韦即指编简成册用的细牛皮绳。《论语·述而》和《史记·孔子世家》记载，孔子读《易经》，反复翻阅，将编连《易经》的细牛皮绳都翻断了几次（这就是成语"韦编三绝"的出处）。并说，再多给我五年十年来学《易经》，就可以不犯什么大错误了。⑥鼠目：形容人的眼睛像老鼠的眼，有神而狡猾。《旧唐书

·李揆传》：苗晋卿数荐元载，李揆曰："元载獐头鼠目子，乃求官邪！"⑦鸢肩：形容人的肩头上耸，像老鹰停歇时的体态一样，古人认为这是阴险凶狠的骨相。鸢：老鹰一类的鸟。《后汉书·梁冀传》："冀为人鸢肩豺目"。

春园花柳地，秋沼芰荷天。白羽频挥闲客坐①，乌纱半坠醉翁眠②。野店几家，羊角③风摇沽酒旆（pèi）④；长川一带，鸭头⑤波泛卖鱼船。

注释

①白羽：代指用白色羽毛做成的扇子。典出晋朝陆机《羽扇赋》：楚襄王在章台上召会各诸侯，宋玉、唐勒等文学之士"皆操白鹤之羽以为扇"。②乌纱：代指官帽。典出宋欧阳修《醉翁亭记》，文中说，欧阳修为滁州太守，与客游琅邪山饮酒，自己"饮少辄醉"，"苍颜白发，颓然乎其间"，"而年又最高，故自号曰醉翁也"。③羊角：指盘曲而上升的旋风。《庄子·逍遥游》："搏扶摇羊角而上者九万里。"④旆：旗帜的通称。古代酒店经常悬挂酒旗作为卖酒的标志。⑤鸭头：绿色。公鸭头部的羽毛多为深绿色。唐李白《襄阳歌》："遥看汉水鸭头绿，恰似葡萄初发醅。"

离对坎，震对乾①，一日对千年。尧天②对舜日，蜀水对秦川③。苏武节④，郑虔毡⑤，涧壑对林泉。

注释

①离坎震乾：均为八卦名，分别象征火、水、雷、天。②尧天：《论语·泰伯》："巍巍乎，唯天为大，唯尧则之。"谓尧能法天而行教化。后因以"尧天"称颂帝王盛德和太平盛世。唐朝杜审言

《蓬莱三殿侍宴奉敕咏终南山应制》:"小臣持献寿,长此戴尧天。"清方文《送缪湘芷水部北上》:"尧天有宿归郎署,虞部无钱付酒家。"③秦川:本为地名,指今陕西、甘肃渭水南北两岸的平原地带,为秦国最富饶的土地。此处是词组,意思是秦地的河流,方能与"蜀水"构成对仗。南朝陈徐陵《关山月》诗之一:"关山三五月,客子忆秦川。"金董解元《西厢记诸宫调》卷一:"芳草茸茸去路遥,八百里地秦川春色早,花木秀芳郊。"④苏武节:据《汉书·苏武传》记载,西汉的苏武出使匈奴,被匈奴流放到北海牧羊十九年,无论睡觉还是劳作,总是拿着象征他外交使臣身份的节,等到他回汉朝的时候,节上的牛毛饰物都掉落光了。后代便以"苏武节"作为爱国、有民族气节的代称。参见卷上三江注。⑤郑虔毡:据《新唐书·文艺传》记载,郑虔字弱斋,唐荥阳人,才学出众,当时读书人都佩服他善于为文,称之为"郑广文",其诗、书、画被唐玄宗誉为"郑虔三绝"。他名声极大,为官却极为节俭清贫,杜甫在《戏简郑广文虔,兼呈苏司业源明》诗中说:"广文到官舍,系马堂阶下。醉则骑马归,颇遭官长骂。才名三十年,坐落寒无毡。赖有苏司业,时时与酒钱。"后来便以"郑虔毡"作为文名很高却生活清贫的典故。

挥戈能退日①,持管莫窥天②。寒食③芳辰④花烂熳,中秋佳节月婵娟⑤。梦里荣华⑥,飘忽枕中之客;壶中日月⑦,安闲市上之仙。

*注释*

①退日:典出《淮南子·览冥训》:鲁阳公与人作战,打得正激烈时,太阳却快要落山了,鲁阳公斗得兴起,便拿起戈向太阳舞动,太阳被震惊了,吓得倒退了九十里,又退回到半空中。据《国

语·楚语》记载：鲁阳即鲁阳文子，为楚国的县大夫，后来楚国称王，县大夫便称公，故鲁阳也叫鲁阳公。②窥天：典出《庄子·秋水》：是魏牟嘲笑名家学派公孙龙的话，说以名家的思想来讨论庄子的玄学，便如同从小小的竹管中去窥视广阔的天空，根本就不可能探测出全部的奥秘。③寒食：节令名，在农历清明前一二日。按习俗，这个节令要禁火三天，吃冷的食物。民间传说这是纪念春秋时期晋国介子推的节日，因介子推死于山火，故这天不能生火。④芳辰：美好的时辰。⑤婵娟：美好的样子。⑥梦里荣华：典出唐沈既济《枕中记》：卢生怀才不遇，在邯郸的旅店中遇到一位有道术的吕翁。卢生自叹穷困，吕翁便交给卢生一个枕头，让他枕着睡觉。卢生睡着以后，在梦中历尽富贵荣华几十年，忽然一下醒来，主人炉灶上的小米粥尚未煮熟。⑦壶中日月：典出《后汉书·费长房传》：东汉汝南人费长房担任管理市场的小官吏，市场中有个老翁卖药，其药摊前悬挂着一个葫芦，市场一关门，他就跳进葫芦中不见了。费长房在楼上看见了，觉得十分奇怪，便很恭敬地拜见老翁，并献上酒和下酒的肉干。老翁懂得他的意思，约他第二天再来。第二天一大早，老翁便带他一起跳进葫芦，里边亭台楼阁，富丽堂皇，房中摆满了好酒好菜，两人痛饮一番，兴尽而出。老翁说，他是因犯错误而贬谪人间的神仙。

# 二萧

恭对慢①，客对骄，水远对山遥。松轩②对竹槛③，雪赋④对风谣⑤。乘五马⑥，贯双雕⑦，烛灭⑧对香消⑨。

*注释*

①慢：轻慢、轻忽、看不起对方。②松轩：植有松树的住所。轩，有窗的长廊或小屋。南朝齐萧子良《游后园》："萝径转连绵，松轩方杳蔼。"唐温庭筠《题陈处士幽居》："松轩尘外客，高枕自萧疏。"③竹槛：竹栏杆。宋周邦彦《拜星月慢·秋思》词："夜色催更，清尘收露，小曲幽坊月暗。竹槛灯窗，识秋娘庭院。"④雪赋：南朝宋谢庄著《雪赋》。⑤风谣：反映风土民情的歌谣。⑥乘五马：太守的代称。宋人彭乘《墨客挥犀》卷四说，古代一辆车配四匹马，称一乘，按照《汉官仪》的规定，太守出行可增加一马，故以"五马"代指太守。但此处仅以字面意义与"贯双雕"构成对仗。⑦贯双雕：一箭射中两只老鹰，形容箭法高超。据《北史》和《新唐书》的记载，隋朝的长孙晟、唐朝的高骈都曾"一箭双雕"。⑧烛灭：蜡烛熄灭。代指人出世。⑨香消：指女人去世。

明蟾①常彻夜②，骤雨③不终朝④。楼阁天凉风飒飒，关河⑤地隔雨潇潇⑥。几点鹭鸶，日暮常飞红蓼⑦岸；一双䴔䴖（xīchì）⑧，春朝频泛绿杨桥。

*注释*

①明蟾：古代神话称月中有蟾蜍，后因以"明蟾"为月亮的代称。唐朝舒元舆《坊州按狱苏氏庄记室二贤自鄜州走马相访》："阳乌忽西倾，明蟾挂高枝。"明刘基《次韵和十六夜月再次韵》："永夜凉风吹碧落，深秋白露洗明蟾。"②彻夜：整夜，一夜。③骤雨：急雨、猛雨。④终朝：整一个早晨。晋朝陆机《答张士然》："终朝理文案，薄暮不遑眠。"杜甫《冬日有怀李白》："寂寞书斋里，终朝独尔思。"⑤关河：据《史记·苏秦列传》，关河

本指函谷关、蒲津关、龙门关、合河关等关卡和黄河,后引申泛指一般山河。宋朝柳永《八声甘州》:"渐霜风凄紧,关河冷落,残照当楼。"⑥潇潇:形容毛毛雨。⑦红蓼:蓼的一种。多生水边,花呈淡红色。唐杜牧《歙州卢中丞见惠名酝》:"犹念悲秋更分赐,夹溪红蓼映风蒲。"明朝张四维《双烈记·计定》:"秋到润州江上,红蓼黄芦白浪。"⑧鸂鶒:水鸟名。体形略大于鸳鸯,羽毛多呈紫色,雌雄相随,故又名紫鸳鸯。

　　开对落,暗对昭①,赵瑟②对虞韶③。轺(yáo)车④对驿骑⑤,锦绣对琼瑶⑥。羞攘臂⑦,懒折腰⑧,范甑⑨对颜瓢⑩。

注释

①昭:明亮。②赵瑟:瑟为一种弹奏类的弦乐器,据东汉应劭《风俗通》的说法,瑟为伏羲所作,有四十五弦,每弦各有一柱,上下移动弦柱可调节各弦声音的高低。据《史记·廉颇蔺相如列传》说赵国的国君善于鼓瑟,《汉书·杨恽传》说"妇本赵女,雅善鼓瑟"(我妻子本是赵地的女子,很擅长弹瑟),可见赵地有鼓瑟的传统,故称赵瑟。③虞韶:即韶乐。远古的贤明帝王舜所创作的,所以称虞韶。据《史记·孔子世家》记载,孔子在齐国听到了《韶》乐,三个月尝不出肉的滋味。④轺车:一匹马驾驶的轻便车,多供使者乘坐。⑤驿骑:驿站设置的单匹马。参见卷上"十三元"注释。⑥琼瑶:美玉名。⑦羞攘臂:冯妇攘臂下车搏虎,为士人所羞笑。据《庄子·人间世》记载说国君征集武士,而支离(一个形体丑陋的残疾人)也卷起衣袖,露出手臂掺杂于应征者之中。攘:卷起衣袖。⑧懒折腰:典出《晋书·陶潜传》:陶渊明做彭泽县县令时,上级派官员来视察,手下告诉陶渊明,应穿好官服前去迎接,陶渊明说:我不能为了五斗米的俸

禄弯下腰去面对这乡里小人。说完便辞官而去。⑨范甑：见卷上"十三元"注释。⑩颜瓢：颜回用来喝水的水瓢，代指安贫乐道的生活态度。《论语·雍也》记载，孔子称赞自己的学生颜回说：吃一竹筐饭，喝一瓢水，住在偏僻的巷子里，别人都忍受不了这种忧虑，而颜回不改变他快乐的生活态度。颜回真是个贤人！

寒天鸳帐酒①，夜月凤台箫。舞女腰肢杨柳软，佳人颜貌海棠娇。豪客寻春，南陌②草青香阵阵；闲人避暑，东堂蕉绿影摇摇。

注释

①鸳帐：绣有鸳鸯的帐幕，也指夫妻共居其中的帐幕。②陌：田间小道。

班①对马②，董③对晁（cháo）④，夏昼对春宵。雷声对电影⑤，麦穗对禾苗。八千路⑥，廿（niàn）四桥⑦，总角⑧对垂髫（tiáo）⑨。

注释

①班：指东汉大史学家班固。班固字孟坚，其父亲班彪撰《汉书》未成而去世，班固继承父志，历尽磨难，经二十余年写成《汉书》（其中八《表》和《天文志》由其妹班昭续写完成）。②马：指西汉大史学家司马迁。司马迁字子长，继其父司马谈之位为太史令，开始写作《史记》。其间因为替李陵辩护，被下狱，受宫刑，含羞忍垢，发奋著书，终于完成一百三十篇的《史记》，这是我国第一部纪传体史书。③董：指西汉著名的儒家学派代表董仲舒。董仲舒精通儒家经典，鼓吹罢黜百家，独尊儒术，为儒

家学派成为封建社会的最为正统的学派奠定了基础。④晁:指西汉著名的政治家晁错。汉文帝、汉景帝时,晁错多次提出自己的治国主张,深得国君信任。后因为主张削除诸侯力量、加强中央权力,触犯了各诸侯国的利益,吴楚等七国诸侯便以"诛晁错,清君侧"为借口起兵造反,晁被诛。⑤电影:闪电的影子。⑥八千路:此处用唐韩愈《左迁至蓝关示侄孙湘》诗中"一封朝奏九重天,夕贬潮州路八千"的意思。宋朝岳飞《满江红》词:"三十功名尘与土,八千里路云和月。莫等闲,白了少年头,空悲切。"⑦廿四桥:出自唐杜牧《寄扬州韩绰判官》:"青山隐隐水迢迢,秋尽江南草木凋。二十四桥明月夜,玉人何处教吹箫。"⑧总角:代指年幼之时。古代男女未成年时,将头发束为两股,形状似角,分置两旁,故称总角。⑨垂髫:代指儿童或童年之时。古代儿童不束发,头发下垂,故称垂髫。

露桃匀嫩脸,风柳舞纤腰。贾谊赋成伤鵩(fú)鸟①,周公诗就托鸱鸮(chīxiāo)②。幽寺寻僧,逸兴③岂知俄尔④尽;长亭⑤送客,离魂不觉黯然⑥消。

#### 注释

①鵩鸟:鵩,不祥之鸟,即猫头鹰。典出《史记·屈原贾生列传》:贾谊担任长沙王太傅,有只鵩鸟停在他家房屋上。长沙的风俗,鵩鸟所停之家,主人将变迁,故贾谊为了排遣忧伤而写了《鵩鸟赋》。贾谊,西汉人,学问渊博,有政治才干,汉文帝召为博士,升太中大夫。后得罪权贵,出任长沙王太傅,死时仅三十三岁。湖南长沙现还有贾太傅祠。②鸱鸮:亦作鸱枭,猫头鹰一类的鸟。典出《尚书·金縢》。据《金縢》篇的说法,周武王死后,其子成王即位,成王年幼,周公摄政(临时代理执政),武

王之弟管叔、蔡叔、霍叔散布谣言，说周公想篡权，并与商朝的遗民联合密谋造反。周公说："我如不暂时掌握政权，天下就会大乱，我无法向死去的先王先公交代，我宁可灭掉管、蔡，也不能让周朝的天下毁掉。"于是发动东征，消灭了叛乱的管蔡集团，并作诗向周成王表白自己的忠心，据说《诗经》中的《豳风·鸱鸮》诗，即是周公为此而作。就：成功，此处指诗写好了。③逸兴：清逸脱俗的兴致。④俄尔：也作俄而，双音词，忽然、顷刻、一下子。⑤长亭：秦汉五里设一短亭，十里设一长亭，为行人休息及送别践行之所，故后代以长亭代指送别之处。⑥黯然：双音词，很沮丧的样子。南朝宋江淹《别赋》："黯然销魂者，惟别而已矣！"

# 三肴

风对雅，象对爻（yáo）①，巨蟒对长蛟。天文对地理，蟋蟀对螵蛸（piāo xiāo）②。龙天矫③，虎咆哮，北学④对东胶⑤。

注释

①象对爻：象和爻都是《周易》中的术语。《周易》中组成卦的符号叫作爻。《周易》以六爻配合而成象，象即卦所显示出来的形象。总论一卦之象的文辞叫大象，单论一爻之象的文辞叫小象，也可统称为象。大象和小象都是借卦爻所示之象，来推演人事形势变化的文辞。"爻"即构成《易》的横画，一是"阳爻"

用"九"表示,另一为"阴爻"用"六"表示,每三爻合成一卦,一共八卦。②蠟蛸:海蠟蛸,一名乌贼。③夭矫:形容姿态的伸展屈曲而有气势。郭璞《江赋》:"抚凌波而凫跃,吸翠霞而夭矫。"④北学:周朝的学校名。《礼记·王制》:"周人……养庶老于虞庠。"东汉郑玄解释说"虞庠,亦小学也。"而《周礼·春官·大司乐》"掌成均之法"一句下,清代的孙诒让解释说"虞庠有二:一为大学之北学,亦曰上庠;一为四郊之小学,曰虞庠"。据孙氏的解释,北学为周代的大学之一。《孟子·梁惠王》:"谨庠序之教,申之以孝悌之义。"⑤东胶:周代的大学。《礼记·王制》:"周人……养国老于东胶。"东汉郑玄解释说:"东胶,亦大学,在国中王宫之东。"

筑台须垒土,成屋必诛茅①。潘岳不忘秋兴赋②,边韶常被昼眠嘲③。抚养群黎④,已见国家隆治⑤;滋生万物,方知天地泰⑥交。

**注释**

①诛茅:芟除茅草。南朝梁沈约《郊居赋》:"或诛茅而剪棘,或既西而复东。"引申为结庐安居。②潘岳:字安仁,因曾任晋给事黄门侍郎,故亦称潘黄门。他擅长文学,特别擅长诗赋,文章辞藻艳丽,《秋兴赋》即潘岳因秋日肃杀天气的到来而有所感怀而作。③边韶:东汉桓帝时人。才思敏捷,出口成章,以文学知名,曾教授生徒数百人。据《后汉书·边韶传》记载,边韶曾白天打瞌睡,学生们便偷偷地嘲笑他说:"边孝先,腹便便(肚子大),懒读书,但欲眠。"④群黎:百姓、庶民。黎,众多。⑤隆治:大治,盛世。⑥泰:卦名,六十四卦之一,乾下坤上,为上下联系通畅之象,故其象辞说:"天地交(天地沟通),泰(很顺畅)。"

蛇对虺(huǐ)①,蜃②对蛟,麟薮(sǒu)③对鹊巢。风声对月色,麦穗对桑苞④。何妥难⑤,子云嘲⑥,楚甸⑦对商郊。

注释

①虺:毒蛇。②蜃:大型的贝类动物。古人认为大蜃吐气,能在海面上形成海市蜃楼。③麟薮:神兽麒麟聚居的地方。薮:本指植物茂盛的沼泽地,引申指万物聚居之处。④桑苞:桑树的根部。⑤何妥难:《隋书·儒林·何妥传》:何妥从小就十分聪明,北周武帝时曾任太学博士。此人学问渊博,口才出众,但不能宽容待人,喜欢品评人物,非难他人。苏夔在太常(掌管礼乐太庙祭祀之事的机关)"参议钟律"(参加讨论乐器钟的乐律),大部分朝臣都同意他的意见,只有何妥不同意,百般指责。皇上让大家讨论,大臣们多支持苏夔,何妥又上"封事"(一种密封的奏折),"指陈得失",并指责这些人是互相勾结的朋党。⑥子云嘲:子云是西汉扬雄的字。扬雄为我国古代伟大的文学家、思想家、语言学家。他曾模仿《周易》作《太玄经》,有人嘲笑他说此书不合时宜,扬雄便作《解嘲》以阐述自己的淡泊自守思想。⑦甸:远郊。据《左传》襄公二十一年的杜预注,郭(外城)之外叫作郊,郊(近郊)之外叫作甸。唐刘希夷《江南曲》:"潮平见楚甸,天际望维扬。"

五音①惟耳听,万虑②在心包。葛被汤征因仇饷③,楚遭齐伐责包茅④。高矣若天⑤,洵⑥是圣人大道;淡而如水⑦,实为君子神交⑧。

注释

①五音:中国古代五声音阶上的五个级,相当于现行简谱上的

1、2、3、5、6。唐代以来叫合、四、乙、尺、工。更古的时候叫宫、商、角、徵、羽。②万虑：反复思考。③仇饷：杀人而夺去饷赠的食物。典出《孟子·滕文公上》：据说葛国与商汤王为邻，葛国借口没有祭祀用品而不祭祀祖先。商汤王供给它祭祀用的牛羊，葛国国君将其吃掉；商汤王供给它祭祀用的谷米，葛国国君又将其吃掉，并抢夺商汤王送给老人小孩的食物，如不交出，则杀掉（《尚书》上称之为"葛伯仇饷"）。后来商汤王因葛国国君杀了不肯交出食物的小孩而征伐了葛国。饷：馈赠别人的食物。④包茅：一种茅草。古代祭祀时，将酒倒入捆成小把的竖立的包茅中，让酒从中渗漏下去，代表祖先饮用了此酒，这个仪式叫缩酒，是祭祀的一道程序。典出《左传·僖公四年》：齐国以管仲为统帅，假借用天子的名义来讨伐楚国，其借口便是楚国未及时向周天子进贡祭祀所用的包茅。责：要求、讨要。⑤高矣若天：典出自出《孟子·尽心上》：孟子列举了圣人教导别人的方法五种，其学生公孙丑提出疑问，说这个办法很高明，很完美，但要求太高，像登天那样，好像不能做到。孟子就说，圣人不能因为学习者做不到就改变自己的原则。圣人只提出最好的方法，能够做到的就跟着来做。⑥洵：确实、实在。⑦淡而如水：出自《庄子·山木》："君子之交淡若水，小人之交甘若醴。"意思是君子相交为道义之交，清淡得像水一样，毫无杂质，能够长久保持纯洁；小人的相交为利益之交，甘美得像美酒一样，但利益是其基础，故利益不存在时交情也就消失了。⑧神交：以精神道义为基础的交往。

牛对马，犬对猫，旨酒①对嘉肴②。桃红对柳绿，竹叶对松梢，藜杖③叟，布衣④樵，北野对东郊。

### 注释

①旨酒：美酒。《诗经·小雅·鹿鸣》："我有旨酒，以燕乐嘉宾之心。"《孟子·离娄下》："禹恶旨酒，而好善言。"晋陶潜《答庞参军》："我有旨酒，与汝乐之。"②嘉肴：美味的菜肴。《诗经·小雅·正月》："彼有旨酒，又有嘉殽。"唐韩愈《祭董相公文》："旨酒既盈，嘉肴在盛，呜呼我公，庶享其诚。"③藜杖：用藜的老茎做的手杖，质轻而坚实。《晋书·山涛传》："魏帝尝赐景帝春服，帝以赐涛，又以母老，并赐藜杖一枚。"明徐复祚《投梭记·叙饮》："藜杖西山且挟书，蹉跎光景徂。"④布衣：麻布衣服，古时老百姓只能穿麻布衣服。诸葛亮《出师表》："臣本布衣，躬耕于南阳，苟全性命于乱世，不求闻达于诸侯。"

　　白驹形皎皎①，黄鸟语交交②。花圃春残无客到，柴门夜永有僧敲③。墙畔佳人，飘扬竞把秋千舞④；楼前公子，笑语争将蹴鞠（cùjū）⑤抛。

### 注释

①皎皎：形容词，很白很白的样子。《诗经·小雅·白驹》："皎皎白驹，食我场苗。"②交交：象声词，黄鸟的叫声。《诗经·秦风·黄鸟》："交交黄鸟，止于棘。"③柴门夜永有僧敲：此联所说之情境出自五代何光远《鉴戒录》卷八：据说唐代诗人贾岛骑着毛驴在路上行走，作了"鸟宿池边树，僧推月下门"两句诗，后又想将"推"字改为"敲"字，拿不定主意，便一边做推与敲的手势一边思考，没注意撞到了当时担任京兆尹的韩愈的车前。韩愈问清是怎么回事后，便停下车，考虑了很久，说："还是敲字好。"于是就留下了"僧敲月下门"的佳句和"推敲"这个典故。夜永：夜深。④秋千：吴地习俗。用朱绳彩架，女子舞之以

为戏。⑤蹴鞠：我国古代的一种足球运动。用以练武、娱乐、健身。传说始于黄帝，初以练武士。战国时已流行。唐韦应物《寒食后北楼作》诗："遥闻击鼓声，蹴鞠军中乐。"

## 四豪

　　琴对瑟，剑对刀，地迥（jiǒng）①对天高。峨冠②对博带③，紫绶④对绯袍⑤。煎异茗⑥，酌香醪（láo）⑦，虎兕（sì）⑧对猿猱（náo）⑨。

注释

①迥：遥远。②峨冠：高冠。峨：原指高山，此处形容高。③博带：宽大的衣带。《新唐书·刘子玄传》："博带褒衣，革履高冠。"④紫绶：用于系官印或做服装饰物的紫色的丝带。不同品级的官员，所用之印和系印用的丝带不同，汉朝相国和丞相这一级官员便是金印紫绶。唐李白《门有车马客行》："空谈霸王略，紫绶不挂身。"明何景明《送顾汝成》："十年垂紫绶，万里为苍生。"⑤绯袍：也叫朱衣，红色的官服。各个朝代的礼制不同，如唐朝规定，官员四品穿深红色，五品穿浅红色。⑥茗：茶。唐陆羽《茶经》："一曰茶，二曰槚，三曰蔎，四曰茗，五曰荈。"盖因采取之早晚而易其名，是茗、荈最为晚取。世间概以茗为茶之称呼。⑦醪：酒。有时特指里边有渣的浊酒。⑧兕：犀牛，有时特指雌犀牛。⑨猱：猿类的一种。唐李白《蜀道难》："黄鹤之飞尚不得过，猿猱欲度愁攀援。"

武夫攻①骑射，野妇务蚕缫（sāo）②。秋雨一川淇澳（yù）竹③，春风两岸武陵桃④。螺髻⑤青浓，楼外晚山千仞（rèn）⑥；鸭头绿腻⑦，溪中春水半篙。

◆注释◆

①攻：此处指学习、练习。②蚕缫：饲蚕缫丝。《孟子·滕文公下》："夫人蚕缫，以为衣服。"唐朝柳宗元《游南亭夜还叙志》："饥食期农耕，寒衣俟蚕缫。"明朝无名氏《鸣凤记·桑林奇遇》："奴家幼习纺绩之勤，颇识蚕缫之务。"③淇澳竹：淇水曲岸边生长的竹子。《诗经·卫风·淇奥》有"瞻彼淇奥，绿竹猗猗"。奥：河流弯曲的地方。后来《礼记·大学》引用此诗，"奥"写作"澳"，"淇澳"就慢慢变成地名了。④武陵桃：晋陶潜作《桃花源记》，说桃花源中，沿溪两岸桃花盛开，"落英缤纷"，而发现桃花源的渔人是武陵郡（今湖南湘西常德一带）人，故桃花源也叫武陵源，"武陵桃"即指桃花源的桃子。⑤螺髻：此处指形状像螺和发髻的山。⑥仞：古代的一个长度单位，七八尺左右。⑦鸭头绿腻：鸭头：此处指颜色像公鸭头上的绿毛一样的水。腻：本指肉很肥厚，引申指程度很深。

刑对赏，贬对襃，破斧对征袍。梧桐对橘柚，枳（zhǐ）棘①对蓬蒿②。雷焕剑③，吕虔刀④，橄榄对葡萄。

◆注释◆

①枳棘：枳木与棘木，均为枝干有刺的树木。因其多刺而称恶木。常用以比喻恶人或小人。《韩非子·外储说左下》："夫树橘柚者，食之则甘，嗅之则香；树枳棘者，成而刺人，故君子慎所树。"《楚辞·刘向·九叹·愍命》："折芳枝与琼华兮，树枳棘与

薪柴。"王逸注："以言贱弃君子而育养小人。"引申为艰难险恶的环境。②蓬蒿：指蓬草和蒿草。亦泛指草丛，草莽。《礼记·月令》："〔孟春之月〕藜莠蓬蒿并兴。"《庄子·逍遥游》："翱翔蓬蒿之间。"引申为荒野偏僻之处。李白《南陵别儿童入京》："仰天大笑出门去，我辈岂是蓬蒿人?"③雷焕剑：典出《晋书·张华传》：雷焕为晋豫章（今江西）人，精通纬象。晋武帝司马炎时，他看到二十八宿的斗宿和牛宿之间有紫气，便知道江西丰城有宝剑。他将此事告诉张华，张华任命他为丰城县令，后果真在丰城县监狱下挖到龙泉、太阿两把宝剑，雷焕自留一把，送张华一把。张华被诛，其剑不知所终。雷焕死后，其子佩其剑过延平津，剑忽然从腰间跃出跳入水中，派人下水搜寻，只见水中有两条龙在戏水。④吕虔刀：典出《晋书·王览传》：三国时的魏人吕虔为刺史，他有一把佩刀，曾有精通相术的人说过，这把刀"三公可佩"。吕虔认为王祥有三公之相，便将此刀送给了王祥。王祥在魏为司空，转太尉，封睢陵侯，到晋武帝司马炎时被任命为太保，晋爵号为公。王祥临终，将此刀送给了其弟王览，王览做了司徒，晋爵号为即丘子。

一椽（chuán）①书舍小，百尺酒楼高。李白能诗时秉②笔，刘伶③爱酒每铺（bū）糟④。礼别尊卑⑤，拱北众星常灿灿；势分高下，朝东万水⑥自滔滔。

注释

①椽：放在檩子上架瓦的木条。屋顶上只架一根椽，则房屋很小。②秉：持。③刘伶：字伯伦，晋竹林七贤之一。他纵酒放达，逃避乱世，曾著《酒德颂》，说"惟酒是务，焉知其余"。④铺：吃、食。糟：带有尚未过滤渣的酒，也指过滤出来的渣。

⑤礼别尊卑:礼仪是用来区别地位高低的。⑥朝东万水:典出《荀子·宥坐》:孔子学生子贡问孔子,为什么见到河流就要观看?孔子讲了河流的几条优秀品质,其中有一条是:河流中途可以千回百转,但最终总是流向东方,像君子的志向。我国的河流大多都是流向东边的渤海、黄海、东海。

　　瓜对果,李对桃,犬子对羊羔。春分对夏至,谷水对山涛。双凤翼①,九牛毛②,主逸对臣劳。

*注释*

①双凤翼:唐人李商隐《无题二首》之一:"身无彩凤双飞翼,心有灵犀一点通。"②九牛毛:为"九牛一毛"的省略。西汉司马迁《报任安书》:"假令仆伏法受诛,若九牛亡一毛,与蝼蚁何以异。"

　　水流无限阔,山耸有余高。雨打村童新牧笠,尘生边将旧征袍。俊士①居官,荣引鹓(yuān)鸿之序②;忠臣报国,誓殚(dān)③犬马之劳。

*注释*

①俊士:杰出的人才。②鹓鸿之序:像鹓、鸿飞翔时排成的行列,喻指官员上朝的队列。鹓:传说中凤凰一类的神鸟,飞行时众鸟追随,排列有序。鸿:大雁,飞行时常排成"人"字形,队列井然。③殚:尽。

# 五歌

　　山对水,海对河,雪竹①对烟萝②。新欢对旧恨,痛饮对高歌。琴再抚,剑重磨,媚柳对枯荷。

**注释**

①雪竹:雪中之竹。唐郑谷《送进士韦序赴举》:"秋山晚水吟情远,雪竹风松醉格高。"宋范成大《荆公墓》诗之一:"半世青苗法意,当年雪竹诗情。"另外也指一种干节上有浓厚白粉的竹子。唐朝许棠《题开明里友人居》:"风巢和鸟动,雪竹向人斜。"宋朝杨万里《谢丁端叔直阁惠永嘉絭研句容香鬲》:"元珍先生茁云孙,雪竹有节豹有文。"②烟萝:像轻烟一样飘动着的松萝。萝:松萝,一种经常寄生在松树上的地衣类植物,外形呈丝状,蔓延下垂,随风飘荡。唐朝李端《寄庐山真上人》:"更说谢公南座好,烟萝到地几重阴。"南唐李煜《破阵子》词:"凤阁龙楼连霄汉,玉树琼枝作烟萝,几曾识干戈!"

　　荷盘①从雨洗,柳线②任风搓。饮酒岂知歌醉帽③,观棋不觉烂樵柯④。山寺清幽,直踞千寻云岭;江楼宏敞,遥临万顷烟波。

**注释**

①荷盘:荷叶,因形状像盘子而有此名。元赵孟頫《雨》:"蛛网

悬珠络,荷盘泻汞银。"元朝马祖常《用乐天韵因效其题咏闲意》:"青怜藤蔓春牵屋,绿爱荷盘夏剪衣。"②柳线:垂柳的枝条。柳条细长下垂如线。唐朝孟郊《春日有感》:"风吹柳线垂,一枝连一枝。"清朝孔尚任《桃花扇·传歌》:"你看梅钱已落,柳线才黄,软软浓浓,一院春色。"③醉帽:典出《晋书·阮籍传》:阮籍天性率真,其邻家有个漂亮的少妇当垆卖酒,阮籍经常去他家喝酒,喝醉了便毫不避嫌地斜卧其侧,其丈夫也不以为怪。④烂柯:典出题名为南朝梁任昉的《述异记》:晋人王质入山伐木,看见许多小孩一边唱歌一边下棋,便放下斧头在旁观看,其中一个小孩给了他一粒枣核大小的东西,他含在口中以后便不知饥饿。过了一会儿,小孩催他回家,王质回头一看,身边斧头的柄已经完全腐烂了。回家以后,家里人和亲戚朋友大都已去世,一问,才知道自己离家已经几十年了。柯:斧头柄。

繁对简,少对多,里①咏对途歌。宦情②对旅况③,银鹿④对铜驼⑤。刺史鸭⑥,将军鹅⑦,玉律⑧对金科⑨。

*注释*

①里:古代的行政单位,据《周礼·地官·遂人》记载:二十五家为里。引申为街道之类的意思。②宦情:做官的想法、做官的欲望。③旅况:旅途的情怀或景况。明朝屠隆《彩毫记·他乡持正》:"穷愁旅况,都消在歌舞筵。"④银鹿:相传唐朝书法家颜真卿有一家童名"银鹿",这里是字面的对仗,不是专名。⑤铜驼:铜铸造的骆驼。《太平寰宇记》卷三《洛阳县》引晋陆机《洛阳记》说:汉朝曾铸造铜骆驼二只,安置在宫殿南面一处交叉道口。在这里也是字面上对仗,不是专名。⑥刺史鸭:唐朝诗人韦应物做刺史时养了一些鸭,他称鸭子为"绿头公子"。⑦将

军鹅：晋右军将军王羲之为大书法家，爱鹅成性，据《晋书·王羲之传》记载，他曾见山阴（今浙江绍兴一带）一道士所养之鹅极美，千方求购，道士不肯，说："替我写《道德经》（即《老子》），我将整群鹅送给你。"于是王羲之很高兴地写好，将鹅带回去了。但唐人都认为王羲之所写的是《黄庭经》。李白《送贺宾客归越》中有"山阴道士如相见，应写《黄庭》换白鹅"，景审《题所书黄庭经后（泥金正书）》有"金粉为书重莫过，黄庭旧许右军多。请看今日酬恩德，何似当年为爱鹅"。⑧律：法令、法律。⑨科：法律，偏重指具体的法律条文。宋王禹偁《谪居感事》："丹书当无赦，金科了不疑。"

古堤垂鞶（duǒ）①柳，曲沼长新荷。命驾吕因思叔夜②，引车蔺为避廉颇③。千尺水帘，今古无人能手卷；一轮月镜④，乾坤何匠用功磨⑤。

### 注释

①鞶：形容词，下垂的样子。②命驾吕因思叔夜：典出《世说新语·简傲》：晋人嵇康（字叔夜）与吕安交情很好，每次想见他时，经常驾车千里前去相会，吕安也是这样。③引车蔺为避廉颇：典出《史记·廉蔺列传》：战国时赵国的蔺相如随赵王出使秦国，临危不惧，立了大功，回国后拜相，官位在将军廉颇之上，廉颇很不服气，经常当众侮辱蔺相如。蔺相如在路上遇到廉颇，总是命令车子绕道而避开他。蔺相如的手下很不理解，蔺相如说："秦国不敢欺负赵国，就是因为赵国有廉将军和我。如果我和廉将军不团结，秦国便会乘虚而入，我要将国家的大事放在前面，而将私人的恩怨放在后边。"廉颇听到此番话后深受感动，便亲自到蔺相如家负荆请罪。④月镜：月亮，因月亮似铜镜而得

名。⑤磨：古代的镜子是青铜制造的，使用时间一长，便会因氧化生锈而照物模糊不清，需要磨去氧化层才能使用。古代有以此为职业者。

霜对露，浪对波，径菊对池荷。酒阑①对歌罢，日暖对风和。梁父咏②，楚狂③歌，放鹤④对观鹅⑤。

◆注释◆

①酒阑：谓酒筵将尽。《史记·高祖本纪》："酒阑，吕公因目固留高祖。"杜甫《魏将军歌》："吾为子起歌《都护》，酒阑插剑肝胆露。"②梁父咏：即《梁父吟》，也作《梁甫吟》，为古代乐府的楚国歌曲的曲名，今所传古辞据说为诸葛亮所作。此处之所以要将"吟"改成"咏"，是因为前者为平声字，后者为仄声字，改成仄声字以后，方能与下联的平字"歌"形成平仄相对的关系。③楚狂：据说是春秋楚昭王时的一位隐士，姓陆名通，《论语·微子》有"楚狂接舆歌而过孔子"，故也有人说其名为接舆。④放鹤：宋代张天骥驯养了两只白鹤，朝出暮归，张天骥便在江苏铜山县南云龙山下筑亭，苏轼为之作《放鹤亭记》。典出《经进东坡文集事略》卷五一。⑤观鹅：典出《晋书·王羲之传》：晋大书法家王羲之爱鹅成癖，他听说会稽（今浙江绍兴一带）有一老太太善养鹅，所养鹅中有只鹅叫声特别好听，千方求购，老太太不知购主是王羲之，始终不答应。于是王羲之特地带着亲友，驾上马车去老太太家看鹅。老太太听说著名的书法家王羲之要来她家，特地选了那只会叫的鹅做成菜款待他，王羲之知道后不禁叹惋终日。

史才推永叔①，刀笔②仰萧何③。种橘④犹嫌千树少，寄梅⑤谁信一枝多。林下风生，黄发村童推牧笠；江头日出，皓眉⑥溪叟晒渔蓑。

注释

①永叔：宋代大文学家、史学家欧阳修的字。欧阳修曾修撰《新五代史》，与宋祁合修《新唐书》，极有史学才能。②刀笔：代指主办文案的官吏。古代的文书是用笔写在简牍上，有错误则用刀削去再写，故以刀笔代指使用刀笔的人。③萧何：西汉人，辅佐刘邦建立汉朝，功劳卓著。攻入秦王朝首都咸阳时，萧何尽力收集秦宫内的律令图籍，掌握天下的郡县户口等情况，后来汉朝所有的律令制度，大都是萧何制定的。④种橘：典出《三国志·吴志·三嗣主传》孙休注引《襄阳记》：三国时吴国的丹阳太守李衡在住宅边栽种橘树千株，临死前对其儿子说，这千棵橘树就是一千个木奴，不问你要衣穿要饭吃，帮你每年交一匹绢的赋税，剩下的还足够你使用的。⑤寄梅：赠送梅花。见卷上"十三元"注释。⑥皓眉：白眉，人寿高则眉毛颜色变白。皓，白色。

# 六麻

松对柏，缕①对麻，蚁阵②对蜂衙③。赪（chēng）鳞④对白鹭，冻雀对昏鸦。白堕⑤酒，碧沉⑥茶，品笛对吹笳（jiā）⑦。

注释

①缕：丝线。②蚁阵：蚂蚁战斗时的阵势。宋朝陆游《睡起至园

中》:"更欲世间同省事,勾回蚁阵放蜂衙。"《西游记》第六十六回:"人如蚁阵往来多,船似雁行归去广。"③蜂衙:群蜂早晚聚集,簇拥蜂王,如旧时官吏到上司衙门排班参见。陆游《青羊宫小饮赠道士》:"微雨晴时看鹤舞,小窗幽处听蜂衙。"元钱霖《清江引》曲:"高歌一壶新酿酒,睡足蜂衙后。"④赪鳞:红色的鱼。赪:红色。鳞:代指鱼。汉刘向《列仙传·吕尚》:"吕尚隐钓,瑞得赪鳞。"唐朝潘炎《漳河赤鲤赋》:"赪鳞耀彩,碧水无波。"⑤白堕:人名。典出北魏杨衒之《洛阳伽蓝记·法云寺》:"河东人刘白堕善能酿酒。季夏六月,时暑赫晞,以罂贮酒,暴于日中。经一旬,其酒不动,饮之香美,醉而经月不醒。"后用作美酒别称。陆游《官舍夙兴》:"不复扶头倾白堕,但知临目养黄宁。"⑥碧沉:即绿沉,凡物之深绿色者均可叫绿沉。碧沉茶:一种绿茶。唐曹邺《故人寄茶》诗有"半夜招僧至,孤吟对月烹。碧沉霞脚碎,香泛乳花轻。六腑睡神去,数朝诗思清"的句子,就是形容碧沉茶味道之美的。⑦笳:汉时流行于西域一带的一种管乐器,其声悲怆,为少数民族所习用。初时卷芦苇叶为之,后来以竹管制造。

秋凉梧堕叶,春暖杏开花。雨长苔痕侵壁砌,月移梅影上窗纱。飒飒秋风,度城头之筚篥(bìlì)①;迟迟晚照,动江上之琵琶。

注释

①筚篥:也作觱篥,又叫悲管、笳管,也是笳一类型的管乐器,本出西域龟兹国,后传入中国。《北史·高丽传》:"乐有五弦、琴、筝、筚篥、横吹、箫、鼓之属,吹芦以和曲。"宋朝庄季裕《鸡肋编》卷下:"筚篥本名悲篥,出于边地,其声悲亦然,边人

吹之，以惊中国马云。"

　　优对劣，凸对凹（wā）①，翠竹对黄花。松杉对杞梓②，菽（shū）麦③对桑麻④。山不断，水无涯，煮酒⑤对烹茶。

注释

①凹：四周高中间低。中古此字有两个读音，一个是入声洽韵字，一个是平声爻韵字，此处用的是它另一个后起读音，是个平声麻韵的字。②杞梓：杞树和梓树。两种树木都是优良的木材。《左传·襄公二十六年》："晋卿不如楚，其大夫则贤，皆卿材也。如杞梓、皮革，自楚往也。虽楚有材，晋实用之。"杜预注："杞、梓皆木名。"宋司马光《送李汝臣同年谪官导江主簿》："良工构明堂，必不遗杞梓。"引申为优秀的人才。《晋书·陆机陆云传论》："观夫陆机、陆云，实荆衡之杞梓，挺珪璋于秀实，驰英华于早年。"南朝梁江淹《杂体诗·效卢谌·感交》："自顾非杞梓，勉力在无逸。"③菽麦：豆与麦。菽：豆类的总称。《诗经·豳风·七月》："黍稷重穋，禾麻菽麦。"清黄燮清《十一月朔大雪》："松柏无完枝，菽麦断萌蘖。"引申为极易识别的事物。《左传·成公十八年》："周子有兄而无慧，不能辨菽麦。"南朝梁刘孝标《辨命论》："闻言如响，智昏菽麦，神之辨也。"④桑麻：桑树和麻。植桑饲蚕取茧和植麻取其纤维，同为古代农业解决衣着的最重要的经济活动。《管子·牧民》："藏于不竭之府者，养桑麻、育六畜也。"引申为农作物或农事。晋陶潜《归园田居》诗之二："相见无杂言，但道桑麻长。"唐孟浩然《过故人庄》："开轩面场圃，把酒话桑麻。"⑤煮酒：烫酒。元萨都剌《寒夜与王记室宴集》："玉奴烛剪落燕尾，银瓶煮酒浮鹅黄。"引申为热的酒。宋朝苏轼《赠岭上梅》："且趁青梅尝煮酒，要看细雨熟黄

梅。"《三国演义》第二十一回："玄德心神方定。随至小亭，已设樽俎：盘置青梅，一樽煮酒。"

鱼游池面水，鹭立岸头沙。百亩风翻陶令秫①，一畦（qí）雨熟邵平瓜②。闲捧竹根③，饮李白一壶之酒④；偶擎桐叶⑤，啜（chuò）卢仝（tóng）七碗之茶⑥。

注释

①陶令秫：典出《晋书·隐逸传》：陶潜家贫而嗜酒，任彭泽县令后，下令全县的公田都栽上秫谷，说："令吾常醉于酒足矣。"其《和郭主簿》诗也说"春秫作美酒，酒熟吾自斟"。秫：即今高粱，可酿酒。②邵平瓜：典出《史记·萧相国世家》：邵平，通常写作"召平"（邵、召古音相同，此二姓都是周武王的大臣召公的后裔），秦时广陵（今扬州一带）人，封东陵侯。秦灭亡之后，邵平在长安城东种瓜为生，瓜味甜美，人称东陵瓜。③竹根：一种盛酒的器具。南北朝庾信《奉赵王惠酒诗》："野炉然（燃）树叶，山杯捧竹根。"④一壶之酒：李白有"花间一壶酒，独酌无相亲"的诗句，参见卷上"十一真"注释。⑤桐叶：一种盛茶的器具。宋朝程大昌《演繁露》在《东坡后集》卷二《从驾景云宫诗》"病贫赐茗浮桐叶"下注解说，当时皇上赐茶，都不用通常的茶盏，而用一种颜色雪白、形状像桐叶的大瓷碗。⑥啜：饮。卢仝：唐朝人，号玉川子，家贫好读书，隐居不求仕进。其《走笔谢孟谏议新茶》诗中描述饮茶之后的感觉说："一碗喉吻润；两碗破孤闷；三碗搜枯肠，惟有文字五千卷；四碗发轻汗。平生不平事，尽向毛孔散；五碗肌骨清；六碗通仙灵；七碗喫不得也，惟觉两腋习习清风生。"

吴对楚,蜀对巴,落日对流霞。酒钱对诗债①,柏叶对松花。驰驿骑,泛仙槎(chá)②,碧玉③对丹砂④。

* 注释*

①诗债:别人求诗或索取和诗,自己尚未酬答,如同欠他人之债,故称诗债。②仙槎:在天河中浮游的竹筏木筏。晋张华《博物志》卷三:"年年八月,有浮搓来去不失期。"③碧玉:一种不透明隐晶质石英,常见有几种颜色(如红色、褐色、绿色、黄色)。④丹砂:一种矿物,炼汞的主要原料。可做颜料,也可入药。又叫辰砂、朱砂。

设桥偏送笋①,开道竟还瓜②。楚国大夫沉汨水③,洛阳才子谪长沙④。书箧⑤琴囊,乃士流活计⑥;药炉茶鼎,实闲客生涯。

* 注释*

①设桥偏送笋:典出《梁书》卷五十一《范元琰传》:南朝梁的范元琰节操高尚,为乡里所敬重。有一次,小偷越过园沟来偷他家的竹笋,元琰发觉了,担心小偷返回时掉到沟里,特地砍了棵树,偷偷地架在沟上,让小偷方便过沟。小偷看到后十分惭愧,从此之后,一乡人再也没有小偷小摸的了。②开道竟还瓜:典出《晋书·孝友传》:晋人桑虞,有瓜园在宅北几里之外,瓜果刚成熟,有人翻进围墙偷瓜。桑虞知道后,想到墙头插有防盗的荆棘,小偷如果被人发现而逃跑,则有可能被刺伤,便命令看瓜的奴仆挖开墙,替偷瓜的人开出一条逃跑的路。小偷知道后,向桑虞叩头请罪,并归还所偷之瓜,而桑虞却将瓜都送给了偷瓜人。③楚国大夫沉汨水:典出《史记·屈原贾生列传》:屈原,名平,

战国时楚国大夫，深受楚怀王信任，任左徒、三闾大夫，后遭小人诬陷，被放逐；顷襄王时再遭诲毁，被贬谪。他看到小人当权，故国日趋衰落，自己却无法挽救，伤心已极，便于农历五月初五，在湖南岳阳的汨罗江投水而死。汨水即汨罗江，在今湖南岳阳汨罗县境内。④洛阳才子谪长沙：典出《史记·屈原贾生列传》：贾谊，河南洛阳人，年少即能精通数家的学说，汉文帝召为博士，号为才子。后因政见不同而遭大臣诋毁，被贬为长沙王太傅，郁郁不得志而死。参见卷下"二萧"注释。⑤箧：竹制的箱子，古人多用以装书。⑥士流：读书人。活计：借以谋生的用具或手段。

# 七阳

　　高对下，短对长，柳影对花香。词人对赋客，五帝①对三王②。深院落，小池塘，晚眺③对晨妆④。

*注释*

①五帝：少昊、颛顼、高辛氏、尧、舜。②三王：古代三位贤明的天子，一般指夏禹王、商汤王、周文王。③晚眺：夜晚眺望。④晨妆：清晨的妆饰。亦谓清晨梳妆。唐韩愈《东都遇春》："川原晓服鲜，桃李晨妆靓。"前蜀韦庄《上春词》："金楼美人花屏开，晨妆未罢车声催。"

　　绛（jiàng）霄唐帝殿①，绿野晋公堂②。寒集谢庄衣上雪③，秋添潘岳鬓边霜④。人浴兰汤⑤，事不忘于端午；客斟菊酒，兴常记于重阳⑥。

**注释**

①绛霄唐帝殿：唐玄宗时有"绛霄殿"。②绿野晋公堂：唐宪宗时，裴度因平定蔡州刺史吴元济叛乱有功，封晋国公。文宗时，裴度因宦官专权，自知政事已不可为，便请求罢相归隐，于河南洛阳午桥种植花木万株，中建别墅，号绿野堂，与白居易、刘禹锡等饮酒作诗于其中。③谢庄衣上雪：典出《宋书·符瑞志下》：南朝宋大明五年正月初一，天降大雪，右卫将军谢庄下殿巡查，雪花都堆积在他衣服上。他上殿报告孝武帝刘骏，皇帝认为这是很吉祥的事，"于是公卿作《花雪诗》"。唐朝李商隐《对雪诗二首》之一"欲舞定随曹植马，有情应温谢庄衣"，用的就是这个典故。④潘岳鬓边霜：典出晋朝潘岳《秋兴赋·序》："余春秋三十有二，始见二毛。"⑤兰汤：用兰草熬出的热水。南朝梁的宗懔所著的《荆楚岁时记》说："五月五日，谓之浴兰节。"题名为隋杜公瞻的注解说："按，《大戴礼记》曰：'五月五日，蓄兰为沐浴。'《楚辞》曰：'浴兰汤兮沐芳华。'今谓之浴兰节，又谓之端午。"可见古人有阴历五月五日端午节用兰草熬水沐浴的习俗。⑥重阳：农历九月九日，九为阳数，月、日均为九，故称重阳。《荆楚岁时记》"九月九日"下杜公瞻注解说，这天要佩戴茱萸，吃果饼，饮菊花酒，可以"令人长寿"。此习俗的由来，据南朝梁吴均的《续齐谐记》记载，桓景随费长房学道多年，一天，费长房对桓景说："九月九日你家会有灾难降临，你赶快回家，叫家人将茱萸囊系在手臂土，登高饮菊花酒，可免除灾难。"桓景赶紧按照吩咐去做，到晚上回家一看，留在家中的鸡狗牛羊都死光了，于是后来就形成了重阳登高饮菊花酒的习俗。

尧对舜，禹对汤①，晋②宋③对隋唐。奇花对异卉④，夏日对秋霜。八叉手⑤，九回肠⑥，地久对天长。

*注释*

①汤：商王朝的开国之君，是一位贤明的帝王，亦称天乙、商汤、成汤。②晋：指司马炎取代三国时的魏因而建都洛阳的西晋，以及西晋被前赵灭掉之后，司马睿在建康（今南京一带）即位的东晋。③宋：指南朝的宋，它是刘裕取代东晋后所建立的国家，首都亦为建康。为了区别后来赵姓所建立的北宋和南宋，故将南朝的宋称为刘宋。④卉：百草的总称。⑤八叉手：将两手相拱八次。典出宋孙光宪《北梦琐言》卷四：唐朝的温庭筠才思敏捷，考试作赋，双手互相交叉八次就写好了，当时的人称之为"温八叉"。后代便以此作为才思敏捷的代称。⑥九回肠：因为忧愁而肠子多次为之回转。西汉司马迁在《报任少卿书》中说，自己因替李陵辩白而遭受宫刑，忧伤难已，"是以肠一日而九回"。九：虚数，形容其多。唐朝刘禹锡《望赋》："秋之景兮悬清光，偏结愤兮九回肠。"苏轼《题织锦图上回文诗》之二："红手素丝千字锦，古人新曲九回肠。"

一堤杨柳绿，三径①菊花黄。闻鼓塞兵②方战斗，听钟③宫女正梳妆。春饮方归，纱帽半淹邻舍酒；早朝初退，衮（gǔn）衣④微惹御炉香。

*注释*

①三径：此联由晋陶渊明《归去来兮辞》中的"三径就荒，松菊犹存"变化而来。《文选》李善注引《三辅决录》记载：西汉末，王莽专权，时任兖州刺史的蒋诩辞官归隐，在院中开辟了三条小

路，只与求仲、羊仲来往。故三径指隐居而只与贤人来往的小路。②鼓：古人行军作战以鼓为号令，击鼓则进军。塞兵：守卫边塞的士兵。③钟：佛寺早撞钟、暮击鼓以报时，此处以"闻钟"表示早晨。④衮衣：古代帝王及公侯所穿的上绣有龙等图案的礼服，此处指官员上朝所穿的官服。此联由唐贾至《早朝大明宫呈两省僚友》诗变化而来，贾诗全文为："银烛熏天紫陌长，禁城春色晓苍苍。千条弱柳垂青琐，百啭流莺绕建章。剑佩声随玉墀步，衣冠身惹御炉香。共沐恩波凤池上，朝朝染翰侍君王。"

荀①对孟②，老③对庄④，鞞柳对垂杨。仙宫对梵宇⑤，小阁对长廊。风月窟⑥，水云乡⑦，蟋蟀对螳螂。

注释

①荀：指荀子。荀子名况，为儒家学派的集大成者，学者尊之为荀卿，两汉时为避汉宣帝刘询的讳，改称孙卿。其思想集中体现在《荀子》一书中。②孟：指孟子。孟子名轲，全面继承了孔子的学说，在儒家学派中地位仅次于孔子，被称为亚圣。其思想及行为集中体现在《孟子》一书中。③老：指老子。老子名李耳，字聃，故亦称老聃。春秋时期著名的思想家，著有《老子》（亦称《道德经》）。老子被道家学派奉为始祖，《老子》为道家学派的重要经典。④庄：指庄子。庄子名周，战国时著名的思想家。著《庄子》十余万言，借寓言以阐明自己的清静无为思想，尊崇老子，贬斥儒墨，和老子并列，被认为是道家学派的代表。到唐代被尊为南华真人，《庄子》亦称《南华真经》。⑤梵宇：佛寺。梵，古印度语"清净""寂静"的音译词的简略形式；因佛经都用梵语（古印度语）写成，故凡与佛教有关的事物均可称"梵"。⑥风月窟：同"风月场"，指情场。古代多指妓院。元关汉卿

《谢天香》楔子:"老天生我多才思,风月场中肯让人?"⑦水云乡:水云弥漫的地方,多喻指隐者居住停留的地方。苏轼《和章七出守湖州二首》:"方丈仙人出渺茫,高情犹爱水云乡。"宋陆游《秋夜遣怀》:"六年归卧水云乡,本自无闲可得忙。"

暖烟香霭霭①,寒烛影煌煌②。伍子欲酬渔父剑③,韩生尝窃贾公香④。三月韶光⑤,常忆花明柳媚;一年好景,难忘橘绿橙黄⑥。

注释

①霭霭:云雾密集的样子。苏轼《题南溪竹上》:"山头霭霭暮云横。"②煌煌:明亮的样子。③伍子欲酬渔父剑:典出《史记·伍子胥列传》:伍子指伍员(字子胥),春秋时楚国人,其父伍奢、其兄伍尚都被楚平王杀害,他亦遭追杀。伍子胥逃至江边,追兵已至,江上有一渔父渡他过江,得以逃脱。伍子胥解下宝剑,说:"这把剑价值百金,送给您。"渔父说:"楚国悬赏追捕你,赏金为五万石粮食,还授予'执圭'的爵位,难道还抵不过这价值百金的剑吗?"遂没有接受他的宝剑。④韩生尝窃贾公香:典出《晋书·贾充传》:晋朝的韩寿仪容出众,在贾充手下做司空掾,贾充的小女儿贾午十分爱慕他,并偷了他父亲珍藏的西域奇香赠送给韩寿。韩寿将此香佩带在身上,被同僚们发现,报告了贾充,贾充便将贾午嫁给了韩寿。⑤韶光:美好的时光,多指春光。⑥橘绿橙黄:这都是秋天的景色,代指秋天。此联出自宋苏轼《赠刘景文》:"荷尽已无擎雨盖,菊残犹有傲霜枝。一年好景君须记,最是橙黄橘绿时。"

## 八庚

深对浅,重对轻,有影对无声。蜂腰对蝶翅,宿醉①对余酲(chéng)②。天北缺③,日东生,独卧对同行。

注释

①宿醉:醉酒之后经一夜尚未清醒的余醉。②余酲:残余的醉意。酲:喝醉了酒。③天北缺:典出汉刘安《淮南子·天文训》:天是由四座大山在东、南、西、北四个方向支撑起来的,西北方由不周山支撑。共工与颛顼争夺天帝的位置,共工发怒而撞垮了不周山,西北方缺了支撑物,所以"天倾西北","日月星辰移焉"(日月星辰都从东方升起往西边移动落下)。

寒冰三尺厚,秋月十分明。万卷书容闲客览,一樽酒待故人倾。心侈唐玄,厌看霓裳之曲①;意骄陈主,饱闻玉树之赓(gēng)②。

注释

①霓裳之曲:典出宋代王灼的《碧鸡漫志》卷三:玄宗精通乐律,他曾经将西凉的乐曲《婆罗门》润色改编为《霓裳羽衣曲》,当时宫中经常演奏此曲,杨贵妃善跳《霓裳羽衣舞》。"安史之乱"以后,杨贵妃被迫自缢于马嵬坡(今陕西兴平县),唐玄宗再听《霓裳羽衣曲》非常伤感。②玉树之赓:此联是说南朝陈的

亡国之君陈后主（名叔宝）的事。陈后主嗜好声乐，曾将吴歌《玉树后庭花》按曲填词，辞藻绮丽，使男女唱和，哀艳委婉。赓：唱和。

虚对实，送对迎，后甲①对先庚②。鼓琴③对舍瑟④，搏虎⑤对骑鲸⑥。金匼匝（kē zā）⑦，玉玎琤（cōng chēng）⑧，玉宇⑨对金茎⑩。

注释

①后甲：是《周易》"蛊卦"中的话，原文为"后甲三日"，指甲日以后的第三天，即丁日。②先庚：是《周易》"巽卦"中的话，原文为"先庚三日"，指庚日之前的第三天，亦丁日。后甲与先庚都是吉日。③鼓琴：典出《列子·汤问》：伯牙为春秋时楚国人，善于鼓琴，而钟子期则善于欣赏音乐。伯牙弹琴的时候，想着在登高山。钟子期高兴说："弹得真好啊！我仿佛看见了一座巍峨的大山！"伯牙又想着流水，钟子期又说："弹得真好啊！我仿佛看到了奔腾的江河！"伯牙每次想到什么，钟子期都能从琴声中领会到伯牙所想。后人就以高山流水作为知音的象征。④舍瑟：典出《论语·先进》：子路、冉有、公西华、曾皙（字点，故亦称曾点）四人陪着孔子，孔子问他们的志向。前三人都说了要从政，并说了从政之后自己的打算。此时曾点在弹瑟，孔子又问他，他慢慢地停止了弹瑟，"舍瑟而作"（推开瑟站了起来）说："我和他们的志向不同，我希望'莫春者，春服既成。冠者五六人，童子六七人，浴乎沂，风乎舞雩，咏而归'"。孔子对他大加赞赏，感叹说："吾与点也!"（我赞同曾点的说法呀！）⑤搏虎：空手和老虎搏斗。《诗经·郑风·大叔于田》中有"襢（袒）裼暴虎，献于公所"，宋代朱熹的《诗集传》说，这句的意思是

光着身子（脱下上衣），徒手和虎搏斗，将老虎献给郑庄公。⑥骑鲸：两汉扬雄《羽猎赋》有"乘巨鳞，骑鲸鱼"的句子，后代便多以"骑鲸"代指仙人、豪客，如唐李白自称"海上骑鲸客"，宋苏轼也在诗中说"我是骑鲸手"，此处即用此义。陆游《长歌行》："人生不作安期生，醉入东海骑长鲸。"明朝李东阳《李太白》诗："人间未有飞腾地，老去骑鲸却上天。"⑦叵匝：联绵词，周绕重叠的样子。白居易《仙娥峰下作》诗："参差树若插，叵匝云如抱。"⑧玑琤：联绵词，形容玉撞击之声。宋袁褧《枫窗小牍》卷上："剑佩玑琤，交暎左右。"⑨玉宇：华丽壮观的宫殿，有时也指神话中玉帝在天上所居的宫殿。苏轼《水调歌头》词："我欲乘风归去，又恐琼楼玉宇，高处不胜寒。"⑩金茎：指用以承托承露盘的金属铜柱。汉武帝迷信神仙之事，认为饮甘露可延年益寿，于是在建章宫铸造承露盘，铜柱高二十丈，粗七人围，上有一仙人，伸开手掌以接受天降的甘露。东汉班固《西都赋》形容它说："抗仙掌以承露，擢双立之金茎。"

花间双粉蝶，柳内几黄莺。贫里每甘①藜藿（huò）②味，醉中厌听管弦声。肠断秋闺，凉吹③已侵重（chóng）④被冷；梦惊晓枕，残蟾⑤犹照半窗明。

注释

①甘：味道好，这里作动词用。②藜藿：穷人所吃的两种野菜。藜：又名莱，初生时可食。藿：豆类的叶子，嫩时可食。③凉吹：凉风。④重：多层、几层。⑤残蟾：残月。古人认为月中有蟾蜍，故以蟾蜍代指月亮。

渔对猎，钓对耕，玉振①对金声②。雄城③对雁塞④，柳袅⑤对葵倾⑥。吹玉笛,弄银笙,阮杖⑦对桓筝⑧。

**注释**

①玉振:玉磬被敲击,发出的美妙的声音。《孟子·万章下》:"集大成也者,金声而玉振之也。"②金声:钟被撞击的声音,其比喻义和"玉磬"差不多。金:代指金属铸造的钟,一种打击乐器。③雉城:城墙。雉:量词,城墙高一丈、宽一丈、长三丈为一雉。"雉"的本义为山鸡之类的鸟,飞不过三丈,所以古代曾以它作为计算城墙长度的单位。此处借其本义来与"雁"构成对仗,属于借对的一种。④雁塞:据唐徐坚《初学记》卷三十引南齐刘澄之《梁州记》说,梁州(今四川陕西交界一带)有雁塞山,山中有大湖,雁群迁徙时栖息于此。后来以此泛指北方边塞。唐朝杨炯《原州百泉县令李君神道碑》:"山连雁塞,野接龙堌。"宋朝裴湘《浪淘沙·并门》词:"雁塞说并门,郡枕西汾,山形高下远相吞。"⑤袅:细长柔弱的样子。⑥葵倾:属菊科草本植物的葵类有向日的特性,花总是倾向于太阳的方向。⑦阮杖:典出《世说新语·任诞》:晋朝的阮修经常拄杖步行,在杖头挂百钱,遇到酒店便以此钱买酒独自喝得酩酊大醉。⑧桓筝:东汉桓谭,字君山。遍习儒家经典,精通天文,好音乐,琴艺高超。

墨呼松处士①,纸号楮(chǔ)先生②。露浥(yì)好花潘岳县③,风搓细柳亚夫营④。抚动琴弦,遽(jù)觉座中风雨至⑤;哦成诗句,应知窗外鬼神惊⑥。

**注释**

①松处士:墨的别名。处士指品行高洁而不出来做官的贤人,而松为岁寒四友之首,品质高洁,再加上古代制墨是以松木烧制的

烟灰调上胶而成,故称墨为松处士。②楮先生:纸的别名。楮:树名,叶子像桑树,树皮纤维多而韧,古人多用其造纸。唐朝的韩愈在《毛颖传》中采用拟人化的写法,称笔为毛颖(因笔为兔毛制成),称纸为楮先生。③浥:润泽、使……湿润。潘岳县:指晋朝潘岳之事。潘岳任河阳(今河南境内)县令时,在县中满栽桃李,时人传为美谈。④风搓细柳亚夫营:典出《史记·绛侯周勃世家》:西汉文帝时的将军周亚夫屯兵细柳(今陕西咸阳市西南)以备匈奴,文帝亲往慰劳军队,无军令而被拒之军营之外,后派使者持皇帝的诏令告知亚夫,才得进入。入军营后,皇帝的行动都必须遵从军礼。出军营后,文帝盛赞其军纪严明,称之为"真将军"。⑤抚动琴弦,遽觉座中风雨至:典出《韩非子·十过》:春秋时,卫灵公去会见晋平公,平公在施夷之台宴请他。两人谈论关于音乐的事情,平公便令晋国最有名的乐工师旷演奏声调最凄悲的清角之声,师旷不肯演奏,平公再三要求,于是"师旷不得已而鼓之"。弹了一曲,便有黑云从西北方涌出;弹第二曲,"大风至,大雨随之",吹裂了帷幕,吹破了盛食物的器皿,吹毁了房上的瓦片,宾客都跑散了,平公也吓得趴在地上。⑥鬼神惊:典出唐人孟棨《本事诗》:李白名声尚不太大时,其所作《乌栖曲》(一种古乐府诗)被唐代著名诗人贺知章看到,贺称赞说:"此诗可以泣鬼神矣!"杜甫《寄李十二白二十韵》:"笔落惊风雨,诗成泣鬼神。"指诗句感人。

# 九青

红对紫,白对青,渔火对禅灯①。唐诗②对汉史③,释典④对仙经⑤。龟曳尾⑥,鹤梳翎⑦,月榭⑧对风亭⑨。

**注释**

①禅灯:寺庙灯火。唐朝贾岛《送慈恩寺霄韵法师》:"清磬先寒角,禅灯彻晓烽。"②唐诗:文学史上,唐代以诗歌著称,故称诗必以唐诗为首。③汉史:在史书中,西汉司马迁的《史记》、东汉班固的《汉书》地位都极高,故称史书大都以汉史为代表。④释典:佛教的经典,即佛经。佛教的始祖为古印度人释迦牟尼,故以其简称"释",代指与佛教有关的事物。⑤仙经:道家的经典。⑥龟曳尾:典出《庄子·秋水》:楚王请庄子出来做官,庄子不愿去,便对楚王的使者说:"听说楚国有只神龟,已经死去三千年了,楚王将它用绸巾包好,箱子装好,用于宗庙的祭祀。你说,这只龟是愿意死去而享受这种待遇,还是宁愿活着而拖着尾巴在泥土中爬行?我是愿意活着而拖着尾巴在泥土中爬行的。"委婉地拒绝了楚王的要求。后世便以"曳尾涂(稀泥)中"比喻清贫但自由自在的隐居生活。此处只是用其字面意义和下文构成对仗。⑦梳翎:指鸟类梳理自身羽毛。唐郑颢《续梦中十韵》:"日斜乌敛翼,风动鹤梳翎。"唐温庭筠《游南塘寄知者》:"白鸟梳翎立岸莎,藻花菱刺泛微波。"⑧月榭:赏月的台榭。南朝梁沈约《郊居赋》:"风台累翼,月榭重栭。"⑨风亭:亭子。

唐朝朱庆馀《秋宵宴别卢侍御》:"风亭弦管绝,玉漏一声新。"北宋王安石《与微之同赋梅花得香字》之一:"风亭把盏酬孤艳,雪径回舆认暗香。"

一轮秋夜月,几点晓天①星。晋士只知山简醉②,楚人谁识屈原醒③。绣倦佳人④,慵⑤把鸳鸯文⑥作枕;吮(shǔn)毫⑦画者,思将孔雀写⑧为屏。

*注释*

①晓天:拂晓时的天色。唐陈子昂《春夜别友人》:"明月隐高树,长河没晓天。"②山简醉:晋山简嗜酒,人号醉山翁。参见卷上"八齐"注释。③屈原醒:由《楚辞·渔父》的诗句变化而成,《渔父》中有"举世皆浊我独清,众人皆醉我独醒"的句子。④佳人:漂亮的人,多用于女子。⑤慵:懒散。⑥文:作动词用,此处是绣出花纹的意思。⑦吮毫:用口含吮毛笔的笔尖,使之湿润,指开始写作或作画。⑧写:描绘、描画。

行对坐,醉对醒,佩紫①对纡青②。棋枰(píng)③对笔架,雨雪对雷霆。狂蛱(jiá)蝶④,小蜻蜓,水岸对沙汀⑤。

*注释*

①佩紫:佩挂紫色印绶。汉代相国、丞相皆金印紫绶。因以"佩紫"借指荣任高官。②纡青:佩带青绶。谓做高官。纡:垂、系。③棋枰:围棋的棋盘。④蛱蝶:蛱蝶科的一种蝴蝶。⑤汀:水边的小平地或小洲。陆游《小舟》:"云气分山迭,沙汀蹙浪痕。"清朝沈树本《浴象行》:"鼓声初歇人语寂,并立沙汀卸羁绊。"

天台孙绰赋①,剑阁孟阳铭②。传信子卿③千里雁,照书车胤④一囊萤。冉冉⑤白云,夜半高遮千里月;澄澄⑥碧水,宵中寒映一天星。

注释

①孙绰赋:东晋孙绰撰有《游天台山赋》,天台山在今浙江天台县北。参见卷上"六角"注释。②剑阁:古栈道名,相传为三国诸葛亮所修,在今四川剑阁县大、小剑山之间,当时是连通川、陕两省的主要通道。晋代张载(字孟阳)过剑阁时见其雄伟作《剑阁铭》。铭:刻在金、石上的文字。③子卿:子卿即苏武,参见卷上"十一真"注释、"三江"注释、卷下"一先"注释。④车胤:典出《晋书·车胤传》:车胤,晋人。勤学苦读,家贫,晚上经常没有灯油供其照明,他便抓来萤火虫,装在白色的小纱袋中,利用荧光来读书,最后成了博古通今的大学者,担任了晋太学的国子博士。⑤冉冉:渐进地。古乐府《陌上桑》:"盈盈公府步,冉冉府中趋。"引申为柔软下垂的样子。曹植《美女篇》:"柔条纷冉冉,落叶何翩翩。"⑥澄澄:清澈明洁的样子。晋代阮修《上巳会诗》:"澄澄绿水,澹澹其波。"元无名氏《杀狗劝夫》第三折:"却原来是伴独坐皓月澄澄,搅孤眠西风泠泠。"

书对史,传(zhuàn)①对经,鹦鹉对鹡鸰(jílíng)②。黄茅③对白荻④,绿草对青萍⑤。风绕铎(duó)⑥,雨淋铃⑦,水阁对山亭。

注释

①传:与"经"相对,经为某一学派的经典,而传则是解释经的

文章。比如《春秋》是儒家经典，而《左传》《公羊传》《穀梁传》则是解释《春秋》经的，所以被称为"《春秋》三传"。②鹡鸰：鸟名，是一种体形类似麻雀，经常在水边觅食的小鸟。《诗经·小雅·棠棣》："鹡鸰在原，兄弟急难。"③黄茅：茅草名。白居易《代书诗一百韵寄微之》："官舍黄茅屋，人家苦竹篱。"④荻：一种与芦苇同科而异种的植物，叶子比芦苇稍宽，韧性较强。⑤萍：浮萍。⑥铎：一种古乐器，形状像铃，后来也称悬挂在亭子或房屋的飞檐上的一种小铃铛为铎，又名铁马、檐铁，到现代演化为风铃。此字现代读阳平，在中古它是入声字，仄声。⑦雨淋铃：本为唐代的乐曲名，相传唐明皇避"安史之乱"逃蜀时，闻雨中铃声与空谷相应，因思念杨贵妃而作。

渚（zhǔ）①莲千朵白，岸柳两行青。汉代宫中生秀柞（zuò）②，尧时阶畔长祥蓂（míng）③。一枰决胜，棋子分黑白；半幅通灵，画色间丹青④。

注释

①渚：水中的小块陆地或水边。唐朝孟浩然《宿建德江》："移舟泊烟渚，日暮客愁新。野旷天低树，江清月近人。"②秀柞：故事出自《汉书·武帝本纪》：汉武帝曾在后元二年"行幸盩厔（今改成周至，陕西的县名）五柞宫"，唐颜师古注引张晏说："有五柞树，因以名宫也。"可见汉代有宫中生长出柞树之事，古人认为这是祥瑞的预兆。柞：一种木质坚硬的树。③蓂：又名历荚，传说中的一种瑞草。据《竹书纪年》卷上和《白虎通·封禅》的记载，尧时有蓂草夹阶而生，它每月从初一起每天长出一荚，到十五日则长出十五荚，从十六日起每天落掉一荚，到月底三十那天全部落完，周而复始，随月生死，可根据它来确定日

期。④间:分开、隔开。丹青:指两种可用作颜料的红色和青色的矿物质,此处代指绘画的颜料。

# 十蒸

新对旧,降对升,白犬对苍鹰。葛巾对藜杖,涧水对池冰。张兔网,挂鱼罾①,燕雀对鹍鹏②。

**注释**
①罾:古代一种用木棍或竹竿做支架的渔网。②鹍鹏:即鲲鹏。《庄子·逍遥游》:"北冥有鱼,其名为鲲,鲲之大,不知其几千里也。化而为鸟,其名为鹏。鹏之背,不知其几千里也。"鲲,后也写作为"鹍"。常以"鹍鹏"比喻才能卓异、志向高远的人。唐朝孟郊《立德新居》诗之三:"仰笑鹍鹏辈,委身拂天波。"

炉中煎药火,窗下读书灯。织锦逐梭成舞凤①,画屏误笔作飞蝇②。宴客刘公,座上满斟三雅爵③;迎仙汉帝,宫中高插九光灯④。

**注释**
①舞凤:西晋陆翙《邺中记》:"织锦署有凤皇朱雀锦。"②画屏误笔作飞蝇:三国时曹丕画屏风,不慎落了一墨点在上面,因而就这点墨画了一只小苍蝇,孙权以为是一只真苍蝇,用手弹它。③三雅爵:相传刘表有大中小三种酒具,大者"伯雅",次者

"仲雅",小者"季雅",供宾客随意取用。④九光灯:相传汉武帝曾在宫中点燃九光之灯以迎接西王母。

儒对士,佛对僧,面友①对心朋。春残对夏老,夜寝对晨兴。千里马,九霄鹏,霞蔚②对云蒸③。

注释

①面友:貌合神离的朋友。汉扬雄《法言·学行》:"友而不心,面友也。"②霞蔚:云霞盛起的样子。明朝皇甫涍《将命巡轺徙倚署阁》:"霞蔚见层峦,花深隐群壑。"引申为鲜明华美。南朝梁刘勰《文心雕龙·时序》:"尔其缙绅之林,霞蔚而飙起。"③云蒸:云气升腾。《淮南子·原道训》:"风兴云蒸,事无不应。"明朝李梦阳《野风》:"月滉鱼龙醒,云蒸豺虎骄。"宋朝梅尧臣《送临江军监酒李太博》:"雾气多成雨,云蒸易损衣。"引申为盛多的。南朝梁刘勰《文心雕龙·时序》:"陈思以公子之豪,下笔琳琅;并体貌英逸,故俊才云蒸。"

寒堆阴岭雪,春泮(pàn)①水池冰。亚父愤生撞玉斗②,周公誓死作《金縢》③。将军元晖,莫怪人讥为饿虎④;侍中卢昶(chǎng),难逃世号作饥鹰⑤。

注释

①泮:融解,分散。②玉斗:玉制的斗型酒器。亚父指项羽的谋士范增,这是项羽对他的称呼。典出《史记·项羽本纪》:鸿门宴上,刘邦脱身后,留谢的张良代替刘邦向项羽赠玉斗一双。范增愤怒,撞碎了玉斗。③《金縢》:周武王病,周公欲以身代死。史录其祝册之文,与事之始末合为一篇,以藏于金縢之柜,后成王

启之。④元晖：北魏将军元晖，贪婪专横，人称之为"饿虎将军"。⑤饥鹰：北魏侍中卢昶，贪得无厌，人称之为"饥鹰侍中"。

规对矩，墨对绳，独步①对同登。吟哦②对讽咏③，访友对寻僧。风绕屋，水襄陵④，紫鹄⑤对苍鹰。

*注释*

①独步：独自行走，也指超群出众，独一无二。②吟哦：有节奏地诵读。引申为写作诗词，推敲诗句。宋朝胡仔《苕溪渔隐丛话》："驴上吟哦。"③讽咏：讽诵吟咏。西晋张华《博物志》卷十："席不正不坐，割不正不食，听诵诗书讽咏之音，不听淫声，不视邪色。"④水襄陵：大水漫上丘陵。《尚书·尧典》："汤汤洪水方割，荡荡怀山襄陵。"孔传："襄，上也。"⑤鹄：水鸟，形状像鹅，体较鹅大，鸣声洪亮，善飞，吃植物、昆虫等（俗称"天鹅"）。

鸟寒惊夜月，鱼暖上春冰。扬子口中飞白凤①，何郎鼻上集青蝇②。巨鲤跃池，翻几重之密藻；颠猿饮涧，挂百尺之垂藤。

*注释*

①扬子口中飞白凤："扬子"指扬雄，西汉著名的哲学家、辞赋家和语言学家。《甘泉赋》是扬雄侍从汉成帝去甘泉宫祭祀时作的赋。据《汉书》记载，扬雄写《甘泉赋》时，梦见口中吐白凤，自此辞赋水平大有长进。②何郎鼻上集青蝇：何晏是东汉末年大将军何进的后代，因为母亲是个美女而被曹操收留，并且将女儿许配给了何晏，后位至尚书。据《晋书》记载，何宴梦见青蝇集于鼻端，管辂曰："位峻者颠也（位置太高的一定会摔下来）。"

# 十一尤

　　荣对辱，喜对忧，夜宴①对春游②。燕关③对楚水④，蜀犬⑤对吴牛⑥。茶敌睡，酒消愁，青眼⑦对白头⑧。

**注释**

①夜宴：晚上的宴会。②春游：春天的郊游。③燕关：指山海关。元朝周伯琦《野狐岭》诗："其阴控朔部，其阳接燕关。"清姚鼐《题梦楼集诗》："燕关秋气联吟袂，江寺潮声接卧帷。"④楚水：水名。一名乳水。即今陕西省商县西乳河。引申为楚地的江河湖泊。唐朝刘长卿《明月湾寻贺九不遇》："楚水日夜绿，傍江春草滋。"苏轼《忆江南寄纯如》诗之一："楚水别来十载，蜀山望断千重。"⑤蜀犬：蜀之南，经常下雨很少日出，因此，日出则犬吠。⑥吴牛：吴地的牛在太阳下辛勤耕作，所以看见月亮也喘气。⑦青眼：黑色的眼珠在眼眶中间，青眼看人则是表示对人的喜爱或重视、尊重。三国魏国阮籍能够用青眼和白眼看人，见到拘于礼俗的人，就用白眼对待他。等到嵇喜来看他时，阮籍用白眼对待，嵇喜十分不高兴地回去了。嵇喜的弟弟嵇康听说后，就带着酒夹着琴去拜访他，阮籍高兴，就用青眼对待嵇康。⑧白头：《西京杂记》记载："司马相如将聘茂陵人女为妾，卓文君作《白头吟》以自绝，相如乃止。"

　　马迁修《史记》①，孔子作《春秋》②。适兴子猷③（yóu）

常泛棹,思归王粲④强登楼。窗下佳人,妆罢重将金插鬓;筵前舞妓,曲终还要锦缠头⑤。

*注释*

①汉代学者司马迁作《史记》。②孔子参照鲁国历史而作《春秋》。③子猷:晋人王子猷。典出《世说新语·任诞》:王子猷居山阴,夜大雪,眠觉,开室,命酌酒。……忽忆戴安道,时戴在剡,即便夜乘小船就之。经宿方至,造门不前而返。人问其故,王曰:"吾本乘兴而行,兴尽而返,何必见戴?"④王粲:东汉末年,山阳高平(今山东邹城)人王粲幼徙长安,后避难荆州,思归而作《登楼赋》。⑤锦缠头:唐朝杜牧《赠妓》:"笑时花近眼,舞罢锦缠头。"古代歌舞艺人表演时,以锦缠头,演毕,客以罗锦为赠,称缠头。

唇对齿,角对头,策①马对骑牛。毫尖对笔底,绮阁②对雕楼。杨柳岸,荻芦(dílú)③洲,语燕对啼鸠。

*注释*

①策:鞭打。②绮阁:华丽的楼阁。晋葛洪《抱朴子·知止》:"仰登绮阁,俯映清渊。"《北史·常景传》:"夫如是,绮阁金门,可安其宅;锦衣玉食,可颐其形。"③荻芦:指生长在江河湖水边及湿地的芦苇类植物。宋苏舜钦《水调歌头》咏沧浪亭:"刺棹穿荻芦,无语看波澜。"明朝吴承恩《西游记》第九回:"春到爱观杨柳绿,时融喜看荻芦青。"

客乘金络马①,人泛木兰舟②。绿野耕夫春举耜(sì)③,碧池渔父晚垂钓。波浪千层,喜见蛟④龙得水;云霄万里,惊看雕鹗⑤横秋。

注释

①金络马：饰马首以金络。②木兰舟：用木兰树造的船。南朝梁任昉《述异记》卷下："木兰洲在浔阳江中，多木兰树。昔吴王阖闾植木兰于此，用构宫殿也。七里洲中，有鲁班刻木兰为舟，舟至今在洲中。诗家云木兰舟，出于此。"后常用为船的美称，并非实指木兰木所制。南朝梁刘孝威《采莲曲》："金桨木兰船，戏采江南莲。"唐朝贾岛《和韩吏部泛南溪》："木兰船共山人上，月映渡头零落云。"③耜：原始翻土农具"耒耜"的下端，形状像今的铁锹和铧，最早是木制的，后用金属制。④蛟：古代传说中能发水的一种龙。⑤雕鹗：雕与鹗。都是猛禽。战国楚宋玉《高唐赋》："虎豹豺兕，失气恐喙；雕鹗鹰鹞，飞扬伏窜。"五代谭用之《塞上》诗之二："牛羊集水烟黏步，雕鹗盘空雪满围。"引申为才望超群者。杜甫《奉赠严八阁老》："蛟龙得云雨，雕鹗在秋天。"

　　庵①对寺，殿对楼，酒艇对渔舟。金龙对彩凤②，豮（fén）豕③对童牛④。王郎帽⑤，苏子裘⑥，四季对三秋。

注释

①庵：圆形草屋。也特指尼姑修行的地方。②彩凤：即凤凰。唐李商隐《无题》："身无彩凤双飞翼，心有灵犀一点通。"③豮豕：阉猪。宋朝梅尧臣《依韵奉和永叔社日》："豮豕新烹白醪熟，奋衣地坐无拘束。"④童牛：未长角的牛。⑤王郎帽：典出《晋书·王濛传》：晋朝王濛长得很漂亮，每次上街很多妇女都喜欢他，看见他的帽子破了，都想送一顶新帽给他。⑥苏子裘：典出《战国策·秦策》：苏秦游说秦国，旷日持久，黑貂做成的裘衣都破了。

峰峦扶地秀,江汉接天流。一湾绿水渔村小,万里青山佛寺幽。龙马呈河①,羲皇阐微而画卦;神龟出洛②,禹王取法以陈畴。

*注释*

①龙马呈河:相传,上古伏羲氏时,洛阳东北孟津县境内的黄河中浮出龙马,背负"河图",献给伏羲。伏羲依此而演成八卦,后为《周易》来源。《周易·系辞上》:"河出图,洛出书,圣人则之。"②神龟出洛:相传,大禹时,洛阳西洛宁县洛河中浮出神龟,背驮"洛书",献给大禹。大禹依此治水成功,遂划天下为九州。又依此定九章大法,治理社会,流传下来收入《尚书》中,名《洪范》。

## 十二侵

眉对目,口对心,锦瑟①对瑶琴②。晓耕对寒钓,晚笛对秋砧(zhēn)③。松郁郁,竹森森,闵损对曾参④。

*注释*

①锦瑟:漆有织锦纹的瑟。唐杜甫《曲江对雨》:"何时诏此金钱会,暂醉佳人锦瑟旁。"仇兆鳌注引《周礼乐器图》:"饰以宝玉者曰宝瑟,绘文如锦者曰锦瑟。"②瑶琴:用玉装饰的琴。南朝宋鲍照《拟古》诗之七:"明镜尘匣中,瑶琴生网罗。"唐王昌龄《和振上人秋夜怀士会》:"瑶琴多远思,更为客中弹。"③砧:

捶、砸或切东西的时候,垫在底下的器具。唐刘沧《秋日山寺怀友人》:"云尽独看晴塞雁,月明遥听远村砧。"④闵损对曾参:闵损,字子骞。曾参,字子舆。都是孔子的弟子,都以孝行见称。

秦王亲击缶①,虞帝自挥琴②。三献卞和③尝泣玉,四知杨震④固辞金。寂寂秋朝,庭叶⑤因霜摧嫩色;沉沉春夜,砌花⑥随月转清阴⑦。

注释.
①秦王亲击缶:典出《史记·廉颇蔺相如列传》:蔺相如在完璧归赵后,秦昭王与赵惠文王在渑池地方讲和修好。秦王酒酣时对赵王说:"闻听赵王爱好音乐,请你演奏瑟。"于是赵王弹奏了一下瑟。这时秦王想要侮辱一下赵王,就命史官记录:"某年某月某日秦王与赵王会饮,令赵王鼓瑟。"当时蔺相如在旁,就拿瓦盆瓦缶要秦王演奏,说敲击瓦盆瓦缶是你们秦国的音乐。实际也是侮辱秦王,因秦国当时地处中国西陲今陕西一带,比较落后,不像中原有高档乐器。当即秦王发怒不肯击缶,于是蔺相如上前进一步相逼,你如不击缶,我就要与你拼了,秦王没法只得击缶。接着蔺相如也照样命史官记录秦王击缶,争得荣誉回来。②挥琴:相传虞舜曾挥五弦琴而歌南风,以教化万民。其辞曰:"南风之熏兮,可以解吾民之愠兮。南风之时兮,可以阜吾民之财兮。"③卞和:楚国人,在楚山中得到一块未加工的玉石,捧着进献给周厉王。厉王叫玉工鉴定,玉工说:"是石头。"厉王认为卞和是欺骗,刖了他的左脚。厉王死,武王即位,卞和又捧着他的未加工的玉石献给武王。武王叫玉工鉴定,又说:"是石头。"武王又认为卞和是欺骗,而刖了他的右脚。武王死,文王

即位,卞和抱着他的玉石在楚山之下大哭,三天三夜,眼泪流干就继续流着血。文王听到后,派人问他哭的原因,说:"天下被刖脚的人多啦,你为什么哭得这样悲痛?"卞和说:"我不是悲痛脚被刖,我悲痛的是那宝玉被说成是石头,真诚的人被说成骗子。"文王就使玉工加工这块石,从中得到了价值连城的宝玉,命名为"和氏之璧"。④杨震:典出《后汉书·杨震传》:杨震为东莱太守时,有人趁黑夜送他金子,他拒不接受。来人说:"这事不会有人知道。"杨震说:"天知,地知,你知,我知,怎么说无人知道呢?"⑤庭叶:庭院中的树叶。⑥砌花:生长在台阶上的花朵。⑦清阴:清凉的树荫。晋陶潜《归鸟诗》:"顾俦相鸣,景庇清阴。"唐朝薛能《杨柳枝》词:"游人莫道栽无益,桃李清阴却不如。"

前对后,古对今,野兽对山禽。犍牛①对牝(pìn)马②,水浅对山深。曾点瑟③,戴逵琴④,璞玉⑤对浑金⑥。

**注释**

①犍牛:阉过的公牛。②牝马:母马。③曾点瑟:有一次孔子问弟子志向,轮到曾点,当时他弹瑟正近尾声,铿的一声将瑟放下,起而作答,说了自己的志向获孔子赏识。④戴逵琴:典出《晋书·戴逵传》:晋人戴逵善于弹琴,武陵王司马晞一次召他弹琴,他不去,当着使者的面摔坏了琴,表示不做王门艺人。⑤璞玉:没有经过雕琢的玉石。⑥浑金:没有经过提炼的金子。

艳红花弄色,浓绿柳敷①阴。不雨汤王方剪爪②,有风楚子正披襟③。书生惜壮岁④韶华⑤,寸阴尺璧⑥;游子爱良宵光景,一刻千金⑦。

**注释**

①敷：涂，擦。②剪爪：典出明袁黄《袁了凡纲鉴》：汤王见久旱民间，数次祈祷，不见雨下。乃命太史曰："朕欲祈祷，先为朕占之。"太史占毕，奏曰："依臣所占，若要天雨，应烹一人当作牺牲，祷乃有雨。"汤王曰："朕所为请雨者，正以为民。今必烹一人以祷，朕当自充之。"遂斋戒沐浴，剪去头发，断其爪甲，乘素车白马，身婴白茅，为牺牲状。遂至桑林之野，仰卧于地，祝曰："无以余一人之不敏，伤万民之命。"乃以六事自责曰："政不节与？民失职与？宫室崇与？女谒盛与？苞苴行与？谗夫昌与？"只道到第六句，天就下雨了。③披襟：宋玉《风赋》：楚襄王游于兰台之宫，有风飒然至者，王披襟挡之。④壮岁：壮年。白居易《晚岁》："壮岁忽已去，浮荣何足论。"宋陆游《月夜泛小舟湖中三更乃归》："壮岁功名惭汗马，暮年心事许沙鸥。"⑤韶华：美丽的春光。比喻美好的青春年华。⑥寸阴尺璧：每一寸光阴像一尺长的玉璧一样的宝贵。⑦一刻：苏轼《春宵》："春宵一刻值千金，花有清香月有阴。"

丝对竹，剑对琴，素志对丹心①。千愁对一醉，虎啸对龙吟。子罕玉②，不疑金③，往古对来今。

**注释**

①丹心：忠诚之心。宋文天祥《过零丁洋》："人生自古谁无死，留取丹心照汗青。"②子罕玉：典出《左传·襄公十五年》：宋人献玉于子罕，子罕不受，曰："我以不贪为宝。"③不疑金：典出《汉书·直不疑传》：直不疑为郎，其同舍有个回家的，误拿同舍一个人的金子。金子的主人怀疑是直不疑拿的，直不疑就用自己的金子赔了他。后来回家的人来归还金子，那个掉了金子的人很惭愧。

天寒邹吹律①，岁旱傅为霖②。渠说子规为帝魄③，侬知孔雀是家禽④。屈子沉江，处处舟中争系粽⑤；牛郎渡渚，家家台上竞穿针⑥。

*注释*

①邹律：邹衍，战国时代的阴阳学家。典出汉刘向《别录》：燕有寒谷，黍稷不生，邹衍吹律，暖气乃至，草木皆生。②岁旱傅为霖：典出《国语·楚语》：商武丁得傅说以来，升以为公，而使朝夕规谏，曰："若金，用汝作砺；若津水，用汝作舟；若天旱，用汝作霖雨。"（我如果是一块金属，你就应像砺石，把我磨成一件有用的器具；我的面前如果有大河挡路，你就应像一艘舟船，渡我过河；我如果是天旱的禾苗，你就应像及时大雨，浇灌禾苗茁壮成长。）③渠说子规为帝魄：传说战国时，杜宇为蜀王，号望帝，失国后思之不得，乃化作杜鹃鸟，啼血乃止。渠：在这里为"他"之意。见卷上"十三元"注释。④侬知孔雀是家禽：典出清张玉书等撰《佩文韵府》：杨德祖年九岁，孔君平至其家中，桌上设果有杨梅。孔指之曰："此为君家之果肴。"德祖应声答曰："未闻孔雀是夫子家禽。"⑤系粽：梁吴均《续齐谐记》载："屈原五月五日自投汨罗而死，楚人哀之，每至此日，辄以竹筒贮米，投水祭之。……世人五日作粽，并带五色丝及楝叶，皆汨罗之遗风也。"⑥穿针：旧时风俗，农历七月七日夜妇女穿七孔针向织女星乞求智巧。北周庾信《对独赋》："灯前桁衣疑不亮，月下穿针觉最难。"唐王勃《七夕赋》："海人支石之机，江女穿针之阁。"

# 十三覃

千对百，两对三，地北对天南。佛堂①对仙洞②，道院③对禅庵④。山泼黛⑤，水浮蓝⑥，雪岭⑦对云潭⑧。

◆注释◆
①佛堂：指供奉佛像的堂殿、堂屋。②仙洞：仙人的洞府。后蜀阎选《浣溪沙》词："刘阮信非仙洞客，嫦娥终是月中人。"引申为道观。白居易《春题华阳观》："帝子吹箫逐凤凰，空留仙洞号华阳。"③道院：道士居住的地方。五代王周《道院》："白日人稀到，帘垂道院深。"④禅庵：禅房，佛寺。唐温庭筠《赠越僧岳云》："禅庵过微雪，乡寺隔寒烟。"⑤泼黛：一片墨绿。北宋黄庭坚《诉衷情》词："山泼黛，水挼蓝。"⑥浮蓝：一片蓝色。⑦雪岭：积雪的山岭。唐卢纶《从军行》："雪岭无人迹，冰河足雁声。"⑧云潭：温泉水潭。上有蒸气如云，故称。鲍照《苦热行》："汤泉发云潭，焦烟起石圻。"

凤飞方翙（huì）翙①，虎视已眈眈②。窗下书生时讽咏，筵前酒客日耽酣（hān）③。白草满郊，秋日牧征人之马；绿桑盈亩，春时供农妇之蚕。

◆注释◆
①翙翙：鸟羽飞动之声。《诗经·大雅·卷阿》："凤凰于飞，翙

翙其羽。"②眈眈：贪婪而凶狠地注视。《易经·颐卦》："颠颐吉，虎视眈眈，其欲逐逐，无咎。"③耽酣：酣醉貌。唐杜牧《郡斋独酌》："醺酣更唱太平曲，仁圣天子寿无疆。"宋范仲淹《览秀亭诗》："开樽揖明月，席上皆应刘。敏速迭唱和，醺酣争献酬。"

将对欲，可对堪①，德被对恩覃（tán）②。权衡对尺度，雪寺对云庵③。安邑枣④，洞庭柑⑤，不愧对无惭。

*注释*
①堪：能够。②覃：深长。③云庵：建造在高山顶上的房屋。宋苏轼《初自径山归述古召饮介亭以病先起》："惯眠处士云庵里，倦醉佳人锦瑟旁。"元李存《题云庵》："夜宿云菴中，白云满床头。"④安邑枣：《史记·货殖传》："安邑千树枣，燕秦千树栗。"安邑：今山西夏县。⑤洞庭柑：《学圃余疏》："柑橘产于洞庭。"

魏徵能直谏①，王衍善清谈②。紫梨摘去从山北，丹荔传来自海南。攫鸡非君子所为，但当月一③；养狙（jū）是山公之智，止用朝三④。

*注释*
①魏徵：唐朝著名的谏诤之臣。一次，唐太宗怒气冲冲地回到后宫对皇后长孙氏说，总有一天，他要杀掉这个"乡巴佬"。长孙皇后忙问杀谁，太宗说，魏徵常常在朝堂上当众刁难他，使他下不了台。皇后听了，连忙向太宗道喜说，魏徵之所以敢当面直言，是因为陛下乃贤明之君啊。明君有贤臣，欢喜还来不及，怎能妄开杀戒呢？太宗恍然大悟，此后更是"励精政道"，虚心纳

谏,对魏徵倍加敬重。魏徵也进谏如故,"思竭其用、知无不言",从不畏龙颜之怒。于是,君臣合璧,相得益彰,终于开创了大唐"贞观之治"的辉煌盛世。魏徵死后,太宗如丧考妣,恸哭长叹,说:"以铜为镜,可以正衣冠;以古为镜,可以知兴替;以人为镜,可以明得失……魏徵殂逝,遂亡一镜矣!"②王衍:西晋大臣,好老庄之言,崇尚贵无之说,常执玉柄麈尾,清谈虚无,遇义理有的不当,随口更改,时人称他口中雌黄。③攘鸡:典出《孟子·滕文公下》:有一小偷每天都偷邻居的鸡,有人对他说,这不是君子的行为。小偷说,请准许我减少偷鸡的次数,每月偷一只鸡,再每年偷一只鸡,最后就停止了。攘:侵夺,偷窃。④养狙:典出《庄子·齐物论》:狙公养猴,分给猴子橡子,早三个晚四个,众猴怒,后改为早四个晚三个,众猴都很高兴。狙:一种猴子。

　　中对外,北对南,贝母①对宜男②。移山③对浚井④,谏苦对言甘。千取百⑤,二为三⑥,魏尚⑦对周堪⑧。

注释

①贝母:药名。多年生草本植物,其鳞茎供药用,有止咳化痰、清热散结的功效。产于四川、云南、甘肃等地。②宜男:指宜男草。三国魏曹植《宜男花颂》:"草号宜男,既晔且贞。"《齐民要术·鹿葱》引晋周处《风土记》:"宜男,草也,高六尺,花如莲。怀妊人带佩,必生男。"明朝李东阳《馈萱邃庵太宰侑以一诗》:"雨后宜男色更深,采来新自玉堂阴。"③移山:移动山岳。典出《列子·汤问》所载北山愚公举家移太行、王屋二山的寓言。后比喻不怕困难,坚持到底的顽强决心或称颂有志者事竟成的坚毅精神。北周庾信《哀江南赋》:"岂冤禽之能塞海,非愚叟

之可移山。"④浚井：挖井。浚：疏通，挖掘。⑤千取百：语出《孟子·梁惠王上》："千乘之国，弑其君者，必百乘之家。万取千焉，千取百焉，不为不多矣。"⑥二为三：语出《庄子·齐物论》："一与一为二，二与一为三，自此以往巧历不能得，而况其凡乎。"⑦魏尚：西汉人。汉文帝时为云中（今内蒙古托克托东北）太守。他镇守边陲，防御匈奴，作战有功。后因上报朝廷的杀敌数字与实际不符，只差六颗头颅，被削职查办。郎中署长冯唐认为对魏尚的处理不当，当面向皇上直谏，文帝派唐持符节去云中赦免魏尚的罪过，恢复了他云中太守的官职。⑧周堪：据《汉书·儒林传》记载："周堪字少卿，齐人也。与孔霸俱事大夏侯胜。霸为博士。堪译官令，论于石渠，经为最高，后为太子少傅。"这里是用字面意思与魏尚对仗。

　　海门①翻夕浪，山市②拥晴岚。新缔直投公子纻（zhù）③，旧交犹脱馆人骖（cān）④。文达淹通，已咏冰兮寒过水⑤；永和博雅，可知青者胜于蓝⑥。

注释

①海门：明陆应阳《广舆记》记载："海门山在台州府城东南，枕海。"②山市：潇湘八景内有山市晴岚一景，在湘潭昭山之上。③新缔直投公子纻：春秋时季札往见郑执政子产，一见如故，有如旧相识，便赠子产缟带，子产回赠纻麻之衣。缔：结合，订立。纻：苎麻纤维织成的布。④旧交犹脱馆人骖：孔子到卫国时，遇到过去所住馆所的人有丧事，就让子贡脱骖助葬。骖：拉车外套之马。⑤寒过水：典出《旧唐书·盖文达传》：盖文达，冀州信都人也。博涉经史，尤明《三传》。性方雅，美须貌，有士君子之风。刺史窦抗尝广集儒生，令相问难，其大儒刘焯、刘

轨思、孔颖达咸在座，文达亦参焉。既论难，皆出诸儒意表，抗大奇之，问曰："盖生就谁受学？"刘焯对曰："此生岐嶷，出自天然。以多问寡，焯为师首。"抗曰："可谓冰生于水而寒于水也。"⑥胜于蓝：典出《北史·李谧传》：谧字永和，少好学，周览百氏。初师事小学博士孔璠，数年后，璠还就谧请业。同门生为之语曰："青成蓝，蓝谢青，师何常，在明经。"

## 十四盐

悲对乐，爱对嫌，玉兔对银蟾①。醉侯②对诗史③，眼底对眉尖。风习习④，雨绵绵⑤，李苦对瓜甜。

注释

①玉兔对银蟾：传说月中有白兔和蟾蜍，所以称月亮为玉兔、银蟾。②醉侯：唐朝皮日休《夏景冲澹偶然作二首》："无限世机吟处息，几多身计钓前休。他年谒帝言何事，请赠刘伶作醉侯。"③诗史：唐朝孟棨《本事诗·高逸》："杜（杜甫）所赠二十韵，备叙其事，读其文，尽得其故迹。杜逢禄山之难，流离陇蜀，毕陈于诗，推见至隐，殆无遗事，故当时号为诗史。"④习习：微风和煦的样子。⑤绵绵：微细、连续不断的样子。

画堂①施锦帐②，酒市③舞青帘④。横槊（shuò）赋诗传孟德⑤，引壶酌酒尚陶潜⑥。两曜（yào）迭明⑦，日东生而月西出；五行式序，水下润而火上炎⑧。

注释

①画堂：古代宫中有彩绘的殿堂。《汉书·成帝纪》："孝成皇帝，元帝太子也。母曰王皇后，元帝在太子宫生甲观画堂，为世嫡皇孙。"颜师古注："画堂，但画饰耳……霍光止画室中，是则宫殿中通有彩画之堂室。"引申为华丽的堂舍。南朝梁简文帝《饯庐陵内史王修应令》："回池泻飞栋，浓云垂画堂。"唐朝崔颢《王家少妇》："十五嫁王昌，盈盈入画堂。"②锦帐：锦制的帷帐，亦泛指华美的帷帐。《赵飞燕外传》："为婕妤作七成锦帐。"南朝陈徐陵《杂曲》："流苏锦帐挂香囊，织成罗幌隐灯光。"③酒市：古代城中卖酒的市场。宋朝赵抃《成都古今记》："正月灯市，二月花市……十月酒市。"也指酒家、酒店。唐沈彬《结客少年场行》："片心惆怅清平世，酒市无人问布衣。"④青帘：古代酒店门口挂的幌子，多用青布制成。唐郑谷《旅寓洛阳村舍》："白鸟窥鱼网，青帘认酒家。"宋朝辛弃疾《鹧鸪天·春日即事题毛村酒垆》词："多情白发春无奈，晚日青帘酒易赊。"⑤横槊：唐元稹《唐故检校工部员外郎杜君墓系铭》中称"曹氏父子鞍马间为文，往往横槊赋诗"，苏东坡在《前赤壁赋》里称曹操"酾酒临江，横槊赋诗，固一世之雄也"。槊：画戟。⑥陶潜：《归去来兮辞》中有"引壶觞以自酌，眄庭柯以怡颜"的句子。⑦两曜迭明：两曜：指日、月。南朝梁任昉《为齐宣德皇后重敦劝梁王令》："四时等契，两曜齐明。"宋朝陆游《春雨》："羲和挟两曜，疾走不可遮。"⑧五行式序，水下润而火上炎：五行：金、木、水、火、土。式序：按次第，顺序。《诗经·周颂·时迈》："明昭有周，式序在位。"《尚书·洪范》："水曰润下，火曰炎上。"

　　如对似，减对添，绣幕对珠帘①。探珠对献玉，鹭立对鱼潜。玉屑饭②，水晶盐③，手剑对腰镰。

注释

①珠帘：用线穿成一条条垂直串珠构成的帘幕。②玉屑饭：典出《太平广记》引段成式《酉阳杂俎》：唐人郑仁本表弟游嵩山，遇见一人，以玉屑饭供其食，并说："虽不足长生，无疾耳。"③水晶盐：一种晶莹明澈如水晶的盐。李白《题东溪公幽居》诗："客到但知留一醉，盘中只有水晶盐。"

　　燕巢依邃阁①，蛛网挂虚檐②。夺槊③至三唐敬德，弈棋④第一晋王恬。南浦⑤客归，湛湛⑥春波千顷净；西楼人悄，弯弯夜月一钩纤。

注释

①邃阁：深幽的楼阁。清俞蛟《梦厂杂著·梦游天台山》："及琳宫梵宇，邃阁幽轩，可以凭吊，可以宴游，历历如绘。"②虚檐：凌空的房檐。南朝齐王融《三月三日曲水诗序》："飞观神行，虚檐云构。"北宋黄庭坚《次韵高子勉》之一："雪尽虚檐滴，春从细草回。"③夺槊：《旧唐书·尉迟敬德传》载，尉迟敬德善使槊，帝令与弟齐王戏，敬德三夺其槊。④弈棋：《晋书·王恬传》载，王恬，王导次子，常酒发傲客，弈棋称第一。⑤南浦：地名。在江西省南昌县西南，章江至此分流。唐朝王勃《滕王阁》："画栋朝飞南浦云，珠帘暮卷西山雨。"聂文郁注："本诗南浦……应是江西南昌西南的南浦。"宋王安石《南浦》诗："南浦随花去，回舟路已迷。"引申为渡口、水边。后常用称送别之地。《楚辞·九歌·河伯》："子交手兮东行，送美人兮南浦。"南朝梁江淹《别赋》："春草碧色，春水绿波，送君南浦，伤如之何。"⑥湛湛：清澈透明的样子。《艺文类聚》卷八引晋庾肃之《水赞》："湛湛涵渌，清澜澄潎。"南朝梁江淹《清思》诗之三："秋

夜紫兰生，湛湛明月光。"

逢对遇，仰①对瞻②，市井③对间阎④。投簪⑤对结绶⑥，握发对掀髯。张绣幕，卷珠帘，石碏（què）⑦对江淹⑧。

*注释*

①仰：脸向上。②瞻：往上或往前看。③市井：买卖商品的场所，市场。《管子·小匡》："处商必就市井。"④间阎：里巷内外的门。后多借指里巷。《史记·平准书》："守间阎者食粱肉，为吏者长子孙。"白居易《湖亭望水》："岸没间阎少，滩平船舫多。"也泛指民间。《史记·樗里子甘茂列传论》："甘茂起下蔡间阎，显名诸侯，重强齐楚。"⑤投簪：丢下固发用的簪子。比喻弃官。西晋陆机《应嘉赋》："苟形骸之可忘，岂投簪其必谷。"⑥结绶：佩系印绶。谓出仕为官。⑦石碏：春秋时卫国大夫。⑧江淹：字文通，南朝文学家，曾梦笔生花，后江郎才尽。

宵征①方肃肃，夜饮已厌厌②。心褊（biǎn）③小人长戚戚④，礼多君子屡谦谦⑤。美刺⑥殊文⑦，备三百五篇诗咏⑧；吉凶异画，变六十四卦爻占⑨。

*注释*

①宵征：《诗经·召南·小星》："肃肃宵征，夙夜在公。"②夜饮：《诗经·小雅·湛露》："厌厌夜饮，不醉无归。"厌厌：满足。③褊：狭小，狭隘。④戚戚：忧惧；忧伤的样子。《论语·述而》："君子坦荡荡，小人长戚戚。"⑤谦谦：谦逊貌。汉刘向《列女传·有虞二妃》："二女承事舜于畎亩之中，不以天子之女故而骄盈怠慢，犹谦谦恭俭，思尽妇道。"⑥美刺：称美与讽恶。

《诗经·召南·甘棠序》"美召伯也"。唐孔颖达疏:"至于变诗美刺,各于其时,故善者言美,恶者言刺。"明刘基《书绍兴府达鲁花赤德政诗后》:"予闻《国风》《雅》《颂》,诗之体也;而美刺风戒,则为作诗者之意。"⑦殊文:不同形体的文字。⑧备三百五篇诗咏:指《诗经》。《诗经》是我国第一部诗歌总集,共收入自西周初年至春秋中叶大约五百多年的诗歌三百零五篇。⑨变六十四卦爻占:八卦是我国古代的一套有象征意义的符号。用"——"代表阳,用"— —"代表阴,用三个这样的符号,组成八种形式,叫作八卦。每一卦形代表一定的事物。乾代表天,坤代表地,坎代表水,离代表火,震代表雷,艮代表山,巽代表风,兑代表沼泽。八卦互相搭配又得到六十四卦,用来象征各种自然现象和人事现象。在《易经》里有详细的论述。八卦相传是伏羲所造,后来用于占卜。

## 十五咸

清对浊,苦对咸,一启对三缄(jiān)①。烟蓑②对雨笠③,月榜④对风帆。莺睍睆(xiàn huǎn)⑤,燕呢喃⑥,柳杞⑦对松杉。

注释

①三缄:缄:封。三缄:嘴上加上三根封条。汉刘向《说苑·敬慎》:"孔子之周,观于太庙,右阶之前,有金人焉。三缄其口,而铭其背曰:'古之慎言人也,戒之哉,戒之哉!无多言,多言多败。'"唐许浑《维舟秦淮过温州李给事宅》:"帝图忧一失,臣节

耻三缄。"②烟蓑：蓑衣。唐朝郑谷《郊园》："烟蓑春钓静，雪屋夜棋深。"苏轼《满庭芳·蒙恩放归阳羡复作》词："青衫破，群仙笑我，千缕挂烟蓑。"③雨笠：遮雨的笠帽。皮日休《临顿奉题屋壁》诗之二："静窗悬雨笠，闲壁挂烟蓑。"④榜：船桨。⑤睍睆：形容鸟色美好或鸟声清和圆转貌。《诗经·邶风·凯风》："睍睆黄鸟，载好其音。"宋朝梅尧臣《寄题杨敏叔虢州吏隐亭》："花草发琐细，禽鸟啼睍睆。"⑥呢喃：形容像燕子叫声那样的轻声细语。⑦柳杞：即杞柳，落叶乔木，枝条细长柔韧，可编织箱筐等器物。也称红皮柳。《孟子·告子下》："性犹杞柳也。"晋朝孙楚《登楼赋》："杞柳绸缪，芙蓉吐芳，俯依青川，仰翳朱杨。"宋黄庭坚《乙未移舟出》："安能诡随人，曲折作杞柳。"

情深悲素扇①，泪痛湿青衫②。汉室既能分四姓③，周朝何用叛三监④。破的而探牛心，豪矜王济⑤；竖竿以挂犊鼻，贫笑阮咸⑥。

注释

①素扇：洁白而没有写字绘画的扇子。汉班婕妤失宠后作《团扇歌》："常恐秋节至，凉意夺炎热。弃捐箧笥中，恩情中道绝。"②青衫：唐代八、九品官穿的官服为青色。白居易为江州司马，作《琵琶行》诗云："坐中泣下谁最多，江州司马青衫湿。"③四姓：据《后汉书·明帝纪》记载东汉外戚分为樊、郭、阴、马四姓。永平九年，为四姓小侯开立学校，号四姓小侯，置五经师。④三监：周武王用其弟管叔、蔡叔及霍叔分治殷商之民，称"三监"。后三监反而帮助殷武庚叛周。⑤豪矜王济：典出《晋书·王济传》：王恺牛名八百里骏，王济请以钱千万与牛对赌。济先射，一发破的。因据胡床叱左右曰：速探牛心来。须臾而至，割

之而去。矜：自夸。⑥贫笑阮咸：典出《晋书·阮咸传》：阮咸字仲容，居道南，诸阮居道北，北阮皆富。七月七日盛晒衣，皆纱罗锦绮。仲容以竿挂大布犊鼻裈于庭中曰：未能免俗，聊复尔耳。犊鼻：即犊鼻裤、短裤。

能对否，圣对贤，卫瓘（guàn）①对珲瑊（húnjiān）②。雀罗③对鱼网，翠巘（yǎn）④对苍崖。红罗帐，白布衫，笔格对书函。

注释
①卫瓘：字伯玉，晋尚书令，善草书。②珲瑊：唐人，十一岁即善骑射，官至尚书同平章事，曾任郭子仪的先锋大将。③雀罗：捕雀的罗网。常用以形容门庭冷落。苏轼《答任师中家汉公》："雀罗吊廷尉，秋扇悲婕妤。"清朝钱谦益《岁暮杂怀》："卒岁闻门有雀罗，流年徂谢意如何。"④翠巘：青翠的山峰。宋苏轼《祭常山回小猎》："回望白云生翠巘，归来红叶满征衣。"

蕊香蜂竞采，泥软燕争衔。凶孽誓清闻祖逖（tì）①，王家能乂（yì）②有巫咸③。溪叟新居，渔舍清幽临水岸；山僧久隐，梵宫④寂寞倚云岩。

注释
①祖逖：东晋初期著名的北伐将领。典出《晋书·祖逖传》："祖逖当初北渡江，击楫誓曰：不清中原而复济者，有如此水。"②乂：治理。③巫咸：殷代著名的大巫。出自《尚书·君奭》："在太戊，时则有若伊陟、臣扈，格于上帝；巫咸乂王家。"孔安国传曰："巫咸，臣名。"马融曰："巫，男巫也，名咸，殷之巫

也。"④梵宫：原指梵天的宫殿。后多指佛寺。唐朝王勃《梓州郪县兜率寺浮图碑》："梵宫霞积，香阁星浮。"

冠对带，帽对衫，议鲠（gěng）①对言谗。行舟对御马，俗弊对民岩②。鼠且硕③，兔多毚（chán）④，史册对书缄。

*注释*
①议鲠：议论正直，言不从众。鲠：鱼骨。②民岩：民意参差不齐，像岩石一样。③硕：大。《诗经·魏风·硕鼠》："硕鼠硕鼠，无食我黍！"④毚：狡猾。

塞城闻奏角，江浦①认归帆。河水一源形弥弥②，泰山万仞势岩岩③。郑为武公④，赋《缁衣》而美德；周因《巷伯》⑤，歌贝锦以伤谗。

*注释*
①江浦：江滨。《吕氏春秋·本味》："江浦之橘，云梦之柚。"高诱注："浦，滨也。"唐岑参《题金城临河驿楼》："忽如江浦上，忆作捕鱼郎。"也泛指江河。杜甫《鸥》："江浦寒鸥戏，无他亦自饶。"明朝高启《虎丘行次朱赏静见寄韵》："秋风今朝动江浦，挂席正是当年期。"②弥弥：水深且满。《诗经·邶风·新台》："新台有泚，河水弥弥。"③岩岩：高峻之貌。《诗经·鲁颂·闷宫》："泰山岩岩，鲁邦所詹。"④武公：郑武公。郑桓公、郑武公相继为周王室司徒，善于其职，为周人所敬爱，于是作《缁衣》以称颂其德。见《诗经·郑风·缁衣》篇。⑤巷伯：寺人之官，名孟子。幽王时有被谗遭宫刑者，乃作《巷伯》之诗，中有"贝锦"之句。

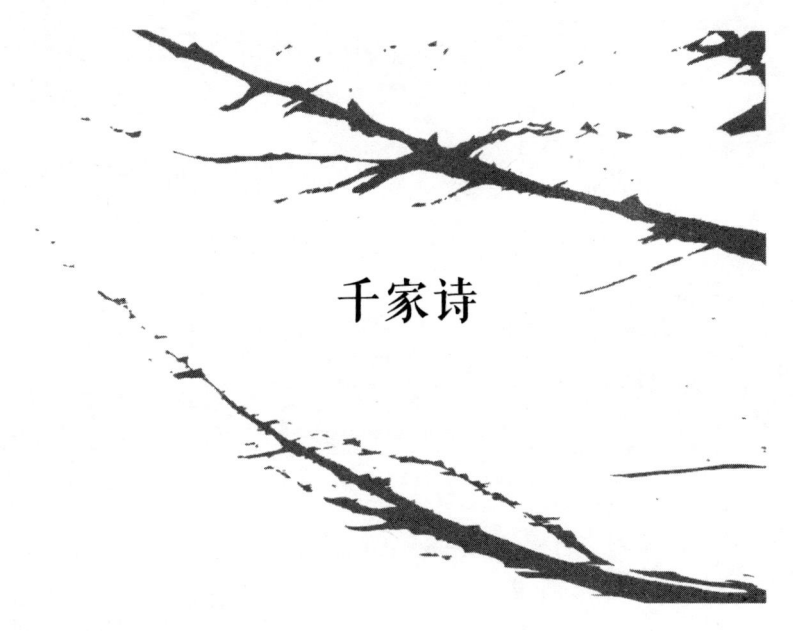

# 千家诗

# 前　言

《千家诗》（全称为《分门纂类唐宋时贤千家诗》）是我国历史上家喻户晓、影响深远的一本古典诗歌选本和启蒙读物。

最早的选本为南宋著名词人刘克庄（福建人，字潜夫，号后村居士）编选，名为《后村千家诗》，选录的全是唐、宋的律诗和绝句，并按诗歌的题材和内容进行分类排列。到了明代，鉴于刘克庄的选本篇目和门类比较繁多，不易诵读和普及，又陆续出现了对刘本进行增删而成的选本，其中以明末清初学者王相的选本最为人所接受，篇幅适宜，诗味浓郁，通俗易懂，朗朗上口，并在民间流传甚广。

本书在诗歌内容上依照王相的选本，按诗作体裁分为七言绝句、七言律诗、五言绝句、五言律诗等四卷，其中七言绝句九十三首，七言律诗四十四首，五言绝句三十九首，五言律诗四十四首。编注者博采众选家评注之长，剔除了旧本的文言评注，以诗歌作者简介和字词注释的形式，对选作进行全新的阅读导引和内容分析，以便今人对这本启蒙诗歌重新鉴赏和学习。

作为袖珍纸阅读系列之一，全书通过营造一种情趣盎然、古风雅韵的阅读氛围，试图给读者一次浅显而深刻、简约而博取、悦目而赏心的纸上阅读体验。

本书参照前人选本较多，在此恕不一一列举。

当然，编注者才疏学浅，编注过程中难免会有疏漏或缺失之处，敬请专家和读者不吝指正。

编　者

# 第一卷 七言绝句（九十三首）

## 春日偶成
程颢

云淡风轻近午天，
傍花随柳过前川。
时人不识余心乐，
将谓偷闲学少年。

**作者简介**

程颢（1032～1085），字伯淳，世称明道先生。北宋理学家。河南府（今河南洛阳）人。与其弟程颐一起受学于理学大师周敦颐，同为理学奠基人，世称"二程"。倡导"存天理、灭人欲"的道德原则。著有《明道先生文集》。

**注释**

午天：中午时分。川：此处指河流。时人：当时的人。识：知道。将谓：就要说。偷闲：繁忙中抽出空闲。

## 春日
朱熹

胜日寻芳泗水滨，

无边光景一时新。

等闲识得东风面,

万紫千红总是春。

**作者简介**

朱熹(1130～1200),字元晦,号晦庵,别号紫阳。南宋诗人、哲学家。徽州婺源(今属江西)人。继承北宋"二程"理学,世称"程朱",是宋代理学的集大成者。其词结集《晦庵词》,除词外,还善作诗。

**注释**

胜日:风光绮丽的晴日。泗水:河名,在山东境内,与大运河相通。一时:一下子。等闲:平常,随便,此处意为轻易(识别)。

## 春 宵

苏 轼

春宵一刻值千金,

花有清香月有阴。

歌管楼台声细细,

秋千院落夜沉沉。

**作者简介**

苏轼(1037～1101),字子瞻,号东坡居士。北宋著名的文学家、书画家。眉州眉山(今属四川)人。与其父苏洵、弟苏辙合称"三苏"。其文纵横恣肆,为"唐宋八大家"之一。其诗清新豪健,独具风格。其词开豪放一派,与辛弃疾并称"苏辛"。有《东坡全集》《东坡乐府》行世。

*注释*

春宵:春天的夜晚。刻:计时单位。古代以漏壶计时,一昼夜分为一百刻。一刻,意指极短的时间。歌管:歌,歌曲。管:笙、箫之类的吹奏乐器。夜沉沉:夜深。

## 城东早春

杨巨源

诗家清景在新春,
绿柳才黄半未匀。
若待上林花似锦,
出门俱是看花人。

*作者简介*

杨巨源(755～?),字景山,后改名巨济。唐代诗人。蒲州河中(今山西永济)人。唐德宗贞元进士,官至河中少尹。耽于吟咏,作诗格律工致,风调流美。有《杨少尹集》行世。

*注释*

城:指唐代京城长安(今陕西西安)。诗家:诗人。半未匀:柳树初发芽时看上去有黄有绿,不太匀净。上林:上林苑,汉代皇家园林名称,故址在今西安市西。此处泛指风景名胜之地。

## 春 夜

王安石

金炉香烬漏声残,
剪剪轻风阵阵寒。
春色恼人眠不得,
月移花影上栏杆。

**作者简介**

王安石(1021～1086),字介甫,晚号半山老人。封荆国公,世人称王荆公,又世称临川先生。谥号文。北宋杰出的政治家、思想家、文学家,"唐宋八大家"之一。抚州临川(今江西抚州)人。宋仁宗庆历进士。宋神宗熙宁三年(1070)升任宰相,开始推行新法,改革旧政,史称"王安石变法"或"熙宁变法"。后变法失败,两度罢相,隐居江宁(今江苏南京),抑郁而病死。其诗、文、词皆有杰出的成就。有《临川先生文集》《王文公文集》行世。

**注释**

漏:漏壶,古代计时器,通过漏壶水面的高低,由箭刻标示时间。剪剪:形容春寒料峭,寒风刺骨。

## 初春小雨

韩 愈

天街小雨润如酥,
草色遥看近却无。
最是一年春好处,
绝胜烟柳满皇都。

**作者简介**

韩愈（768~824），字退之。唐代文学家、哲学家。河南河阳（今河南孟县）人。祖籍河北昌黎，自称郡望昌黎，世称韩昌黎。唐德宗贞元进士。官至吏部侍郎，又称韩吏部。谥号文，又称韩文公。因在文学成就上与柳宗元齐名，故合称"韩柳"。其文强调文以载道，文道合一，以道为主，提倡先秦两汉文章，提出"不平则鸣"的论点，是唐代古文运动的倡行者，为"唐宋八大家"之首。其诗力求革新，以"奇崛险怪"的诗风自成一格。著有《昌黎先生文集》。

**注释**

天街：指京城的街道。润如酥：形容小雨落在人的脸上润滑的感觉。绝胜：最好。皇都：京城。

## 元 日

王安石

爆竹声中一岁除，
春风送暖入屠苏。
千门万户曈曈日，
总把新桃换旧符。

**注释**

元日：农历正月初一，春节。一岁：一年。除：去，逝去。屠苏：一种中草药。古人认为大年初一饮用屠苏草泡制而成的酒，可以驱辟瘟疫。曈曈：太阳刚升起时的样子。桃符：古人认为桃木有压邪驱鬼的作用，于是每年在辞旧迎新的时候，在桃木板上分别画上"神荼""郁垒"二神的图像，悬挂在门首，以祈求福至祸除。

## 上元侍宴

苏 轼

淡月疏星绕建章，
仙风吹下御炉香。
侍臣鹄立通明殿，
一朵红云捧玉皇。

**注释**

上元：节日名。俗以农历正月十五为上元节，也叫元宵节。有闹花灯、猜灯谜、吃元宵、踩高跷等风俗。侍宴：大臣出席皇帝举行的宴会。建章：汉代宫名，是汉武帝刘彻于公元前104年建造的宫苑。这里借指宋宫。鹄：天鹅。鹄立：像天鹅一样引颈站立。通明殿：宫殿名。玉皇：玉皇大帝。道教称天界最高主宰之神为玉皇大帝，犹如人间的皇帝。

## 立春偶成

张 栻

律回岁晚冰霜少，
春到人间草木知。
便觉眼前生意满，
东风吹水绿参差。

**作者简介**

张栻（1133～1180），字敬夫，又字乐斋，号南轩，世称南轩先生。南宋著名理学家、教育家，湖湘学派集大成者。汉州绵竹（今属四川）人。南宋中兴名相张浚之子。与朱熹、吕祖谦等齐名,时称"东南三贤"。继承"二程"理学思想,又有所发挥。官至右文殿修撰。著有《南轩集》。

**注释**

律回:古代以十二律吕与月份相对,农历十二月属吕,正月属律,立春往往在十二月与正月之交,所以称"律回"。岁晚:立春在年前。生意:生机勃勃的样子。参差:不整齐,这里形容波纹起伏荡漾。

## 打球图

晁说之

阊阖千门万户开,
三郎沉醉打球回。
九龄已老韩休死,
无复明朝谏疏来。

**作者简介**

晁说之(1059~1129),字以道,一字伯以,因慕司马光为人,自号景迂生。北宋诗人。济州巨野(今属山东)人。宋神宗元丰进士。博极群书,工诗,善画山水,尤精易学。有《景迂生集》行世。

**注释**

阊阖:指皇宫。三郎:唐玄宗李隆基的小名。打球:古代的一种用脚踢皮球射门的游戏。九龄、韩休:张九龄和韩休均是唐玄宗时的贤臣,以直言敢谏著称于世。无复:再没有。谏:直言规劝,一般用于下对上。疏:呈给皇帝的奏议。

## 宫 词

王 建

金殿当头紫阁重,

仙人掌上玉芙蓉。

太平天子朝元日,

五色云车驾六龙。

### 作者简介

王建,生卒年不详,字仲初。中唐诗人。颍川(今河南许昌)人。出身寒微,进士及第,历任小官。与张籍为挚友,诗风相近,善写七言歌行,语言通俗明快,凝练精悍,世称"张王乐府"。作百首七绝《宫词》,有"宫词之祖"之誉。现有《王建诗集》。

### 注释

宫词:专以宫廷内部生活为写作对象的诗,一般为七言绝句。金殿:即金銮殿,为皇宫正殿。当头:对面。紫阁:这里指朝元阁。重:重重叠叠。仙人:汉武帝时用铜铸成仙人,手托承露盘,承接玉露。据说饮此露可长生不老。玉芙蓉:用红玉磨制的芙蓉状的承露盘。太平天子:指带来太平的皇帝。元日:农历正月初一。古代帝王依例于此日朝拜天帝。五色云车:指皇帝所乘的五彩缤纷的车。驾六龙:皇帝的车以六匹马来驾。龙,指高大的马。《周礼·夏官》:"马八尺以上为龙。"

## 廷 试
### 夏 竦

殿上衮衣明日月，
砚中旗影动龙蛇。
纵横礼乐三千字，
独对丹墀日未斜。

**作者简介**

夏竦（985～1051），字子乔。宋代诗人。江州德安（今属江西）人。官历丹阳主簿、参知政事、枢密使、武宁军节度使等职。著有《文庄集》。

**注释**

衮衣：帝王和三公所穿的绘有龙的图案的礼服。这里借指皇帝。动龙蛇：似龙蛇在舞动。礼乐：即礼经、乐记。这里泛指关于《诗》《书》《礼》《乐》《易》《春秋》等儒家经典的考试内容。独对：宋朝设有特荐的科举，若对策者得到皇帝赏识，就赐进士及第，所以称为独对。丹墀：红色的台阶。

## 咏华清宫
### 杜 常

行尽江南数十程，
晓风残月入华清。
朝元阁上西风急，
都入长杨作雨声。

**作者简介**

杜常,生卒年不详,字正甫。北宋诗人。卫州(今河南卫辉)人。宋英宗治平二年(1065)进士,官历潍州团练推官、河东转运判官、知青州、工部尚书等职。

**注释**

行尽:结束旅行。朝元阁:即华清宫朝元阁遗址,位于骊山山腰,是唐玄宗敬奉老子的地方,俗称老君殿。老君殿的东侧,即华清宫长生殿的所在。长杨:秦汉宫名,故址在今陕西省周至县东南。作雨声:化作雨声。

## 清平调词

李 白

云想衣裳花想容,
春风拂槛露华浓。
若非群玉山头见,
会向瑶台月下逢。

**作者简介**

李白(701~762),字太白,号青莲居士。唐代伟大的浪漫主义诗人,被称为"诗仙"。祖籍陇西成纪(今甘肃静宁),生于中亚碎叶(今吉尔吉斯斯坦境内),长于绵州彰明(今四川江油)。其诗豪放飘逸,构思奇特,想象丰富,语言瑰丽,构成了屈原以来我国积极浪漫主义诗歌的新高峰。与杜甫并称"李杜"。现存诗作九百余首,有《李太白集》存世。

**注释**

群玉山：古代神话中女神西王母居住的地方。瑶台：神话传说中的神仙居住地。

## 题邸间壁
### 郑 会

茶蘼香梦怯春寒，
翠掩重门燕子闲。
敲断玉钗红烛冷，
计程应说到常山。

**作者简介**

郑会，字文谦，号亦山。南宋诗人。贵溪（今属江西）人。生平不详。

**注释**

邸：旅舍。荼蘼：一种蔷薇科的草本植物，春天之后，往往直到盛夏才会开花。因此，人们常常认为荼蘼花开是一年花季的终结。玉钗：烛花，因形似玉钗，故名。计程：计算着行程。

## 绝 句
### 杜 甫

两个黄鹂鸣翠柳，
一行白鹭上青天。
窗含西岭千秋雪，
门泊东吴万里船。

**作者简介**

杜甫（712~770），字子美，自号少陵野老。唐代伟大的现实主义诗人。祖籍湖北襄阳（今湖北襄樊），生于河南巩县（今河南巩义）。唐肃宗时，官至左拾遗。后入蜀，被好友严武荐为剑南节度府参谋，加检校工部员外郎，后人据此称他为杜拾遗、杜工部。其诗风格"沉郁顿挫"，内容多反映社会动荡、政治黑暗、人民疾苦等，被誉为"诗史"。其人忧国忧民，品行高尚，诗艺精湛，被奉为"诗圣"。一生作诗一千四百余首，有《杜工部集》存世。

**注释**

白鹭：即鹭鸶，一种食鱼的水禽。西岭：此指岷山。本诗作于成都，岷山在成都西面，山顶终年积雪。东吴：现江南地区，古代称为东吴。

## 海 棠

苏 轼

东风袅袅泛崇光，
香雾空蒙月转廊。
只恐夜深花睡去，
故烧高烛照红妆。

**注释**

海棠：花名，花姿潇洒，花开似锦，历代文人多有吟咏。昔（唐）明皇召贵妃同宴，而妃宿酒未醒，帝曰："海棠睡未足也。"此诗戏之。袅袅：轻风细细的样子。泛：浮动。崇光：月光或花光。空蒙：空中雾气浓重。红妆：这里用美女比海棠。

## 清 明
### 杜 牧

清明时节雨纷纷,
路上行人欲断魂。
借问酒家何处有,
牧童遥指杏花村。

**作者简介**

杜牧(803~852),字牧之。晚唐著名诗人。京兆万年(今陕西西安)人。唐文宗太和二年(828)进士,曾官至中书舍人。其诗于晚唐柔靡之风中以峻峭矫之,尤以七言绝句著称,擅长文赋。人号"小杜",以别于杜甫,与李商隐并称为"小李杜"。晚年居长安南樊川别墅,故后世称其为"杜樊川"。有《樊川文集》传世。

**注释**

清明:清明是我国传统节日,也是重要的祭祀节日。旧俗清明时节,人们要携带酒食果品、纸钱等物品去扫墓,将食物供祭在亲人墓前,然后将纸钱焚烧,并为坟墓添上新土,折数枝新绿的树枝插在坟上,最后叩头祭拜,吃掉酒食。断魂:形容凄迷哀伤的心情。

## 清 明
### 王禹偁

无花无酒过清明,
兴味萧然似野僧。
昨日邻家乞新火,

晓窗分与读书灯。

### 作者简介

王禹偁（954~1001），字元之。宋代诗人、散文家。济州巨野（今属山东）人。宋太宗太平兴国八年（983）登进士第，仕途屡经挫折。文学主张以宗经复古为旗帜，力除唐末五代以来颓靡纤丽的文气。诗歌推崇杜甫和白居易，风格简雅古淡。晚年贬知黄州，世称"王黄州"。自编《小畜集》三十卷，今有《四部丛刊》本。

### 注释

萧然：情绪低落。野僧：流落在外的和尚。乞：讨。新火：古代清明节前一二日为寒食节，禁烟火，只吃冷食，到清明这一天才重新生火。

## 社 日

### 王 驾

鹅湖山下稻粱肥，
豚栅鸡栖对掩扉。
桑柘影斜春社散，
家家扶得醉人归。

### 作者简介

王驾（约公元894年前后在世），字大用。晚唐诗人。蒲州河中（今山西永济）人。唐昭宗大顺元年（890）登进士第，官至礼部员外郎，自号守素先生。与郑谷、司空图为诗友，颇有才名。其诗活泼清新，自然顺畅。集六卷，存诗不多，但以《社日》和《雨晴》两首流传甚广。

**注释**

社日：古代祭祀土地神的节日。春秋各一次，分别为春社和秋社。此诗写的是春社。鹅湖：位于江西铅山县，一年两稻，所以仲春社日，稻粱已肥。稻粱肥：指田里庄稼长势很好，丰收在望。豚：小猪。栅：猪圈。鸡栖：鸡窝。扉：门。桑柘：桑树和柘树。

## 寒 食

### 韩 翃

春城无处不飞花，
寒食东风御柳斜。
日暮汉宫传蜡烛，
轻烟散入五侯家。

**作者简介**

韩翃（生卒年不详），字君平。中唐诗人。南阳（今属河南）人。唐玄宗天宝十三年（754）登进士第，唐德宗因其诗名，擢其为驾部郎中、知制诰，官终中书舍人。与钱起、卢纶等号称"大历十才子"。存诗较多，大都为送行赠别、流连光景之作。集五卷，今编诗三卷。

**注释**

汉宫：此处借指唐宫。传蜡烛：传赐蜡烛。传汉代寒食禁烟火，朝廷特赐贵族家蜡烛，以备晚上照明之用。五侯：东汉末年单超等五名宦官同时得封侯，人称"五侯"，权倾一时。后世以"五侯"代指贵族高官。

## 江南春

杜 牧

千里莺啼绿映红,
水村山郭酒旗风。
南朝四百八十寺,
多少楼台烟雨中。

**注释**

山郭:古代称内城为城,外城为郭。南朝:即晋朝以后先后占据南方半壁江山的宋、齐、梁、陈四个朝代的总称。南朝四个朝代先后建都建康(今江苏南京)。南朝诸皇帝在中国历史上以佞佛著名,故这一时期佛教盛行,寺院众多。四百八十:唐人强调数量之多的一种说法,此处极言佛寺之多。

## 上高侍郎

高 蟾

天上碧桃和露种,
日边红杏倚云栽。
芙蓉生在秋江上,
不向东风怨未开。

**作者简介**

高蟾(约公元 881 年前后在世),字不详。晚唐诗人。河朔间(通常指黄河以北地带)人。出身贫寒,生性倜傥。唐僖宗乾符三年(876)登进士第,官至御史中丞。工诗,诗作气势雄伟。著有诗集一卷传于世。

**注释**

高侍郎：其人不详。侍郎是古代官名。碧桃：神话传说中的天上蟠桃。相传三月三日为西王母诞辰，当天西王母大开盛会，以蟠桃为主食，宴请众仙，众仙赶来为她祝寿，称为蟠桃会。此处"碧桃"与下句的"红杏"均暗喻倚势显贵的小人。芙蓉：芙蓉花，即木芙蓉，秋季开花。

## 绝 句

僧志南

古木阴中系短篷，
杖藜扶我过桥东。
沾衣欲湿杏花雨，
吹面不寒杨柳风。

**作者简介**

僧志南，生卒年不详。南宋诗僧，志南是其法号。宋人赵与虤《娱书堂诗话》卷上曾载："僧志南能诗，朱文公（朱熹）尝跋其卷云：'南诗清丽有余，格力闲暇，无蔬笋气。如云：'沾衣欲湿杏花雨，吹面不寒杨柳风。'予深爱之。'"

**注释**

古木阴中：古树林阴之中。短篷：带篷的小船。杖：拄着。藜：一年生草本植物，茎秆直立，长老了可做拐杖。此处指拐杖。

## 游园不值

叶绍翁

应怜屐齿印苍苔,
小扣柴扉久不开。
春色满园关不住,
一枝红杏出墙来。

**作者简介**

叶绍翁,生卒年不详,字嗣宗,号靖逸。南宋中期诗人。祖籍建安(今福建建瓯)。本姓李,后嗣于龙泉(今浙江龙泉)叶氏。长期隐居于钱塘西湖之滨,与葛天民互相酬唱。属"江湖派"(南宋时期的一个诗派,因书商陈起所刊《江湖集》等诗歌集而得名)诗人,诗作以七言绝句为最佳。诗集《靖逸小集》,有《南宋群贤小集》本。还著有《四朝闻见录》,颇有史料价值。

**注释**

不值:没有遇到主人。怜:可惜。屐:古代一种木鞋,鞋底下两头有齿。小扣:轻轻地敲击。柴扉:篱笆门。

## 客中行

李 白

兰陵美酒郁金香,
玉碗盛来琥珀光。
但使主人能醉客,
不知何处是他乡。

**注释**

兰陵：地名，今山东枣庄市，唐时以产酒著名。郁金香：香草名，古人用来泡酒，酒色金黄。琥珀光：形容盛在玉碗里的酒色如琥珀般光泽鲜亮。琥珀：松柏树脂化石，黄褐色，透明有光。

## 题 屏

刘季孙

呢喃燕子语梁间，
底事来惊梦里闲。
说与旁人浑不解，
杖藜携酒看芝山。

**作者简介**

刘季孙（1033～1092），字景文。北宋诗人、知名鉴藏家。祥符（今河南开封）人。曾任饶州酒务、两浙兵马都监等职。博通史传，性好异书古文石刻。有诗集一卷留世。

**注释**

呢喃：拟声词，形容燕子的叫声。底：何，什么。浑：浑然，完全。芝山：山名，在今江西鄱阳县。作者当时在芝山地区为官。

## 漫 兴

杜 甫

肠断春江欲尽头，
杖藜徐步立芳洲。

颠狂柳絮随风舞,
轻薄桃花逐水流。

**注释**

漫兴:兴之所至随意而作。欲尽头:春日即将逝去。徐步:漫步。芳洲:长满野花野草的水中陆地,即河中的沙洲。颠狂:这里指柳絮纷飞,与下句的轻薄相对。作者将柳絮与桃花人格化,说它们像一群势利的小人,对着春天的逝去,无动于衷,只知道乘风乱舞,随波逐流。此联每被用于形容人的言行狂放和轻浮。

## 庆全庵桃花

谢枋得

寻得桃源好避秦,
桃红又是一年春。
花飞莫遣随流水,
怕有渔郎来问津。

**作者简介**

谢枋得(1226〜1289),字君直,号叠山。南宋文学家、爱国将领。信州弋阳(今江西弋阳)人。宋理宗宝祐四年(1256)与文天祥同科中进士。宋末以江东提刑、江西诏谕使知信州,率兵抗元,后战败城陷,隐居流寓。宋亡,坚辞不应元召,绝食而死。明景泰七年(1456),谢枋得与文天祥同赐谥,文天祥赐"忠烈",谢枋得赐"文节"。其诗伤时感旧,朴素端正,时有韵致。著有《叠山集》十六卷。

**注释**

桃源：即桃花源。东晋诗人陶渊明写有《桃花源诗并记》，文中描绘了一个美丽的世外桃源。诗人在此借指庆全庵深邃幽静的环境。渔郎：陶渊明诗文中有武陵渔人沿桃花林而行，入桃源做客之事。此处暗指搜寻诗人踪迹的元代官吏。问津：问路，寻找。

## 玄都观桃花

刘禹锡

紫陌红尘拂面来，
无人不道看花回。
玄都观里桃千树，
尽是刘郎去后栽。

**作者简介**

刘禹锡（772~842），字梦得，晚年自号庐山。唐代著名诗人、哲学家。洛阳（今属河南）人。祖籍中山（今河北定县）。唐德宗贞元进士，与柳宗元同榜。授监察御史，是王叔文集团政治革新运动的中心人物，失败后被贬为朗州司马。因与守旧势力不相容，其仕途多变，历任连州、江州、苏州等地刺史，晚年任太子宾客。素善诗，与白居易交往甚密，被推为"诗豪"。其诗清新自然，健康活泼，富有民歌特色，充满生活情趣。现存诗八百余首。有《刘宾客集》《刘梦得文集》行世。

**注释**

紫陌：此指京都长安大道。红尘：闹市上的飞尘。玄都观：唐代京都长安城内的一处道观。玄都句：刘禹锡结束九年朗州司马贬谪生活被召回长安后，暮春时节到玄都观赏桃花，因诗句

"玄都观里桃千树,尽是刘郎去后栽"被"嫉其名者"认定为影射之辞,触怒当朝新贵,再被贬为连州刺史。

## 再游玄都观

刘禹锡

百亩庭中半是苔,
桃花净尽菜花开。
种桃道士归何处,
前度刘郎今又来。

注释

再游:刘禹锡在连州苦熬了十多年后,直到裴度当了宰相,才又被调回长安。此时又值暮春时节,刘禹锡想起了害他被贬的玄都观桃花,于是故地重游。可他到了玄都观,只看到满地燕麦和野葵。原来,当年栽桃树的那个道士已经死了,观里的桃树没人照料,多半已枯死了。他感慨万千,便写成此诗,以讥权贵。庭:道观庭院。苔:即苔藓。

## 滁州西涧

韦应物

独怜幽草涧边生,
上有黄鹂深树鸣。
春潮带雨晚来急,
野渡无人舟自横。

**作者简介**

韦应物（约737～约791），唐代诗人。京兆长安（今陕西西安）人。出身世族。曾任滁州、江州、苏州等地刺史和左司郎中，世称"韦左司""韦苏州"。属山水田园诗派，后人每以"王（维）孟（浩然）韦（应物）柳（宗元）"并称。其诗景致优美，恬淡高远，以善于写景和描写隐逸生活而著称。今传有十卷本《韦江州集》、两卷本《韦苏州诗集》、十卷本《韦苏州集》等。

**注释**

滁州：今安徽滁县。西涧：又名上马河，在滁州城西。怜：怜爱。野渡：偏僻无人的渡口。

## 花　影

### 苏　轼

重重叠叠上瑶台，
几度呼童扫不开。
刚被太阳收拾去，
却教明月送将来。

**注释**

瑶台：神话传说中的神仙住地。此处借指华美的楼台。几度：几次。扫不开：扫不去，扫不掉。

## 北 山
### 王安石

北山输绿涨横陂,
直堑回塘滟滟时。
细数落花因坐久,
缓寻芳草得归迟。

**注释**

北山：江宁北山（今南京紫金山）。当时诗人辞去宰相职务出任江宁知府，江宁府治所在今南京。输：运送。此处意为蔓生。陂：池塘。堑：壕沟。滟滟：状水色波光摇晃动荡貌。

## 湖 上
### 徐元杰

花开红树乱莺啼,
草长平湖白鹭飞。
风日晴和人意好,
夕阳箫鼓几船归。

**作者简介**

徐元杰（1196～1246），字仁伯，号梅野。信州上饶（今属江西）人。南宋诗人。宋理宗绍定五年（1232）进士，累官至大堂寺少卿，兼给事中国子祭酒，擢中书舍人。力主排外患，修内政，保境安民。后遭奸人毒害。著有《梅野集》十二卷传于世。

**注释**

　　湖上：此处指杭州西湖。红树：开满红花的树林。平湖：指风平浪静的湖面与岸边青草相接，草与湖水好似在一个平面上。

## 漫　兴
### 杜　甫

　　糁径杨花铺白毡，
　　点溪荷叶叠青钱。
　　笋根雉子无人见，
　　沙上凫雏傍母眠。

**注释**

　　糁径：指散乱地落满碎细杨花的小路。糁：掺杂。点溪句：青绿的荷叶点缀在小溪水面上，像重叠的圆圆的青钱。青钱：古代一种有圆孔的青铜钱。雉子：小野鸡。凫雏：小野鸭。

## 春　晴
### 王　驾

　　雨前初见花间蕊，
　　雨后全无叶底花。
　　蜂蝶纷纷过墙去，
　　却疑春色在邻家。

**注释**

　　初见：刚才见到。蕊：未开的花，即花苞。疑：怀疑，疑心。

## 春 暮

曹 豳

门外无人问落花,
绿阴冉冉遍天涯。
林莺啼到无声处,
青草池塘独听蛙。

**作者简介**

曹豳（1170～1250），字西士，一字潜夫，号东畎。南宋诗人。瑞安（今浙江温州）人。宋宁宗嘉泰二年（1202）进士，累官至重庆府司法参军、秘书丞、浙东提刑、左司谏等。因敢于在皇帝面前直言规谏，与同时的王万、郭磊卿、徐清叟等被称为"嘉熙四谏"。其诗词风格朴实粗犷。有《玉泉集》，惜已佚。现仅存文一篇、诗十一首、词二首。

**注释**

冉冉：慢慢地。独听蛙：只听见蛙鸣声。

## 落 花

朱淑真

连理枝头花正开,
妒花风雨便相催。
愿教青帝常为主,
莫遣纷纷点翠苔。

**作者简介**

朱淑真(约公元1131年前后在世)。一作淑贞,号幽栖居士。南宋女诗人。钱塘(今浙江杭州)人,一说浙中海宁人。生于仕宦之家,幼年颖慧,工诗擅词,博通经史,精晓音律书画,素有才女之称。遵父母之命的婚姻很不如意,抑郁而终。其诗词多写个人爱情生活,风格沉郁哀婉,幽怨感伤。生前曾自编诗词集,死后散佚。后人辑有《断肠集》(诗)二卷,《断肠词》一卷及《璇玑图记》。

**注释**

连理枝:两棵树的枝干交结在一起,称为连理枝。青帝:古代传说中主管春天的神。莫遣:莫使。点:点缀。

## 春暮游小园

王 淇

一从梅粉褪残妆,
涂抹新红上海棠。
开到荼蘼花事了,
丝丝天棘出莓墙。

**作者简介**

王淇,字菉漪,宋代诗人,生平事迹不详。

**注释**

一从:最初。褪残妆:指梅花衰谢凋零。荼蘼:一种蔷薇科植物,落叶小灌木,攀缘茎,茎上有钩状刺,羽状复叶,小叶椭圆形。花白色,有香气,春末夏初盛放。荼蘼过后,再没有花开放,因此,古人认为荼蘼花开是一年花季的终结。花事了:此指春天的花全部开完。天棘:即天门冬,为百合科多年生攀缘状草本植物,好缠生于竹木之上,叶如青丝。莓墙:长有苔藓的墙。

## 莺 梭

刘克庄

掷柳迁乔太有情,
交交时作弄机声。
洛阳三月花如锦,
多少工夫织得成。

### 作者简介

刘克庄(1187~1269),初名灼,字潜夫,号后村居士。南宋文学家。莆田(今属福建)人。宋理宗淳祐六年(1246)进士,官至工部尚书兼侍读,以龙图阁学士致仕。晚年趋奉贾似道,为人所讥。也曾仗义执言,弹劾权臣。与戴复古等同为"江湖派"诗人,诗学晚唐,但更致力于独辟蹊径,以诗讴歌现实。其词以爱国思想和豪放风格见称于时,在辛派词人中成就最大。有《后村先生大全集》一百九十六卷,《后村别调》一卷等存世。

### 注释

掷柳:抛柳,此指黄莺从柳枝上疾飞往来。迁乔:迁居。交交:象声词,织布声。此处形容黄莺叫声如机杼之声。

## 暮春即事

叶 采

双双瓦雀行书案，
点点杨花入砚池。
闲坐小窗读周易，
不知春去几多时。

**作者简介**

叶采，生卒年不详。字仲圭，号平岩。南宋诗人。邵武（今属福建）人。宋理宗淳祐元年（1241）进士，历邵武尉、景献府教授、秘书监、枢密院检讨，累官翰林学士兼侍讲。曾就学于蔡渊、陈淳。其诗多闲情逸致之作。

**注释**

瓦雀：在屋瓦上活动的麻雀。行书案：指麻雀的影子在书案上移动。周易：《易经》，儒家经典著作。

## 登 山

李 涉

终日昏昏醉梦间，
忽闻春尽强登山。
因过竹院逢僧话，
又得浮生半日闲。

**作者简介**

李涉，生卒年不详。自号清谿子。中唐诗人。洛阳（今属河南）人。曾与弟弟李渤隐居庐山，后从军做幕僚。唐文宗大和中，因宰相推荐，任太学博士，因事流放康州（今广东德庆）。现存诗百余首，多为七绝。由于屡遭贬谪，其诗中常有不平之鸣。

注释

强：强打精神。浮生：旧时一种消极说法，认为人生如浮云，短暂虚幻，故称人生为浮生。

## 蚕妇吟
### 谢枋得

子规啼彻四更时，
起视蚕稠怕叶稀。
不信楼头杨柳月，
玉人歌舞未曾归。

注释

子规：杜鹃鸟。啼彻：不停地啼叫。四更：古时把一夜分为五更，一更大约两个小时，四更是凌晨两三点这段时间。蚕稠：叶吃光了只剩下蚕，蚕就显得拥挤稠密。玉人：此指美女。

## 晚 春
### 韩 愈

草木知春不久归，
百般红紫斗芳菲。
杨花榆荚无才思，

惟解漫天作雪飞。

**注释**

晚春：诗题原作"春暮"，据《全唐诗》改。春不久归：言春天即将结束。百般：各种各样。斗芳菲：指各种花草各逞姿色，争芳斗艳。芳菲，形容花草的芬芳、茂盛。杨花：柳絮。榆荚：榆钱，榆未生叶时，先在枝间生荚，荚小如钱，荚老呈白色，随风飘落。才思：才情。惟解：只知道。

## 伤 春

### 杨万里

准拟今春乐事浓，
依然枉却一东风。
年年不带看花眼，
不是愁中即病中。

**作者简介**

杨万里（1127～1206），字廷秀，号诚斋。南宋杰出诗人。吉州吉水（今属江西）人。宋高宗绍兴二十四年（1154）进士，累官赣州司户、国子博士、吏部员外郎、秘书监等。宋宁宗开禧二年（1206），因痛恨韩侂胄弄权误国，忧愤而死，谥"文节"。一生力主抗战，反对屈膝投降，爱国之情，溢于言表。与陆游、范成大、尤袤诗歌创作齐名，并称"中兴四大家"。诗作推陈出新，自成一家，风格淳朴，语言口语化，构思新巧，号为"诚斋体"。内容多为写景抒情和应酬之作。一生著述甚丰，现存诗四千二百余首，诗文全集一三三卷，名《诚斋集》，今存。

**注释**

准拟：预料，以为。枉却：辜负，徒然虚费。东风：春风。指代春景。

## 送 春

王 令

三月残花落更开，
小檐日日燕飞来。
子规夜半犹啼血，
不信东风唤不回。

**作者简介**

王令（1032～1059），字逢原，初字钟美。北宋诗人。广陵（今江苏扬州）人。五岁父母双亡，少时尚意气，一生不求仕进，以教授生徒为业，往来于瓜洲、天长、高邮、江阴等地。与王安石为至交，娶王安石妻之堂妹为妻。由于王安石的推荐和称誉，在江淮一带逐渐成为颇负盛名的诗人。二十七岁时英年早逝。其诗内含思想抱负，自有一股回肠荡气之风。

**注释**

更：又，复。小檐：指屋檐。子规：即杜鹃鸟。犹：还，仍。啼血：古代传说中杜鹃鸟昼夜悲鸣，啼至口出血而止，其状哀痛之极。

## 三月晦日送春

贾　岛

三月正当三十日，

风光别我苦吟身。

共君今夜不须睡，

未到晓钟犹是春。

**作者简介**

贾岛（779～843），字阆仙，一作浪仙，自号碣石山人。中唐诗人。范阳（今北京附近）人。出身贫寒，早年栖身佛门为僧，取法名无本。还俗后屡举进士不第。唐文宗开成二年（837）被责为遂州长江主簿，人称"贾长江"。后迁普州司仓参军，卒于任所。曾以诗投韩愈，与孟郊、张籍等诗友唱酬，诗名大振。其诗歌创作刻意求工，诗境平淡，造语费力，极具苦吟精神，是以"推敲"二字出名的苦吟派诗人。著有《长江集》十卷。

**注释**

晦日：阴历每月的最后一日。风光：此处指春光。别：远离。苦吟身：苦苦吟诗的人。此处是作者自称。君：指春光。晓钟犹：一作"五更还"。

## 客中初夏

司马光

四月清和雨乍晴，

南山当户转分明。

更无柳絮因风起，

惟有葵花向日倾。

**作者简介**

司马光（1019～1086），字君实，号迂叟。北宋著名政治家、史学家、散文家。陕州夏县（今属山西）涑水乡人，世称涑水先生。家族世代书香，笃学力行。宋仁宗朝进士，累官大理寺丞、龙图阁直学士、右谏议大夫、翰林学士、尚书左仆射兼门下侍郎等。反对王安石变法，排斥新党，废止新法。卒赠太师、温国公，谥文正。主修《资治通鉴》，历十数年乃成。以文著名，亦能诗词。著有《司马文正公集》《稽古录》等。

**注释**

客中：旅居他乡作客。清和：天气清明而和暖。当户：对着门户。转分明：指景色变换分明。

## 有 约

赵师秀

黄梅时节家家雨，
青草池塘处处蛙。
有约不来过夜半，
闲敲棋子落灯花。

**作者简介**

赵师秀（1170～1219），字紫芝，号灵秀，又号天乐。南宋诗人。永嘉（今浙江温州）人。宋光宗绍熙元年（1190）进士，与徐照（字灵晖）、徐玑（字灵渊）、翁卷（字灵舒）并称"永嘉四灵"，开创了"江湖派"一代诗风。累官上元主簿、筠州推官。

晚年宦游，逝于临安。著有《清苑斋集》《天乐堂集》，今仅见《清苑斋集》一卷。

**注释**

有约：邀约客人相会。黄梅时节：农历四五月间，江南梅子黄熟的一段时期，叫黄梅天。其间阴雨连绵，故用"黄梅时节"来称江南雨季。家家雨：家家户户都赶上下雨。形容雨水多而广。处处蛙：到处都是蛙跳蛙鸣。落灯花：旧时以油灯照明，灯芯烧残，落下来时好像一朵闪亮的小花。

## 初夏睡起

杨万里

梅子流酸软齿牙，
芭蕉分绿上窗纱。
日长睡起无情思，
闲看儿童捉柳花。

**注释**

梅子：一种味道极酸的果实。芭蕉分绿：芭蕉的绿色映照在纱窗上。无情思：犹言无精打采、懒洋洋的样子。思：意，情绪。

## 三衢道中

曾几

梅子黄时日日晴，
小溪泛尽却山行。
绿阴不减来时路，

添得黄鹂四五声。

### 作者简介

曾几（1084～1166），字吉甫，自号茶山居士。南宋初期诗人。赣州（今属江西）人，徙居河南洛阳。历任浙西提刑、秘书少监、礼部侍郎。学识渊博，勤于政事。其弟子陆游称他"治经学道之余，发于文章，雅正纯粹，而诗尤工，以杜甫、黄庭坚为宗"。诗多属抒情遣兴、唱酬题赠之作，闲雅清淡，气韵流畅。后人将其列入"江西诗派"。所著《易释象》及文集已佚。《四库全书》有《茶山集》八卷。

### 注释

三衢：山名。在今浙江省衢州市。日日晴：梅雨季节，却是日日晴，说明此时气候异常。小溪泛尽：小船已经到了小溪终点。泛：漂浮，这里指行船。却：再，又。不减：差不多，相等。

## 即 景

朱淑真

竹摇清影罩幽窗，
两两时禽噪夕阳。
谢却海棠飞尽絮，
困人天气日初长。

### 注释

即景：眼前的景物。此处指以眼前景物为题材写的诗。时禽：燕子之类的候鸟。噪：鸟叫。谢却：此指海棠花凋谢。日初长：初夏时日白天时间变长了。

## 初夏游张园

戴 敏

乳鸭池塘水浅深,
熟梅天气半晴阴。
东园载酒西园醉,
摘尽枇杷一树金。

**作者简介**

戴敏,生卒年不详。字敏才,号㒒子。南宋诗人。台州黄岩(今属浙江)人。为宋代诗人戴复古之父。博闻强记,工诗。平日以诗自适,无意功名,一生穷愁而不悔。

**注释**

乳鸭:刚孵出不久的小鸭。浅深:深浅不一。熟梅:即黄梅时节。半晴阴:一会儿晴,一会儿阴。一树金:形容枇杷结得多。枇杷熟时果皮为金黄色,故称"金"。

## 鄂州南楼书事

黄庭坚

四顾山光接水光,
凭栏十里芰荷香。
清风明月无人管,
并作南楼一味凉。

**作者简介**

黄庭坚(1045～1105),字鲁直,自号山谷道人,晚号涪翁、黔安居士、八桂老人,又称黄豫章。北宋著名文学家、书法家。洪州分宁(今江西修水)人。宋英宗治平四年(1067)进士,历官叶县县尉、国子监教授、校书郎、秘书丞、涪州别驾、黔州安置等。宋神宗元丰元年(1078)以两首古风与苏轼结为至交。出于苏轼门下,与张耒、秦观、晁补之并称为"苏门四学士"。擅文章、诗词,尤工书法。诗与苏轼齐名,世称"苏黄"。诗风奇崛瘦硬,力摈轻俗之习,开一代风气,为"江西诗派"的开山鼻祖。词与秦观齐名,有《山谷词》。书法精妙,与苏轼、米芾、蔡襄并称"宋四家"。遗作有《山谷集》。自选诗集《华严疏》《松风阁诗》《幽兰赋》等。

### 注释

鄂州:在今湖北武汉、黄石一带。南楼:在武昌蛇山顶。四顾:向四周望去。山光、水光:山色、水色。凭栏:靠着栏杆。十里:形容水面辽阔。芰:菱角,一种水中植物。荷:荷花。并:合并在一起。一味凉:一片凉意。

## 山亭夏日

高　骈

绿树阴浓夏日长,
楼台倒影入池塘。
水晶帘动微风起,
满架蔷薇一院香。

### 作者简介

高骈(?～887),字千里。唐末大将。先世为渤海人,迁居幽州（今北京）。世代为禁军将领。累仕为右神策军都虞侯、秦州刺史、安南都护、剑南西川节度、盐铁转运使等，封渤海郡王，终为部将所害。其诗多奇气。存诗一卷。

**注释**

阴浓：指树荫浓密。楼台倒影：指池塘边的楼台映在水中的影子，仿佛楼台倒立在池塘中。水晶帘：形容质地精细而色泽莹澈的帘子。水晶：无色透明的结晶石英，是一种贵重矿石。蔷薇：花名。夏季开花，有红、白、黄等色，美艳而香。

## 田 家

范成大

昼出耘田夜绩麻，
村庄儿女各当家。
童孙未解供耕织，
也傍桑阴学种瓜。

**作者简介**

范成大（1126～1193），字致能，号石湖居士。南宋著名诗人。吴郡（今江苏苏州）人。家境贫寒，绍兴二十四年（1154）进士。历任监和剂局、处州知府、参知政事等。曾使金，慷慨抗节，几被杀。晚年退居故乡石湖。为"中兴四大家"之一，其诗继承白居易等倡导的新乐府现实主义精神，风格平易浅显、清新妩媚；题材广泛，以反映农村社会生活内容的作品成就最高。晚年所作以田园诗出名，是古代田园诗的集大成者。其词作、文赋也享有盛名。著有《石湖居士诗集》《石湖词》等。

**注释**

耘田：除掉田间的杂草。绩麻：把麻搓成线以便织布。古时劳动者多穿麻布衣服。各当家：指各人都承担一定的工作。未解：不懂得。供：从事，参与。傍：靠近。

## 村居即事

翁 卷

绿遍山原白满川，

子规声里雨如烟。

乡村四月闲人少，

才了蚕桑又插田。

**作者简介**

翁卷，生卒年不详。字读古，号灵舒。南宋诗人。永嘉（今浙江温州）人。屡考进士不第，以布衣终。在"永嘉四灵"中年事最高。工诗，以诗游士大夫间，小诗写得清新自然。著有《西岩集》（一卷）、《苇碧轩集》。

**注释**

山原：山陵和原野。白满川：指河里涨水，一片白茫。川：河流。雨如烟：细雨蒙蒙如烟雾一般。了：结束，了结。

## 题榴花

朱 熹

五月榴花照眼明，

枝间时见子初成。

可怜此地无车马,
颠倒苍苔落绛英。

**注释**

榴花:石榴花。石榴五月开花。照眼明:比喻石榴花鲜艳夺目。子初成:石榴刚开始结果。可怜:可惜。颠倒:错乱、狼藉之状。绛英:大红色的花瓣。此处指鲜红的石榴花瓣。

## 村 晚
### 雷 震

草满池塘水满陂,
山衔落日浸寒漪。
牧童归去横牛背,
短笛无腔信口吹。

**作者简介**

雷震,南宋诗人。生平事迹不详。

**注释**

池塘:池子的堤岸。陂:水岸。山衔:指落日被山峦遮住了部分。衔:叼、咬。寒漪:带有凉意的细小波纹。无腔:不成腔调。信口:随口。

## 书湖阴先生壁
### 王安石

茅檐常扫净无苔,

花木成蹊手自栽。

一水护田将绿绕,

两山排闼送青来。

*注释*

湖阴先生:指杨德逢,是作者元丰年间(1078~1086)闲居江宁(今江苏南京)时的一位邻里好友。本题共两首,这是第一首。茅檐:茅屋檐下,这里指庭院。蹊:花间小径。护田:保护园田。据《汉书·西域传序》记载,汉代西域置屯田,派使者校尉加以领护。将:携带。绿:指水色。排闼:推开门。开门就可观赏山色,好像是那山推开大门自己送来一般。

## 乌衣巷

刘禹锡

朱雀桥边野草花,

乌衣巷口夕阳斜。

旧时王谢堂前燕,

飞入寻常百姓家。

*注释*

朱雀桥:在朱雀门外秦淮河上,在今南京城外,因面对正南门朱雀门,故名。东晋太宁二年(324)以后,以船舶连接而成,长九十步,宽六丈,是京城内交通要道。花:此为开花之意。作动词。乌衣巷:故址在今南京秦淮河南朱雀桥边,本为孙吴卫戍部队营房所在,兵士的住宅区,后为晋王导、谢安的居处。王谢:具体指东晋时王导和谢安,左右朝廷的两姓豪门望族。寻常：普通，一般。

## 送元二使安西

王　维

渭城朝雨浥轻尘，
客舍青青柳色新。
劝君更尽一杯酒，
西出阳关无故人。

**作者简介**

　　王维（701～761），字摩诘，世称王右丞。盛唐时期著名诗人、画家。祖籍太原祁（今属山西），迁至蒲州（今山西永济）。唐玄宗开元年间进士。历任太乐丞、右拾遗、监察御史、中书舍人、尚书右丞等职。精通音律，崇信佛教，晚年居于蓝田辋川别墅，长斋禅诵，有"天下文宗""诗佛"的美称。精于绘画，能将诗歌与绘画相互沟通，苏轼称誉其"诗中有画，画中有诗"。其诗大多为山水田园、歌咏隐居生活之作，继承和发扬了谢灵运开创的山水诗而独树一帜，使山水田园诗的成就达到了一个新的高峰，成为盛唐山水田园诗派的代表人物。现存诗不足四百首。历代编注其集很多，明顾起经《类笺唐王右丞诗集》十卷（后附文集四卷）是现存最早的注本；清赵殿成《王右丞集笺注》是迄今较好的注本。

**注释**

　　使：出使。安西：安西都护府的治所，在今新疆维吾尔自治区库车县境内。渭城：秦朝首都咸阳所在的旧城，在今陕西西安西北。此处暗指长安。浥：湿润。客舍：旅店。更：再。阳关：故址在今甘肃敦煌西南古董滩附近，当时是出入西域的必经之地。

## 题北榭碑
### 李 白

一为迁客去长沙，
西望长安不见家。
黄鹤楼中吹玉笛，
江城五月落梅花。

**注释**

迁客：流迁或被贬到外地的官员。去长沙：西汉贾谊受权臣谗毁，贬官长沙。诗人以此自喻。黄鹤楼：江南名楼，在湖北武昌的长江边上。江城：指江夏城，今湖北武昌。武汉别名"江城"即来自此诗。梅花：指《梅花落》。为笛曲曲牌名。

## 题淮南寺
### 程 颢

南去北来休便休，
白蘋吹尽楚江秋。
道人不是悲秋客，
一任晚山相对愁。

**注释**

休便休：随遇而安，自由自在，想休息便休息。休：歇息。

白蘋：即白萍，浮生于水面的萍草，初秋开白花。楚江：这里指流经湖南、安徽的长江。道人：有道之人。这里指通达人生哲理的人。这里是诗人自称。悲秋客：为秋天的寂寥而伤感的人。一任：任凭。愁：忧愁。此处指秋色自悲。

## 秋 月

程 颢

清溪流过碧山头，
空水澄鲜一色秋。
隔断红尘三十里，
白云红叶两悠悠。

注释

清溪：清澈的溪水。碧山头：碧绿色的山头。指山上草木葱茏，苍翠欲滴。空水：夜空和溪水。澄鲜：明净、清新的样子。一色秋：指明净的夜空和溪水呈现出一派秋色。红尘：指人间。佛教把人世间称为"红尘"。三十里：不是确数，意指遥远。悠悠：悠闲自在的样子。

## 七 夕

杨 朴

未会牵牛意若何，
须邀织女弄金梭。
年年乞与人间巧，
不道人间巧已多。

### 作者简介

杨朴,生卒年不详。字契元,自称东野逸民。南宋诗人。新郑(今属河南)人。工诗,风格清新质朴。

### 注释

七夕:七月七日。相传牛郎与织女相爱而遭到王母干涉,王母将他们分隔在天河两旁,每年七月七日晚才准他们相会一次。金梭:据说织女是天上负责织云彩的仙女,手艺神妙无比,所以旧时每年七月七日晚民间妇女要摆瓜果穿针线乞求织女赏给一双针线巧手,这叫"乞巧"。

## 立 秋

刘 翰

乳鸦啼散玉屏空,
一枕新凉一扇风。
睡起秋声无觅处,
满阶梧叶月明中。

### 作者简介

刘翰,生卒年不详。字武子。长沙(今属湖南)人。宋代诗人。曾为南宋高宗宪圣吴皇后侄吴益子琚门客,有诗词投呈张孝祥、范成大。久客临安,迄以布衣终身。今存《小山集》一卷。

### 注释

乳鸦:幼小的乌鸦。玉屏:玉色的屏风。秋声:秋天西风吹得树木萧瑟作响的声音。满阶梧叶:据说在立秋的时节,梧桐的叶子最先凋落。

## 七 夕

杜 牧

银烛秋光冷画屏,
轻罗小扇扑流萤。
天街夜色凉如水,
卧看牵牛织女星。

**注释**

银烛:白色而美丽的蜡烛。此处比喻月光。画屏:绘有图画的屏风。轻罗小扇:用质地轻薄的绢绸制成的小圆扇。轻罗:柔软的丝织品。流萤:飞动的萤火虫。天街:指银河。古代传说中天上有宫阙街市,银河一带繁星万点,犹如天街。牵牛织女:两个星座的名字。

## 中秋月

苏 轼

暮云收尽溢清寒,
银汉无声转玉盘。
此生此夜不长好,
明月明年何处看?

**注释**

溢:满而漫出的样子。银汉:天河、银河。玉盘:此处比喻圆月。不长好:即好景不长。

## 江楼有感

赵嘏

独上江楼思悄然,
月光如水水如天。
同来玩月人何在,
风景依稀似去年。

*作者简介*

赵嘏(806?～853?),字承祐。楚州山阳(今江苏淮阴)人。唐代诗人。年轻时四处游历,留寓长安,出入豪门谋求功名。唐武宗会昌四年(844)进士及第,官渭南尉。颇有诗名,不拘小节。其诗擅长七律,笔法圆转流美,时有警策之句。深受杜牧推崇,因"残星数点雁横塞,长笛一声人倚楼"诗句而被杜牧称为"赵倚楼"。著有《渭南集》,存诗二百多首,《全唐诗》录存其诗二卷。

*注释*

江楼有感:诗题一作《江楼感旧》,感旧,感念旧人、旧事。江楼,江边的楼台。悄然:忧伤失落的样子。月光如水:夜空中月亮的光照像水一样清透。依稀:好像,仿佛。去年:指以往的某一年,非现在的"上一年"之意。

## 题临安邸

林升

山外青山楼外楼,
西湖歌舞几时休。

暖风熏得游人醉，

直把杭州作汴州。

### 作者简介

林升（1163？～1189？），字梦屏。南宋诗人。平阳（今属浙江）人。擅长诗文，《西湖游览志余》录其诗一首。

### 注释

本诗作者也有作"林外"，因当年题诗留在粉墙上的字迹是行草，"升"与"外"形体酷似，历来莫衷一是。临安：南宋的京城，即今浙江杭州。邸：客栈，旅店。汴州：即汴梁（今河南开封），北宋京城。直：简直。

## 晓出净慈送林子方

### 杨万里

毕竟西湖六月中，

风光不与四时同。

接天莲叶无穷碧，

映日荷花别样红。

### 注释

晓：早晨。净慈：寺名，与灵隐寺为西湖南北山两大著名佛寺，位于西湖边上。林子方：作者的朋友，官居直阁秘书。毕竟：到底。四时：四季。这里是泛指夏季以外的冬、春、秋季节。

## 饮湖上初晴后雨

苏 轼

水光潋滟晴方好,
山色空濛雨亦奇。
欲把西湖比西子,
淡妆浓抹总相宜。

**注释**

湖:指西湖。潋滟:形容水波流动的样子。方好:才好。空濛:云雾迷茫的样子。奇:奇妙。西子:即西施,春秋时代越国著名的美女。淡妆:素雅的打扮。浓抹:浓艳的妆饰。相宜:相称,合宜。

## 入 直

周必大

绿槐夹道集昏鸦,
敕使传宣坐赐茶。
归到玉堂清不寐,
月钩初上紫薇花。

**作者简介**

周必大(1126~1204),字子充,一字洪道,自号平园老叟。南宋政治家、文学家。吉州庐陵(今江西吉安)人。宋高宗绍兴二十一年(1151)进士,累官中书舍人、礼部尚书、参知政事、左丞相等,封益国公。与陆游、范成大、杨万里等交谊颇深。知识渊博,能诗擅文,一生著述甚丰,有诗六百余首,著有《益国周文忠公全集》二百卷。

**注释**

　　入直：古代称官员入宫禁值班供职。诗题一作《入直召对选德殿赐茶而退》。敕使：传达皇帝诏令的官员。敕：指皇帝的诏令。玉堂：翰林院的别称。清不寐：神思清醒，不能入眠。紫薇：唐人称宰相为紫薇令。

## 夏日登车盖亭

蔡　确

纸屏石枕竹方床，
手倦抛书午梦长。
睡起莞然成独笑，
数声渔笛在沧浪。

**作者简介**

　　蔡确（1037～1093），字持正。北宋诗人。泉州晋江（今属福建）人。宋仁宗嘉祐四年（1059）进士，累官御史中丞、参知政事、尚书右仆射等。其诗平适自然。

**注释**

　　车盖亭：故址在今湖北安陆县。纸屏：纸糊成的屏风。竹方床：方形竹凉床。莞然：微笑的神情。渔笛：渔夫吹奏的笛音。沧浪：本指水的青苍色。此处指代江湖。

## 直玉堂作

洪咨夔

禁门深锁寂无哗,
浓墨淋漓两相麻。
唱彻五更天未晓,
一墀月浸紫薇花。

**作者简介**

洪咨夔(1176~1236),字舜俞,号平斋。南宋诗人。于潜(今浙江临安)人。宋宁宗嘉泰二年(1202)进士,累官至刑部尚书、翰林学士,知制诰,加端明殿学士。存诗九百二十多首,词有《平斋词》,著有《平斋文集》三十二卷。

**注释**

禁门:宫禁之门,即宫门。哗:喧哗声。淋漓:酣畅的样子。两相麻:此处指作者两次代皇帝起草拜相的诰令。麻:唐宋时任命大臣用白麻纸颁诏,此处代指诏书。唱彻:唱过。唱:古时皇宫里有人专司唱晓。墀:台阶上面的空地。也指地面。月浸:月光浸润,犹言紫薇花沐浴在月光之中。

## 竹 楼

李嘉祐

傲吏身闲笑五侯,
西江取竹起高楼。
南风不用蒲葵扇,
纱帽闲眠对水鸥。

**作者简介**

李嘉祐,字从一,生卒年不详。中唐诗人。赵州(今河北赵县)人。唐玄宗天宝七年(748)进士,曾任台州、袁州刺史等职,与李白、刘长卿、钱起等相识。工诗,其诗丽婉,有齐梁之风。《新唐书·艺文志》著录《李嘉祐》一卷。

**注释**

傲吏:恃才傲物的清高官吏。诗人用以自称。五侯:泛指爵位高显的权贵。蒲葵扇:用蒲葵叶做成的扇子。蒲葵:草名,叶、柄可制扇。

## 直中书省

白居易

丝纶阁下文章静,
钟鼓楼中刻漏长。
独坐黄昏谁是伴,
紫薇花对紫微郎。

**作者简介**

白居易(772~846),字乐天,号香山居士。唐代著名诗人、文学家。下邽(今陕西渭南)人。唐德宗贞元年间进士,任翰林学士、左拾遗等。因得罪权贵,贬为江州司马,移忠州刺史。后被召为主客郎中,知制诰。晚年官至太子少傅,长居洛阳香山。在文学上积极倡导新乐府运动,主张"文章合为时而著,诗歌合为事而作"。一生作诗甚多,以讽喻诗最为有名,语言通俗易懂,被称为"老妪能解"。著有《白氏长庆集》七十一卷。

**注释**

直中书省：在中书省值班。直：值班。丝纶阁：即中书省。帝王的诏书用丝绢类写成，故称丝纶。中书省是秉承君王旨意发布政令的机构，所以被称为丝纶阁。钟鼓楼：古代专门用以报时辰的楼，常以敲钟、击鼓为号，故称钟鼓楼。刻漏长：时间长的意思。刻漏：古代计时工具，以铜壶滴漏计时，根据漏壶中标尺的刻度来判断时间。紫微郎：唐代又称中书省为紫微省，紫微郎即中书侍郎。诗人时任中书舍人之职，故自称紫微郎。

## 观书有感

朱 熹

半亩方塘一鉴开，
天光云影共徘徊。
问渠那得清如许，
为有源头活水来。

**注释**

方塘：又称半亩塘，在福建尤溪城南郑义斋馆舍（后为南溪书院）内。朱熹父松与郑交好，故尝有《蝶恋花·醉宿郑氏别墅》词云："清晓方塘开一境。落絮如飞，肯向春风定。"鉴：一种青铜器皿，浅盘，盛水可做镜子用。开：开辟。徘徊：来回移动。渠：它，指池塘。那得：怎么会。清如许：如此的清澄。为：因为。一说是谓。活水：不断流淌着的水。

## 泛 舟

朱 熹

昨夜江边春水生，

艨艟巨舰一毛轻。
向来枉费推移力，
此日中流自在行。

### 注释

春水生：春天的河水上涨。艨艟：古代的一种大战船。向来：从前，指春水未涨之时。推移：指用人力在岸上牵引船前进。中流：江河中部之主流。自在：随意尽兴的样子。

## 冷泉亭

林　稹

一泓清可沁诗脾，
冷暖年来只自知。
流出西湖载歌舞，
回头不似在山时。

### 作者简介

林稹，字丹山，生卒年不详。宋代诗人。长州（今江苏苏州）人。生平事迹不详。有《宫词》百首。

### 注释

冷泉亭：亭名，在西湖灵隐寺前，亭下有冷泉。一泓：一潭深水。沁：有清凉舒适之意。诗脾：诗人的脾气口味。年来：年去年来。此处指岁月的更替。载：浮，承受。歌舞：此处指满载歌伎舞女的游船。

## 冬 景

苏 轼

荷尽已无擎雨盖,
菊残犹有傲霜枝。
一年好景君须记,
最是橙黄橘绿时。

**注释**

诗题一作《赠刘景文》。刘景文,即刘季孙,字景文,北宋两浙兵马都监。苏轼称他为"慷慨奇士"。荷尽:荷花开罢了。擎:向上托、举。雨盖:喻指荷叶,因其形状像盖。菊残:指秋菊的花朵已经枯萎。傲霜枝:指耐霜的菊花枝叶。傲霜:不怕霜冻,坚强不屈。须:应当,应该。最是:正是。橙黄橘绿:橙、橘皆为常绿乔木,秋天果实成熟。此处用橙黄橘绿指代秋色。

## 枫桥夜泊

张 继

月落乌啼霜满天,
江枫渔火对愁眠。
姑苏城外寒山寺,
夜半钟声到客船。

**作者简介**

张继(约公元756年前后在世),字懿孙。唐代诗人。襄州(今湖北襄阳)人。唐玄宗天宝十二年(753)进士,累官至盐铁判官、检校祠部员外郎。其诗多登临纪行之作,诗风爽利而激越,不事雕琢,常用白描手法刻画自然风光,显得清秀朴质,情致深远。著有《张祠部诗集》。

**注释**

枫桥:在江苏苏州市阊门外三公里处的枫桥镇。乌啼:指乌鸦夜啼。江枫:江边的枫树。姑苏:苏州的别称。寒山寺:位于姑苏城外枫桥边,始建于六朝,距今已有一千四百多年的历史。唐贞观年间改名为寒山寺。

## 寒 夜

### 杜 耒

寒夜客来茶当酒,
竹炉汤沸火初红。
寻常一样窗前月,
才有梅花便不同。

**作者简介**

杜耒(? ～1225),字子野,号小山。宋代诗人。旴江(今江西抚州)人。生平事迹不详。能诗,诗风朴素,颇有韵味。

**注释**

茶当酒:以茶当酒,以茶代酒。竹炉:煮茶用的火炉,可能是里面用泥,外面用竹制作。汤沸:指开水翻滚。寻常:往常、平常。

## 霜 月

### 李商隐

初闻征雁已无蝉,

百尺楼台水接天。

青女素娥俱耐冷,

月中霜里斗婵娟。

### 作者简介

李商隐(813～858),字义山,号玉谿生、樊南生。怀州河内(今河南沁阳)人。晚唐著名诗人。唐文宗开成年间进士,累官至弘农尉、佐幕府、东川节度使判官等。受困于"牛李党争",辗转于各藩镇幕僚,郁郁不得志,潦倒终身。诗作与杜牧齐名,并称"小李杜"。其诗构思新奇、风格浓丽、情致婉曲,尤其是爱情诗缠绵悱恻,为人传诵。但由于用典太多,过于隐晦迷离,不易索解。著有《李义山诗集》,现存;文集已散佚,后人有《樊南文集》《樊南文集补编》。

### 注释

征雁:旅途中的大雁。青女:神话中主霜雪的女神。素娥:月宫中的嫦娥。俱:都。婵娟:美好的姿容。

## 梅

### 王 淇

不受尘埃半点侵,

竹篱茅舍自甘心。

只因误识林和靖,

惹得诗人说到今。

**注释**

尘埃：尘土，比喻污浊的事物。侵：侵蚀。林和靖：宋代隐士林逋死后谥号叫"和靖先生"，一生未结婚，最喜欢种梅和养鹤，世人因此称他"梅妻鹤子"，即以梅为妻以鹤为子。

## 早 春

白玉蟾

南枝才放两三花，
雪里吟香弄粉些。
淡淡著烟浓著月，
深深笼水浅笼沙。

**作者简介**

白玉蟾（1194～?），原名葛长庚，字如晦，又字白叟，号海琼子，又号海南翁、琼山道人等。南宋道士、诗人。闽清（今属福建）人。后家居琼州，在雷州过继给姓白的人家，改名白玉蟾。师事陈楠学道，遍历名山。宋宁宗嘉定年间被召至京城，命掌太乙宫，封紫清真人。博览群书，工诗，擅长书法和绘画。后人辑有《宋海琼白真人诗文全集》等。

**注释**

南枝：向南开花的梅枝。南枝向阳，所以先开花。吟香：吟咏初放的梅香。弄：赏玩。粉：白色。此处指梅花的白颜色。些：句末语气助词。著：笼罩，罩住。

## 雪 梅（二首）

卢梅坡

### 其一

梅雪争春未肯降，
骚人搁笔费评章。
梅须逊雪三分白，
雪却输梅一段香。

### 其二

有梅无雪不精神，
有雪无诗俗了人。
日暮诗成天又雪，
与梅并作十分春。

**作者简介**

卢梅坡，南宋诗人。生卒年及生平事迹不详。

**注释**

降：让步，服输。骚人：诗人。战国大诗人屈原有名诗《离骚》，后来又因此出了一种诗体"骚体"，所以后来诗人有了这种别称。搁：放下。评章：评判，评论。须逊：本就差，本不如。输：输却，犹言差、少。精神：神采，韵味。俗了人：使人俗气，不高雅。并作：合作，合成。十分春：十足的春色。

## 答钟弱翁

牧 童

草铺横野六七里，

笛弄晚风三四声。

归来饱饭黄昏后,

不脱蓑衣卧月明。

**作者简介**

牧童,放牛的孩子,宋代人,姓名、生平均不详。

**注释**

钟弱翁:钟傅,字弱翁,北宋人,累官至集贤殿修撰、知熙州、河中知府等,后因故遭贬。横野:辽阔的原野。弄:小曲。此处作"戏弄"解。蓑衣:用草或棕制成的,披在身上的防雨工具。卧月明:睡在月光之下。

## 泊秦淮

杜 牧

烟笼寒水月笼沙,

夜泊秦淮近酒家。

商女不知亡国恨,

隔江犹唱后庭花。

**注释**

秦淮:河名,发源于今江苏溧水县,流经南京市区,注入长江。秦淮河的南京城内河段是著名的"十里秦淮""六朝金粉"的地方。东吴以来一直是繁华的商业区和居民地,六朝时成为名门望族聚居之地,商贾云集,文人荟萃,儒学鼎盛。隋唐以后,渐趋衰落,却引来无数文人骚客来此凭吊、咏叹。笼:笼罩。商女：以卖唱为生的歌伎。后庭花：即《玉树后庭花》。南朝最后一个皇帝陈后主陈叔宝作《玉树后庭花》舞曲，反映宫廷的腐朽生活。陈后主日夜饮酒赋诗，征歌逐色，不理朝政，终致国家为隋所灭。后人因此称此曲为亡国之音。

## 归　雁

### 钱　起

潇湘何事等闲回，
水碧沙明两岸苔。
二十五弦弹夜月，
不胜清怨却飞来。

### 作者简介

钱起（722～780），字仲文。中唐诗人。吴兴（今浙江湖州）人。唐玄宗天宝十年（751）进士，曾任考功郎中（故世称"钱考功"）、翰林学士等。"大历十才子"之一，诗名很盛。其诗多送别酬赠、流连光景、粉饰太平之作，风格清空闲雅、流丽纤秀，尤长于写景，为大历诗风的杰出代表。有《钱考功集》存世。

### 注释

潇湘：两条河名。湘江流到湖南零陵县汇合潇水，称为潇湘。据说大雁南飞到湖南衡山的回雁峰就不再往前，栖息下来，等冬天过去再回北方。所以诗人把大雁栖息地的潇湘作为雁的代称。何事：何故，什么原因。等闲：随便，轻易。水碧沙明：澄澈碧绿的水，明净的沙石。喻指景色优美。苔：此指江边的水草。二十五弦：指瑟，一种有二十五根弦的古代乐器。弹夜月：传说湘水女神善于弹瑟，其声哀怨。不胜：承受不住。清怨：此处指曲调凄清哀怨。

## 题　壁

无名氏

一团茅草乱蓬蓬，
蓦地烧天蓦地空。
争似满炉煨榾柮，
漫腾腾地暖烘烘。

*注释*

乱蓬蓬：散乱，乱七八糟的样子。蓦地：突然，一下子。争似：怎似，哪里比得上。煨：小火。榾柮：老树根，树蔸。

# 第二卷 七言律诗(四十四首)

## 早朝大明宫
### 贾 至

银烛朝天紫陌长,禁城春色晓苍苍。
千条弱柳垂青琐,百啭流莺绕建章。
剑珮声随玉墀步,衣冠身惹御炉香。
共沐恩波凤池上,朝朝染翰侍君王。

**作者简介**

贾至(718～772),字幼邻,一作幼几。盛唐诗人。洛阳(今属河南)人。曾任单父尉、中书舍人、汝州刺史、岳州司马等职。与其父贾曾都曾为朝廷掌执文笔。工诗,与李白等当时著名诗人均有交游或酬唱。其诗俊逸清畅,杜甫称其诗"雄笔映千古"。《全唐诗》存其诗一卷。

**注释**

早朝:古代封建朝廷的大臣一般早晨晋见皇帝,商议国事,称为早朝。大明宫:唐时皇宫殿名。国家大典、皇帝朝见百官多在此举行。银烛:蜡烛,有银饰的烛台。此处指百官早朝时擎的灯火。紫陌:京城长安的道路。禁城:皇城,又叫紫禁城。苍苍:深青色。青琐:宫廷门窗上雕刻的花纹多涂以青色,故称青琐。后常以青琐代指宫门。剑珮：宝剑和玉珮。玉墀：指宫中精致的台阶。惹：招来，引来。沐：身受。恩波：指皇帝的恩泽。凤池：即凤凰池，在大明宫内，中书省所在地。贾至当时在中书省任舍人。朝朝：天天。染翰：指写文章。翰，毛笔。侍：陪奉，侍候。

## 和贾舍人早朝

### 杜　甫

五夜漏声催晓箭，九重春色醉仙桃。
旌旗日暖龙蛇动，宫殿风微燕雀高。
朝罢香烟携满袖，诗成珠玉在挥毫。
欲知世掌丝纶美，池上于今有凤毛。

注释

和：唱和。指以诗词相酬答，多用同样的诗歌形式。五夜：即五更。晓箭：计时用的铜壶上标明时刻的箭杆状标尺。九重：皇帝所居之地。古代以九为最，九重表示位置极尊贵。旌旗：旗帜。珠玉：即珠圆玉润。形容笔下的字个个如珠玉般圆润。在挥毫：任意运笔，随意挥洒。世掌丝纶：丝纶，帝王的诏书。因贾至父子都曾任中书舍人，掌管起草帝王诏书，故诗人称之"世掌"。池：即中书省。凤毛：南朝宋时谢凤与其子谢超宗，好学有才，宋武帝夸奖说："超宗殊有凤毛。"这里作者以此典故喻贾至像他父亲一样有文采。

## 和贾舍人早朝

### 王　维

绛帻鸡人报晓筹，尚衣方进翠云裘。

九天阊阖开宫殿,万国衣冠拜冕旒。
日色才临仙掌动,香烟欲傍衮龙浮。
朝罢须裁五色诏,珮声归到凤池头。

### 注释

绛帻:红色的头巾。鸡人:古代宫中,于天将亮时,有头戴红巾的卫士,于朱雀门外高声喊叫,好像鸡鸣,以警百官,故名鸡人。晓筹:即更筹,夜间计时的竹签。尚衣:官名。隋唐有尚衣局,掌管皇帝的衣服。翠云裘:饰有青绿色云纹的皮衣。九天:九重天,此处指皇帝的居处。阊阖:传说中的天门。此处指宫门。万国衣冠:此处指各国来朝拜的使臣。冕旒:皇帝戴的垂有珠串的礼冠,借指皇帝。冕:皇帝所戴的冠帽。旒:冕前后所悬挂的珠串,天子之冕十二旒。仙掌:靠近皇帝左右为皇帝专用的掌扇,叫障扇,多以雉尾为饰。香烟:这里是和贾至原诗"衣冠身惹御炉香"意。傍:依。衮龙:皇帝龙袍上的龙浮海水形图案。五色诏:用五色丝绢书写的诏书。珮声:身上佩玉在走动时发出的声音。珮:同"佩"。

## 和贾舍人早朝

岑 参

鸡鸣紫陌曙光寒,莺啭皇州春色阑。
金阙晓钟开万户,玉阶仙仗拥千官。
花迎剑珮星初落,柳拂旌旗露未干。
独有凤凰池上客,阳春一曲和皆难。

**作者简介**

岑参(715~770),盛唐著名诗人。原籍南阳(今属河南),迁居荆州江陵(今湖北江陵)。出身仕宦家庭,早岁孤贫,遍读经史。唐玄宗天宝三年(744)进士,曾居西域数年,官至嘉州刺史(故世称"岑嘉州")等。后罢官,客死成都旅舍。擅长写边塞诗,与高适齐名,世称"高岑"。其诗善于描绘塞上风光和战争景象,雄浑豪迈,情辞慷慨,色彩瑰丽,语言变化自如。有《岑嘉州诗集》,今存诗四百零三首。

**注释**

皇州:皇城,帝京。阑:将尽。金阙:宫阙。此处指钟鼓楼阙而言。仙仗:指皇宫的仪仗。仙:是赞美之辞。剑珮:殿前卫士以及朝臣佩带的宝剑上的玉石饰物。凤凰池上客:此指中书舍人贾至。阳春:即《阳春白雪》,为古代楚国的名曲,曲调高雅。此处借指贾至的诗。

## 上元应制

蔡 襄

高列千峰宝炬森,端门方喜翠华临。
宸游不为三元夜,乐事还同万众心。
天上清光留此夕,人间和气阁春阴。
要知尽庆华封祝,四十余年惠爱深。

**作者简介**

蔡襄(1012~1067),字君谟。北宋书法家、诗人。兴化仙游(今属福建)人。宋仁宗天圣八年(1030)进士,累官至西京留守推官、福建路转运使、龙图阁直学士、开封知府、翰林学士等。工书,与苏轼、黄庭坚、米芾并称"宋四家"。能诗善文,且为人忠直。

**注释**

应制:应皇帝之命写诗作文。千峰:指众多的灯山。旧时元宵节将彩灯叠成山形,取名鳌山。宝炬森:灯火林立。森,排列耸立。端门:皇宫朝南的正门。翠华:用翠鸟羽毛装饰的旗帜,用作皇帝的仪仗。此处指皇帝的车驾。宸游:皇帝出游。三元:农历的正月、七月、十月的十五为上元、中元、下元,合称三元。此处指上元。和气:祥和之气。阁:同"搁",停留。春阴:春天时的花木荫处。华封祝:即华封三祝。传说唐尧游于华,华地守封疆的人祝他长寿、富有、多男,后人称为华封三祝。惠爱:惠爱教化。

## 上元应制

王 珪

雪消华月满仙台,万烛当楼宝扇开。
双凤云中扶辇下,六鳌海上驾山来。
镐京春酒沾周宴,汾水秋风陋汉才。
一曲升平人共乐,君王又尽紫霞杯。

**作者简介**

王珪(1019~1085),字禹玉。北宋诗人。华阳(今四川双流)人。宋仁宗庆历年间进士,宋神宗时擢居宰相、集贤殿大学士。写有不少反映宫廷生活的诗。著有《华阳集》。

**注释**

华月：皎洁的月光。仙台：此处指天子赏月的楼阁。当楼：对着楼。宝扇：即障扇。双凤：此处指随侍皇帝的宫妃。辇：古代帝王皇后所乘的车子。鳌：传说中的海上大龟或大鳌。据说海上有三座神山，下有六鳌相托。此处指灯景鳌山。镐京：西周国都。故址在今陕西长安县。此处借指宋都。沾周宴：指周武王在镐京宫中大宴群臣之事。汾水秋风：指汉武帝巡游汾水，君臣同赋《秋风辞》一事。汾水：汾河，在山西省中部。

## 侍　宴

### 沈佺期

皇家贵主好神仙，别业初开云汉边。
山出尽如鸣凤岭，池成不让饮龙川。
妆楼翠幌教春住，舞阁金铺借日悬。
敬从乘舆来此地，称觞献寿乐钧天。

**作者简介**

沈佺期（约656～约714），字云卿。唐代诗人。相州内黄（今属河南）人。唐高宗上元二年（675）进士。累官至考功员外郎、给事中、中书舍人、太子少詹事等。因谄附张易之，曾被流放。其诗文辞靡丽，律体精密，与宋之问齐名，人称"沈宋"。明人辑有《沈佺期集》。

**注释**

侍宴：臣子参加皇帝举行的宴会。皇家贵主：指唐中宗女儿安乐公主。好神仙：信奉神仙。别业：别墅。这里指安乐公主新建的山庄。初开：刚刚建成。云汉边：接近云霄。极言楼阁之高。鸣凤岭：山名。在陕西凤翔县。此句引出鸣凤岭，比喻别墅里的假山，像鸣凤岭一样高耸壮观。不让：不逊色。饮龙川：渭水。翠幌：翠绿色的帘幕。舞阁：专供舞蹈用的台阁。金铺：铺首。用铜做成兽面衔圆环钉在门上。乘舆：皇帝的车驾。此处借指皇帝。称觞：举起酒杯。乐：奏乐。钧天：乐曲名，传为黄帝的音乐。

## 答丁元珍

欧阳修

春风疑不到天涯，二月山城未见花。
残雪压枝犹有橘，冻雷惊笋欲抽芽。
夜闻归雁生乡思，病入新年感物华。
曾是洛阳花下客，野芳虽晚不须嗟。

### 作者简介

欧阳修（1007～1072），字永叔，自号醉翁、六一居士。北宋政治家、文学家、史学家和诗人。吉州吉水（今属江西）人，自称庐陵人，因吉州原属庐陵郡。宋仁宗天圣年间进士。累官至西京留守推官、枢密副使、参知政事、兵部尚书等，其间曾被贬为滁州太守。卒谥文忠。在政治和文学方面力主革新，既是范仲淹"庆历新政"的支持者，又是北宋诗文革新运动的领导者。文学创作以散文成就最高，为"唐宋八大家"之一；工诗擅词，其诗雄健清新，流畅自然，其词有南唐"花间"之风，深婉清丽。曾与人合修《新唐书》，独撰《新五代史》。有《欧阳文忠公文集》。

**注释**

答丁元珍：这是作者被贬为峡州夷陵（今湖北宜昌）县令时酬答丁宝臣的诗。丁宝臣字元珍，时为峡州判官。天涯：天边。山城：靠山的城垣。冻雷：早春的雷。即惊蛰节气的雷。物华：万物的精华。这里指眼前的美好景致。洛阳花下客：作者自称。欧阳修被贬前曾任西京（即洛阳）留守推官。北宋以洛阳的花园最盛，时有"天下名园重洛阳"的说法，故作者自称"洛阳花下客"。野芳：野花。不须嗟：不应该叹气。

## 插花吟

邵　雍

头上花枝照酒卮，酒卮中有好花枝。
身经两世太平日，眼见四朝全盛时。
况复筋骸粗康健，那堪时节正芳菲。
酒涵花影红光溜，争忍花前不醉归。

**作者简介**

邵雍（1011～1077），字尧夫，自号安乐先生，世称百源先生。北宋哲学家、诗人。祖籍范阳（今河北涿州），幼随父迁居卫州共城（今河南辉县）。一生执意不仕，屡次辞官不就，曾隐居苏门山下百源，读书耕地，自得其乐。与司马光、吕公著等交往甚密。著有《伊川击壤集》《皇极经世》等。

**注释**

插花：戴花。吟：一种诗歌体裁。酒卮：酒杯。两世：古人称三十年为一世。两世即六十年。四朝：指作者所经历的宋真宗、仁宗、英宗、神宗四代皇帝。况复：何况又，况且还。筋骸：筋骨。那堪：更兼。芳菲：花草芳香丰茂。酒涵花影：酒中映照着花的影子。红光溜：花影在酒光中流光溢彩。争忍：怎么舍得。

## 寓　意

### 晏　殊

油壁香车不再逢，峡云无迹任西东。

梨花院落溶溶月，柳絮池塘淡淡风。

几日寂寥伤酒后，一番萧索禁烟中。

鱼书欲寄何由达，水远山长处处同。

作者简介

晏殊（991～1055），字同叔，谥号元献。北宋著名词人。抚州临川（今属江西）人。宋真宗景德元年（1004）进士，历任要职，累官至光禄寺丞、太子舍人、翰林学士、右谏议大夫兼侍读学士、礼部侍郎、枢密使、兵部尚书等，封临淄公。工诗擅文，以词作著称于文坛，尤擅小令。其词工巧浓丽，音韵和谐，风流蕴藉。现存《珠玉词》及清人所辑《晏元献遗文》。

注释

寓意：寄托一定意思的诗。诗题一作《无题》。油壁香车：古代的一种用油漆涂饰车壁的华贵车子。这里形容女子坐的车精美漂亮。逢：相逢。峡云：巫山峡谷上的云彩。此处喻指诗人心目中的恋人。溶溶：月光似水一般（流动）。淡淡：风轻轻（吹）。伤酒：因过量饮酒而导致身体不舒服。萧索：缺乏生机。禁烟中：指寒食节。鱼书：即书信。上古时的信封是用两块鱼形木片合成,古乐府《饮马长城窟行》中有"客从远方来,遗我双鲤鱼。呼儿烹鲤鱼,中有尺素书"诗句。故后人常称书信为鱼书。何由达:倒装句,即由何达。处处同:到处都是一样的(阻隔)。

## 寒食书事

赵 鼎

寂寞柴门村落里,也教插柳纪年华。
禁烟不到粤人国,上冢亦携庞老家。
汉寝唐陵无麦饭,山溪野径有梨花。
一樽竟藉青苔卧,莫管城头奏暮笳。

### 作者简介

赵鼎(1085~1147),字元镇,自号得全居士,谥忠简。南宋政治家、词人。解州闻喜(今属山西)人。宋徽宗崇宁五年(1106)进士。曾任河南洛阳令、开封士曹、尚书左仆射同中书门下平章事兼枢密使等。支持岳飞抗金,反对秦桧的妥协和议,因而遭到投降派的排挤打击,谪居广东诸地,后忧愤绝食而死。其诗、词、文俱工,且精通经史。著有《忠正德文集》《得全居士词》等。

### 注释

也教:也要,也会。插柳:古代民俗,于寒食节时在门上插柳。纪年华:标志着岁月更替。纪:记。粤人国:指今广东、广西一带。上冢:即上坟祭扫。冢:坟墓。庞老:即庞德公,东汉隐士,一生拒绝做官,隐居湖北襄阳鹿门山。据说一次隐士司马徽去探访，正碰上他携带全家老小扫墓归来。汉寝唐陵：汉代和唐代帝王的陵墓。麦饭：没磨的麦子做成的粗糙饭食，这里指祭品。樽：酒器。竟：完。藉：借。笳：一种乐器，这里借指军中的号角。

## 清　明

### 黄庭坚

佳节清明桃李笑，野田荒冢只生愁。
雷惊天地龙蛇蛰，雨足郊原草木柔。
人乞祭余骄妾妇，士甘焚死不公侯。
贤愚千载知谁是，满眼蓬蒿共一丘。

*注释*

笑：指花朵绽放。龙蛇蛰：龙蛇出洞。蛰：本指动物冬眠时潜伏在土中或洞穴里的状态。此处作"起蛰"讲。郊原：郊外的原野。柔：嫩绿。"人乞"句：这是说《孟子·离娄》中的一个故事：有个齐国人，每天乞食人家祭奠死人的残酒剩饭，回到家中就向妻妾炫耀被富贵人家款待。妻妾生疑后，就跟踪他，结果被发现真相。"士甘"句：这是说介子推被焚死的故事。《左传》中记载：春秋时期的介子推，宁愿被烧死于绵山的树林中，也不愿出山接受晋文公的封赏。后人为了纪念他，定他的忌日为寒食节。不公侯：不出来做官。贤愚：贤明和愚蠢。是：对，正确。蓬蒿："茼蒿"的俗称。此处指生长在坟墓上的杂草。丘：此处指坟墓。

## 清　明
### 高　翥

南北山头多墓田，清明祭扫各纷然。
纸灰飞作白蝴蝶，泪血染成红杜鹃。
日落狐狸眠冢上，夜归儿女笑灯前。
人生有酒须当醉，一滴何曾到九泉。

**作者简介**

高翥，生卒年不详，字九万，自号菊磵。南宋诗人。余姚（今属浙江）人。宋孝宗朝进士，一生隐居不仕，是"江湖派"诗人中富有才情的一个。黄宗羲曾赞其为"千年以来，余姚人中的'诗祖'"。著有《信天巢遗稿》《菊磵小集》。

**注释**

墓田：坟地。纷然：人多而纷乱。此处形容清明上坟祭扫的人络绎不绝。"泪血"句：指上坟祭扫的人像啼血的杜鹃一样，哭得凄哀动人。何曾：几曾，什么时候。九泉：也叫黄泉或阴间，迷信中人死后所在的地方。

## 郊行即事
### 程　颢

芳原绿野恣行时，春入遥山碧四围。
兴逐乱红穿柳巷，困临流水坐苔矶。
莫辞盏酒十分劝，只恐风花一片飞。
况是清明好天气，不妨游衍莫忘归。

**注释**

即事：触事有感而即兴作诗。芳原绿野：长满芳花绿草的原野。恣行：任意玩赏，纵情游乐。恣、任意放纵。遥山：远山。兴：乘兴，随兴。乱红：指落花。苔矶：水边长满苔藓的石块。矶：水边突出的石块。莫辞：不要推辞。十分劝：竭力劝酒。风花一片飞：花儿被风吹得片片飞落。况是：正是。游衍：尽情游逛。莫：通"暮"。

## 秋 千

僧惠洪

画架双裁翠络偏，佳人春戏小楼前。
飘扬血色裙拖地，断送玉容人上天。
花板润沾红杏雨，彩绳斜挂绿杨烟。
下来闲处从容立，疑是蟾宫谪降仙。

**作者简介**

僧惠洪（1071~1128），惠洪一作慧洪，又名德洪。俗姓彭，字觉范。宋代著名诗僧。筠州新昌（今江西宜丰）人。工书擅画，与黄庭坚有交往，诗作很有才华，笔力颇健。据说其在应试途中得度后为僧，尝住瑞州清凉寺。宋徽宗崇宁年间遭恶僧诬告而前后四次入狱。幸得宰相张商英、太尉郭天民之救，始得平反。著有《冷斋夜话》《林间录》《禅林僧宝传》等。

**注释**

画架：描绘着彩画的秋千架。双裁翠络：裁剪整齐的两根绿色绳索。翠络：秋千上翠绿色的彩绳。偏：斜。形容秋千在摇荡，摆动。戏：玩耍，荡秋千。血色：红色。断送：丧失。玉容:娇美的容颜。花板:上有彩画的秋千踏板。红杏雨:如雨般飘落的红杏花瓣。蟾宫谪降仙:这里形容该女子美得如下凡的嫦娥。蟾宫:月宫,传说月中有蟾蜍,故名。谪降仙:被贬谪到凡间的仙子。

## 曲 江（二首）
### 杜 甫

#### 其一

一片花飞减却春,风飘万点正愁人。
且看欲尽花经眼,莫厌伤多酒入唇。
江上小堂巢翡翠,苑边高冢卧麒麟。
细推物理须行乐,何用浮名绊此身。

注释

曲江:即曲江池,在今陕西西安东南。秦代为宜春苑,汉代为乐游原,隋代为芙蓉园。因水流曲折,故名。唐开元中曾加以疏浚开发,是都中人的游赏胜地。减却春:消减了春色。风飘万点:随风飘落的无数花瓣。欲尽花:将要落尽的花。经眼:飘过眼前。伤多:太多。翡翠:即翡翠鸟。苑边:指芙蓉苑边。高冢:这里指帝王将相的那些高大的坟墓。麒麟:泛指墓道旁的石兽。细推物理:细细推究事物衍生与变化的道理。物理:事物的发展规律、兴衰之理。浮名:虚名。

#### 其二

朝回日日典春衣,每日江头尽醉归。
酒债寻常行处有,人生七十古来稀。

穿花蛱蝶深深见，点水蜻蜓款款飞。
传语风光共流转，暂时相赏莫相违。

**注释**

朝回：退朝归来。典：典当，抵押。江头：江边。酒债：赊欠的酒钱。寻常：往往，一般。行处：到处。蛱蝶：即蝴蝶。深深：在花丛深处。见：通"现"。款款：轻缓。风光：春光。流转：流连徘徊。

## 黄鹤楼

崔　颢

昔人已乘黄鹤去，此地空余黄鹤楼。
黄鹤一去不复返，白云千载空悠悠。
晴川历历汉阳树，芳草萋萋鹦鹉洲。
日暮乡关何处是？烟波江上使人愁。

**作者简介**

崔颢（704？～754），字号不详。盛唐诗人。汴州（今河南开封）人。唐玄宗开元十一年（723）进士，曾出使河东军幕，天宝时任太仆寺卿，官至司勋员外郎。其早期诗作多以闺情为题材，流于轻艳；后赴边塞，风格变为昂扬奔放。《全唐诗》收其诗一卷，共存诗四十多首。

**注释**

黄鹤楼：故址在今湖北武昌蛇山黄鹤矶上，楼因山而名，相传为东吴黄武年间始建，后屡毁屡修，一直是古代的登临胜地。

传说古仙人子安（一说费祎或荀环）从此地乘鹤而去。黄鹤：传说中仙人所乘的一种鹤。昔人：指传说中的仙人。空悠悠：喻世事茫茫。晴川：指白日照耀下的汉江。汉阳：地名，即今湖北省武汉市汉阳区，位于长江、汉水夹角地带，与武昌黄鹤楼隔江相望。萋萋：青草茂盛的样子。鹦鹉洲：原在汉阳西南长江中，后被江水逐渐冲没。相传此洲因祢衡而得名。东汉末年，富有才气作过《鹦鹉赋》的祢衡被江夏太守黄祖所杀，并葬于洲上，因此而得名。乡关：故乡。

## 旅 怀

### 崔 涂

水流花谢两无情，送尽东风过楚城。
蝴蝶梦中家万里，杜鹃枝上月三更。
故园书动经年绝，华发春催两鬓生。
自是不归归便得，五湖烟景有谁争。

**作者简介**

崔涂（850～?），字礼山。唐末诗人。浙江富春江一带人。唐僖宗光启四年（888）进士，却终生未仕。生逢晚唐乱世，颠沛流离，足迹遍布巴蜀、秦陇以及湘鄂等地。其诗风格沉郁，多叙怀乡、离别之情。《全唐诗》编存其诗一卷，约一百首。

**注释**

楚城：泛指湖南、湖北一带的城市。两湖一带战国时期为楚国领地，故称楚城。蝴蝶梦：引用"庄周化蝶"的典故。《庄子·齐物论》中说：一日庄子梦见自己化为了一只蝴蝶，醒来时,不知是自己化作了蝴蝶,还是蝴蝶化作了自己。诗人借此说自己梦中化作蝴蝶飞回家乡。动:动辄。经年:常年。绝:断绝。此处指与家里断了音信。归便得:要回去就可以回去。得:能够,行。五湖烟景:这里引用了春秋时越国大夫范蠡辅佐勾践灭吴功成后隐身五湖的典故。五湖:太湖流域一带湖泊的泛称。烟景:风景。作者以五湖烟景喻指自己的家乡,也即远离官场的归隐之地。

## 寄李儋元锡

韦应物

去年花里逢君别,今日花开又一年。
世事茫茫难自料,春愁黯黯独成眠。
身多疾病思田里,邑有流亡愧俸钱。
闻道欲来相问讯,西楼望月几回圆。

*注释*

李儋:字元锡,唐朝宗室,曾任殿中侍御史,作者的诗交好友。花里:指花开时节,即仲春之时。逢君别:和君相逢又相别。"世事"句:当时朱泚在长安叛乱称帝,唐德宗出逃奉先,韦应物虽然派人去探听消息,可还没有回音。此时诗人可说是无比焦虑却又一筹莫展,所以说世事茫茫难自料。茫茫:渺茫。难自料:难以自我料定。黯黯:黯然,心神沮丧。田里:指家乡。邑:属境,这里指作者所管辖的苏州,当时他在苏州任刺史。流亡:指流浪的穷人。俸钱:俸禄,薪水。闻道:听说。西楼:又名观风楼,在苏州。

## 江　村

### 杜　甫

清江一曲抱村流，长夏江村事事幽。
自去自来梁上燕，相亲相近水中鸥。
老妻画纸为棋局，稚子敲针作钓钩。
多病所须惟药物，微躯此外复何求。

**注释**

清江：指流经草堂的浣花溪，在成都西郊。曲：这里为量词，因河水弯曲而说。"一曲"即"一弯"。抱：怀拥，环绕。幽：清静幽娴。棋局：棋盘。稚子：指作者年幼的儿子。钓钩：鱼钩。须：需要。惟：只是。微躯：微贱的身躯。这里是作者自谦之词。

## 夏　日

### 张　耒

长夏村墟风日清，檐牙燕雀已生成。
蝶衣晒粉花枝舞，蛛网添丝屋角晴。
落落疏帘邀月影，嘈嘈虚枕纳溪声。
久斑两鬓如霜雪，直欲樵渔过此生。

**作者简介**

张耒（1054～1114），字文潜，号柯山，人称宛丘先生。北宋著名诗人。祖籍亳州谯县（今安徽亳县），后迁至楚州淮阴（今江苏清江）。宋神宗熙宁六年（1073）进士，历任起居舍人、临淮主簿、著作郎、太常少卿等职，数遭贬谪，晚年居陈（古名宛丘，今河南淮阳）。"苏门四学士"之一。其诗朴实自然，不尚雕琢，清爽洒脱。著有《柯山集》《宛丘集》。

*注释*

长夏：长长的夏日。村墟：村庄。风日清：风清日丽。檐牙：指屋檐。因屋檐形如牙齿，故说檐牙。燕雀已生成：指栖息在屋檐下的燕雀的幼雏已羽翼丰满。蝶衣晒粉花枝舞：阳光明媚，蝴蝶展翅在花间飞舞着。蝶衣：指蝴蝶翅膀。晒粉：阳光照晒着蝶粉。添丝：添加新丝。落落：稀疏的样子。嘈嘈：形容水流声的嘈杂。虚枕：瓷枕。宋代夏日习用瓷枕，中空。直欲：直想，只想。樵渔：如樵夫和渔夫一般。

## 积雨辋川庄作

王 维

积雨空林烟火迟，蒸藜炊黍饷东菑。
漠漠水田飞白鹭，阴阴夏木啭黄鹂。
山中习静观朝槿，松下清斋折露葵。
野老与人争席罢，海鸥何事更相疑。

*注释*

积雨：久雨不晴。辋川庄：王维晚年隐居的别墅，在今陕西蓝田终南山。烟火迟：因久雨空气湿润，烟火上升迟缓。藜：通"藜"，一种植物，嫩叶可食。饷东菑：往东边的田里去送饭。饷：给在田间劳动的人送饭。菑：已经开垦了一年的田地，泛指农田。漠漠：广漠，茫茫一片。阴阴：形容树木浓密幽深。夏木：高大的树木，犹乔木。夏：大。啭：小鸟宛转鸣叫。习静：习养静寂的心性。朝槿：即木槿，夏秋之交开花，朝开暮谢，常被古人用作人生无常的象征。清斋：吃素。葵：一种蔬菜，霜露之时，葵最美好，故称"露葵"。野老：山野老人，这里是诗人自称。争席：争抢宴席上的座位。指融洽无间，不拘礼节。《庄子·杂篇·寓言》载：杨朱南行到沛地去，在梁地遇见老子。老子对他说："你神态傲慢，能和谁相处呢？最洁白的好像含垢的黑点，盛德的人好像有所不足。"杨朱愧然变色，说："敬听先生教诲。"杨朱来的时候，旅舍的人对他都非常恭敬，纷纷避让。等他回去的时候，旅舍的人都不再拘束，开始和他争席位了。这里诗人借用杨朱的典故表明自己已得自然之道，于人无碍，与世无争了。"海鸥"句：据《列子·皇帝篇》记载：海边有人与海鸥亲近，鸥鸟亦不猜疑，成群地飞来与他亲近。一天，他父亲要他抓回海鸥去，他再到海边时，海鸥都不再与他亲近了。这句是说不会再有人无端猜疑我了吧？

## 新　竹

陆　游

插棘编篱谨护持，养成寒碧映涟漪。

清风掠地秋先到，赤日行天午不知。

解箨时闻声簌簌，放梢初见影离离。

归闲我欲频来此，枕簟仍教到处随。

### 作者简介

陆游（1125～1210），字务观，号放翁。南宋诗坛一代领袖，我国伟大的爱国诗人。越州山阴（今浙江绍兴）人。生逢北宋灭亡之际，少时即受爱国思想熏陶。宋高宗绍兴中应礼部试，为奸臣秦桧所黜。宋孝宗时被赐进士出身。历任卑微小职，一生仕途坎坷。积极主张抗金，收复失地，并曾投身军旅，驰骋疆场。工诗词散文，"中兴四大诗人"（陆游、杨万里、范成大、尤袤）之一。其诗激昂悲壮，气魄雄浑，尽抒忧国忧民之心、抗敌复国之志和壮志难酬之愤。其词纤丽雄慨，沉郁凝重。著有《渭南文集》《剑南诗稿》《南唐书》《老学庵笔记》等。

### 注释

棘：荆棘。谨：谨慎，小心。护持：卫护。寒碧：本指碧玉，因碧玉带有凉意，故称寒碧。此处指新竹。涟漪：水面细小的波纹。掠地：（风）从地上刮过。秋先到：这种感觉使人以为秋天提前到了。行天：从天上走过。午不知：即使在中午也不知道。解箨：竹笋脱落笋壳。箨：竹笋的老壳。簌簌：风吹竹动发出的响声。放梢：竹梢绽放新叶。影离离：竹影稠密，这里用来形容竹子长得繁茂。归闲：告老归乡闲居。枕：这里指竹枕。簟：竹席。

## 夏夜宿表兄话旧

### 窦叔向

夜合花开香满庭，夜深微雨醉初醒。
远书珍重何曾达，旧事凄凉不可听。
去日儿童皆长大，昔年亲友半凋零。
明朝又是孤舟别，愁见河桥酒幔青。

### 作者简介

窦叔向，生卒年不详，字遗直。唐代诗人。扶风（今陕西凤翔）人。唐代宗大历初进士，曾任国子博士、左拾遗、溧水令等职。颇有诗名，尤工五言。作品多有散佚，今存诗仅九首。

**注释**

话旧：叙谈往事。夜合：即合欢，一种昼开暮合的花，色白，极香。书：书信。去日：过去的。昔年：从前的，往年的。半凋零：好多已离开人世。凋零：原指草木凋谢零落，此处为人死去的委婉语。愁见：诗人将要在河桥附近的小酒店里与表兄饯行，故言"愁见"。酒幔：从前酒店门前悬挂的招客的幌子。

## 偶 成

程 颢

闲来无事不从容，睡觉东窗日已红。
万物静观皆自得，四时佳兴与人同。
道通天地有形外，思入风云变态中。
富贵不淫贫贱乐，男儿到此是豪雄。

**注释**

偶成：偶有所感写成。闲：悠闲清静。从容：不慌不忙，悠然自得。觉：醒来。静观：冷静地观察。皆自得：都有心得体会。佳兴：美好的兴致。"道通"句：道能通达到天地间的有形之外。也就是说道能通达到天地间所有的有形和无形的东西。道：这里指万事万物都要遵循的准则真理和发展规律。"思入"句：思维理念能进入一切的风云变幻之中。思：和上句的"道"一样，都是程颢所主张的"理"。"富贵"句：富贵不骄奢淫逸，贫贱能自得其乐。即主观认识上有自己的准则，不会为外界的物质条件所左右。淫：放纵。"男儿"句：男儿到了这种境界就是英雄豪杰了。此处指作者所说的"富贵不淫贫贱乐"的思想境界。到此：达到这个境界。豪雄：英雄豪杰。

## 游月陂

程　颢

月陂堤上四徘徊，北有中天百尺台。
万物已随秋气改，一樽聊为晚凉开。
水心云影闲相照，林下泉声静自来。
世事无端何足计，但逢佳节约重陪。

*注释*

堤：堤岸。四徘徊：四面环顾，来回走动。中天：在半空中。形容台高。百尺：指月殿北面的高台。百尺是约数，极言其高。一樽：一杯。樽：古代盛酒的器皿。无端：无常，没定准。何足计：不值得计较。但：只要。约：邀约，约定。重陪：再来陪赏。

## 秋　兴（选四首）

杜　甫

### 其一

玉露凋伤枫树林，巫山巫峡气萧森。
江间波浪兼天涌，塞上风云接地阴。
丛菊两开他日泪，孤舟一系故园心。
寒衣处处催刀尺，白帝城高急暮砧。

*注释*

秋兴：因秋而遣兴。唐代宗大历元年（766）秋，杜甫流寓夔州时曾作《秋兴》诗八首。这组七律，不仅格律精严，且构思缜密，意脉一贯，境界悲壮苍凉，集中体现了诗人晚年"诗律细"的艺术追求和沉深挚笃的忧国忧民的情怀。玉露：白露。凋伤：摧残。指白露使枫树衰败。巫山：在今重庆巫山县东。巫峡：西起巫山县东至湖北巴东县。萧森：萧瑟阴森。兼天涌：连天涌起。形容波浪滔天的水势。塞上：指北方边塞。地阴：地面的阴冷寒气。丛菊两开：指作者在夔州两次看到菊花开放，犹言度过了两个秋天。他日：往日。杜甫于永泰元年（765）夏离开成都，本想早日出峡北归，不料当年秋滞居云阳（今属重庆），次年秋又淹留夔州，所以有自伤之辞"丛菊两开他日泪"。故园：指长安，杜甫以之为第二故乡。催刀尺：指赶裁新衣。刀：此处指剪刀。白帝城：在今重庆奉节县城外临长江的山头，为三国时刘备托孤之处。砧：捣衣用的石板。古时用麻布制衣，缝制前要在石板上捶打使布变滑软，这道工序叫捣衣。

## 其三

千家山郭静朝晖，日日江楼坐翠微。
信宿渔人还泛泛，清秋燕子故飞飞。
匡衡抗疏功名薄，刘向传经心事违。
同学少年多不贱，五陵裘马自轻肥。

### 注释

山郭：靠山的城郭，犹言山城。静：安静，静穆。朝晖：清晨太阳的霞光。江楼：俯临江水的楼阁。翠微：青黛的山色。信宿：指连宿两宿。信：再。古代称一宿为宿，二宿为次，二宿以上为信。此处是第三天的意思。还泛泛：仍在水上漂浮。清秋：深秋。飞飞：频繁飞动的样子。匡衡：西汉时人，常上疏直言论事，深得元帝赏识。刘向：西汉经学家，曾讲论六经，点校大内五经秘书。不贱：显贵。五陵：长安附近汉代高、惠、景、武、昭帝的陵墓。是贵族富商集居地,古代常用以指代豪富权贵之人。轻肥:轻指裘衣。肥指骏马。形容讲究衣着打扮、车马坐骑,追求生活享受,不考虑国家大事。

### 其五

蓬莱宫阙对南山,承露金茎霄汉间。
西望瑶池降王母,东来紫气满函关。
云移雉尾开宫扇,日绕龙鳞识圣颜。
一卧沧江惊岁晚,几回青琐点朝班。

注释

蓬莱宫阙:宫殿名,唐高宗时将大明宫改名为蓬莱宫。南山:指长安城南面的终南山。承露金茎:汉武帝刘彻为求长生,在建章宫内建一座高台,上面有金茎承露盘,说要承接仙露服食。此处借汉宫比拟唐宫。霄汉间:形容极高。瑶池:在昆仑山上,传说中西王母的居所。"东来"句:传说老子西游,要经过函谷关,当时的关令尹喜看到紫气东来,笼罩了此关。紫气:祥瑞之气,意即仙气。"云移"句:彩云移动,雉尾宫扇打开。雉尾,即雉尾扇,皇帝坐朝时一种用野鸡尾羽制成的障扇,为皇宫仪仗中的一种。日绕龙鳞:指皇帝身穿的龙袍,上绘有龙浮江海,旭日东升的图案。圣颜:皇帝的面容。沧江:深阔的江,指长江。岁晚:即秋天。几回:几曾。青琐:古代宫廷门窗上雕饰的青色的交互连环图案。此处借指宫廷。点朝班:上朝时点名传呼,官员按次入班。

### 其七

昆明池水汉时功,武帝旌旗在眼中。
织女机丝虚夜月,石鲸鳞甲动秋风。
波漂菰米沉云黑,露冷莲房坠粉红。
关塞极天惟鸟道,江湖满地一渔翁。

**注释**

昆明池:在今陕西西安城西南。汉武帝时为增强水军的力量,仿云南昆明滇池凿池训练水师,方圆四十里,故名昆明池。汉时功:因昆明池为汉朝时开凿,所以这样说。织女:指昆明池石刻的织女像。石鲸:指昆明池的石刻鲸鱼。菰米:即茭白。一种水生草本植物,秋季结果,其果实色白如米,称"菰米",可食用。沉云黑:水上菰米黑沉沉的,像阴云一样密集。莲房:莲蓬。坠粉红:指莲花凋败。关塞:险隘关口。此处指诗人栖身的夔州。极天:形容极高。鸟道:只有飞鸟可以通过的道路。"江湖"句:作者自比,说自己好像是一个在江湖上四处漂泊的渔翁。

## 月夜舟中

### 戴复古

满船明月浸虚空,绿水无痕夜气冲。
诗思浮沉樯影里,梦魂摇曳橹声中。
星辰冷落碧潭水,鸿雁悲鸣红蓼风。
数点渔灯依古岸,断桥垂露滴梧桐。

**作者简介**

戴复古(1167~1248?),字式之,自号石屏。南宋著名诗人。天台黄岩（今浙江台州）人。一生不仕，浪游江湖，晚年隐居石屏山。曾从陆游学诗，为"江湖派"重要作家。其诗词格调高朗，诗笔俊爽，清淡自然。著有《石屏诗集》《石屏词》等。

**注释**

浸虚空：月光如水，如言浸。虚空：太空，天空。绿水无痕：水清浪平之貌。夜气：指秋夜寒冷的气息。冲：弥漫。浮沉：隐现。樯影：桅杆的影子。冷落：冷清地倒映在（水中）。红蓼风：蓼花开放时节刮的风，此指秋风。蓼：一种生长在水边或水中的草本植物，花小，白色或略带红色。古岸：古老的堤岸。断桥：残破的桥。垂露：露珠垂落。

## 长安秋望

赵嘏

云物凄凉拂曙流，汉家宫阙动高秋。
残星几点雁横塞，长笛一声人倚楼。
紫艳半开篱菊静，红衣落尽渚莲愁。
鲈鱼正美不归去，空戴南冠学楚囚。

**注释**

云物：云彩。拂曙流：晨曦初现。流，流动。汉家宫阙：这里指唐朝宫殿。动高秋：指巍然耸立的宫殿，被曙光波及似乎触动了高高的秋空。残星：指黎明时的星星。天色将亮，西边的星辰已暗淡，逐渐隐去。雁横塞：鸿雁南飞越过边塞。横：飞过。人倚楼：这里指吹笛人的姿态，斜靠着楼。紫艳：艳丽的紫色。篱菊：篱笆下的菊花。红衣：红色的莲花瓣。渚：水中高地。鲈鱼正美：《晋书·张翰传》记载：西晋张翰在洛阳做官。"因见秋风起,乃思吴中菰菜、莼羹、鲈鱼脍,曰:'人生贵适志,何能羁宦数千里以要名爵乎?'遂命驾而归。"从此。"莼鲈之思"成了思乡之情的代名词。"空戴"句:《左传·成公九年》记载:楚国伶人钟仪成了晋国的俘虏。晋侯视察时发现了他,问:"南冠而系者谁也?"手下回答是郑国献来的楚囚。晋侯命他演奏,他弹的都是南方楚调,晋侯念他不忘故土,遂放他回国。后人多用"南冠""楚囚"来表达热爱祖国,不忘乡土的情怀。

## 新 秋

### 杜 甫

火云犹未敛奇峰,欹枕初惊一叶风。
几处园林萧瑟里,谁家砧杵寂寞中。
蝉声断续悲残月,萤焰高低照暮空。
赋就金门期再献,夜深搔首叹飞蓬。

**注释**

新秋:初秋。火云:云霞似火,俗称火烧云。欹枕:斜靠着枕头。欹:通"倚",斜靠。一叶风:据说立秋时节,梧桐就要落下第一片叶子,有"一叶落而知天下秋"之说。后人用此指代秋风。砧杵:指捣衣声。砧:捣衣石。杵:捣衣的短木棒。残月:不圆的月亮。高低:忽高忽低。赋就:写成文赋。金门:金马门,汉代宫门名。汉时以征辟荐拔人才。被征召人,其才能优异者,令待诏金马门。期:希冀。飞蓬:秋天随风飞舞的蓬草。喻指飘游不定的人生。

## 中 秋

李 朴

皓魄当空宝镜升,云间仙籁寂无声。
平分秋色一轮满,长伴云衢千里明。
狡兔空从弦外落,妖蟆休向眼前生。
灵槎拟约同携手,更待银河彻底清。

### 作者简介

李朴(1063~1172),字先之,人称章贡先生。虔州兴国(今属江西)人。北宋诗人。富有才华,宋哲宗绍圣年间进士,曾任国子监教授、著作郎、秘书监等职。为官正直,敢于直谏,不畏权奸。其诗多描写景物,构思新奇。著有《章贡集》等。

### 注释

皓魄:喻指月光。宝镜:喻指月亮。因中秋月圆似镜,故言。仙籁:指天上的各种声响。籁:本指从孔穴里发出的声音,常用于泛指各种声响。平分秋色:因中秋节这天正好将秋季一分为二,所以说这夜的月亮是"平分"秋色。云衢:指云海中月亮运行的轨道。衢:四通八达的路。狡兔:指传说中月宫里的玉兔。弦:弦月。阴历每月初七、初八,月亮缺上半,叫上弦。每月的二十二日、二十三日,月亮缺下半,叫下弦。妖蟆:传说中月宫里的蟾蜍。古人有蟾蜍食月的说法,故言。灵槎:指仙槎。此处用"乘槎泛天河"的典故。传说海与天河相通,汉代有人曾乘槎去天河,与牛郎织女相遇。槎:竹或木做成的筏。拟约:打算邀约。更待:须待。银河:天河。

## 九日蓝田会饮

杜 甫

老去悲秋强自宽，兴来今日尽君欢。
羞将短发还吹帽，笑倩旁人为正冠。
蓝水远从千涧落，玉山高并两峰寒。
明年此会知谁健，醉把茱萸仔细看。

*注释*

九日：指九月九日重阳节。蓝田：地名，在今陕西蓝田县。强自宽：勉强自我宽慰。强，勉强。兴：兴致。尽君欢：和大家一块尽情欢乐。"羞将"句：怕风吹掉帽子露出短发而感到难为情。据《晋书·孟嘉传》记载：东晋大将军桓温，九月九日游龙山，僚佐毕集。当时有风将孟嘉的帽子吹落，孟嘉不觉。桓温便令孙盛作文嘲笑他。孟嘉看后，从容不迫，立即作文答之，其文辞之美，让四座皆惊。这个典故后来成了文人墨客关于"魏晋风度"的美谈。但杜甫这里是反其意而用之。倩：请。正冠：将帽子戴端正。蓝水：在今陕西蓝田县东。《三秦记》中记载："蓝田有洲，方三十里，其水北流，出玉铜铁石，合溪谷之水为蓝水。"玉山：即蓝田山，因盛产美玉，故名。高并：高耸并峙。此会：指像今日这样的聚会。茱萸：植物名，有浓烈香味。古人认为茱萸可以避邪消灾，延年益寿，所以在重阳节这一天，人人佩戴茱萸囊或头插茱萸以驱邪。

## 秋 思

陆 游

利欲驱人万火牛，江湖浪迹一沙鸥。

日长似岁闲方觉,事大如天醉亦休。
砧杵敲残深巷月,井梧摇落故园秋。
欲舒老眼无高处,安得元龙百尺楼。

**注释**

欲:欲望。驱:赶逐。万火牛:像万头火牛一样冲撞奔窜。战国时齐国大将田单将几千头牛角上缚刀,尾巴上点火,组成"火牛阵",打败了燕军。浪迹:到处漫游,行踪不定。休:罢了。井梧:水井边的梧桐树。舒:舒展。元龙百尺楼:元龙:东汉广陵太守,姓陈名登,字元龙,素有扶世济民的志向。《陈登传》中记载:许汜拜见元龙,元龙无主客之礼,不但不予理睬,而且自顾在大床上睡下,让客人睡在下床。后许汜告于刘备,刘备说:"你有国士之名,天下大乱,不去济世救国,却只知求田问舍。如果是我,就睡在百尺高楼上,让你躺在地下,岂止是上下床呢!"这里用"元龙高卧"的典故,来抒写自己空有报国之志,却无报国之地。

## 与朱山人

杜甫

锦里先生乌角巾,园收芋栗未全贫。
惯看宾客儿童喜,得食阶除鸟雀驯。
秋水才深四五尺,野航恰受两三人。
白沙翠竹江村暮,相送柴门月色新。

**注释**

锦里先生:指朱山人(朱希真)。作者居住成都浣花溪草堂时,南面与朱山人为邻。锦里:指锦江附近的地方。乌角巾:黑色的头巾,多为隐士所戴。角巾:有棱角的头巾,即方巾。芋栗:芋头和栗子。未全贫:不是完全贫困,不为赤贫。暗指朱山人安贫乐道。惯看:因经常看到而习以为常。阶除:阶檐天井的泛称。除指庭院,犹今称天井。野航:乡间小渡船。恰受:刚好能承载。白沙:白色的沙滩。

## 闻 笛

### 赵 嘏

谁家吹笛画楼中,断续声随断续风。
响遏行云横碧落,清和冷月到帘栊。
兴来三弄有桓子,赋就一篇怀马融。
曲罢不知人在否,余音嘹亮尚飘空。

注释

画楼:雕梁画栋的楼阁。响遏行云:笛声响亮高亢,似乎阻止了游动的云彩。遏:阻止。横碧落:回荡在碧空。横:响彻。碧落:碧空。清:清越。形容笛声清悠高扬。和:这里有伴随的意思。帘栊:窗帘和窗棂。三弄:指笛曲《三调》。东晋著名音乐家桓伊(桓子),善于吹笛,时称"江南第一手"。相传名琴曲《梅花三弄》即是根据他的《三调》所改编的。"赋就"句:笛声美妙,使诗人想起了汉代马融的《长笛赋》。马融:东汉著名学者,才学博群,善鼓琴,好吹笛,曾作《长笛赋》。

## 冬 景

### 刘克庄

晴窗早觉爱朝曦,竹外秋声渐作威。

命仆安排新暖阁，呼童熨贴旧寒衣。
叶浮嫩绿酒初熟，橙切香黄蟹正肥。
蓉菊满园皆可羡，赏心从此莫相违。

*注释*

　　晴窗：窗外发白。觉：睡醒。朝曦：早晨的阳光。秋声：秋天的自然声响，如风声、落叶声、虫鸣声等。渐作威：声响逐渐响亮。作威：施行威势。此处指寒冷的强度增加。暖阁：有取暖设施的阁楼。熨贴：用烧烫的熨斗把衣服压平。寒衣：御寒的衣服。"叶浮"句：这是形容绿蚁之类的酒初熟时的状态。绿蚁：古代一种米酒，俗称醪糟酒。酿成时，上浮米粒，呈微绿色，人称绿蚁。白居易《问刘十九》诗云："绿蚁新醅酒，红泥小火炉。"蓉菊：芙蓉和菊花。可羡：值得赏玩。赏心：心情愉悦。违：违背，错过。

## 冬　至
### 杜　甫

天时人事日相催，冬至阳生春又来。
刺绣五纹添弱线，吹葭六管动飞灰。
岸容待腊将舒柳，山意冲寒欲放梅。
云物不殊乡国异，教儿且覆掌中杯。

*注释*

　　冬至：二十四节气之一，在十二月二十日前后。这一天白天最短，夜间最长。天时：自然界的时序节令。阳生：阳气生发。五纹：五彩花纹。弱线：指丝线。吹葭：古时为了预测时令变化,将芦苇茎中的薄膜制成灰,放在芦管内。冬至前吹芦管灰飞向下,冬至后吹之,灰飞向上。葭:芦苇。岸容:河岸的面貌。腊:腊月。舒:舒展。山意:山中的意象。冲寒:冲破寒冷。放:绽放。云物:云烟景物。殊:不同。乡国:家乡,故乡。覆:倾尽,这里指饮尽。

## 山园小梅

林 逋

众芳摇落独暄妍,占尽风情向小园。
疏影横斜水清浅,暗香浮动月黄昏。
霜禽欲下先偷眼,粉蝶如知合断魂。
幸有微吟可相狎,不须檀板共金樽。

作者简介

林逋(967~1028),字君复,卒谥"和靖先生"。北宋著名诗人。钱塘(今浙江杭州)人。终生不仕不娶,四十岁前在江淮一带游历,四十岁后隐居于杭州西湖孤山,二十年不入城市,以梅、鹤为乐,自称"以梅为妻,以鹤为子"。其诗风格恬淡高远,长于五言、七言律诗。诗作随作随弃,散佚较多,其中以咏梅诗最为著名。著有《林和靖诗集》。

注释

众芳:百花。暄妍:本指天气和煦,景物明媚。此处形容梅花在晴日中开放,颜色鲜丽夺目。疏影斜横:梅花疏疏落落,斜横枝干投在水中的影子。暗香浮动:梅花散发的清幽香味在飘动。霜禽:气候寒冷时的飞鸟。合:应当。微吟:低声吟诵。相狎：本指玩弄，此处作"相亲近"解。檀板：本义为唱歌时打节拍用的檀木板。此处指歌唱。共：和。金樽：本指金制的酒杯，这里指饮酒。

## 自 咏
### 韩 愈

一封朝奏九重天，夕贬潮阳路八千。
本为圣明除弊政，敢将衰朽惜残年。
云横秦岭家何在，雪拥蓝关马不前。
知汝远来应有意，好收吾骨瘴江边。

注释

一封朝奏：指作者的《论佛骨表》。元和十四年（819），诗人上疏谏阻宪宗奉迎佛骨，触怒宪宗，被贬潮州。封：奏章，即臣下给皇帝的意见书，因为要封好才呈上去，所以叫"封"。九重天：楚辞有"天门九重"之语，后人常用来借指帝宫森严。贬：贬黜，降职。潮阳：即潮州，今广东潮州。路八千：八千里路。形容潮州距京城极为遥远。圣明：皇帝，此处指唐宪宗。惜：顾惜。秦岭：川陕交界的主要山脉，为我国南北方分界线。此处泛指陕西南部的山脉。拥：堵塞。蓝关：蓝田关，在今陕西蓝田县东南。汝：你。指诗人的侄孙韩湘。瘴江边：指盛行瘴气的潮州一带。瘴：即瘴气，南方山林中的毒气。

## 干 戈
### 王 中

干戈未定欲何之，一事无成两鬓丝。

踪迹大纲王粲传，情怀小样杜陵诗。

鹡鸰音断人千里，乌鹊巢寒月一枝。

安得中山千日酒，酕然直到太平时。

### 作者简介

王中，字积翁，生平事迹不详。南宋末诗人，生逢乱世，战争不断，兵连祸结，亲人离散，兄弟飘零，其苦闷心情溢于言表。

### 注释

干戈：本指武器，这里用来指代战争。干：盾类的防御武器。戈：用于啄击的长柄兵器。何之："之何"的倒装，意谓"去哪里"。之：往。丝：白丝，这里用来说明两鬓头发已白。踪迹：本指脚印。此处指行迹。大纲：大概，大体上。王粲：山阳高平（今山东邹县）人。生当汉末乱世，先在荆州刘表处避难，后回北方依附曹操。一生颠沛流离，颇多自伤之情。情怀：心境，心情。小样：略似，差不多像。杜陵：即杜甫，因其曾居住在杜陵一带，所以称杜陵。鹡鸰：一种生活在水边的小鸟。又作脊令。《诗经·小雅·常棣》："脊令在原，兄弟急难。"意即：脊令流落高原，其同类急切相寻。后人因以鹡鸰比喻兄弟。"乌鹊"句：意思是说归依无主，怀才不遇。曹操《短歌行》曰："月明星稀，乌鹊南飞，绕树三匝，何枝可依？"中山千日酒：典出《搜神记》：中山人狄希，能酿造一种千日酒，人饮用后会一醉千日。相传刘玄石曾因饮了此酒，醉而不醒，家人以为其死去而埋葬之。千日后，酒家得知此事，让刘家掘坟开棺，刘刚好醒来。酕然：酕酊大醉的样子。

## 归 隐

陈 抟

十年踪迹走红尘,回首青山入梦频。

紫绶纵荣争及睡,朱门虽富不如贫。

愁闻剑戟扶危主,闷听笙歌聒醉人。

携取旧书归旧隐,野花啼鸟一般春。

**作者简介**

陈抟(? ~989),字图南,自号扶摇子,宋太宗赐号"希夷先生"。五代宋初著名道教学者。亳州真源(今河南鹿邑东)人。后唐长兴年间应试进士而不第,隐居在武当山九室岩,后又转隐华山云台观修道,将黄老清静无为思想、道教修炼方术和儒家修养、佛教禅观会归一流,对宋代理学有较大影响。后人称其为"陈抟老祖""睡仙"等。著有《指玄篇》《无极图》《先天图》等。

**注释**

红尘:指人世间。紫绶:古代高官用来系结印纽或佩玉的紫色丝带。这里指代高官。争及:怎及,怎么比得上。剑戟:"剑"和"戟"都是兵器。这里指代战争。扶危主:援救辅助危难中的君主。笙:乐器名。聒:嘈杂吵闹。旧书:此处指看过的道家书籍。旧隐:以前隐居的地方。

## 时世行赠田妇

杜荀鹤

夫因兵死守蓬茅,麻苎衣衫鬓发焦。

桑柘废来犹纳税,田园荒尽尚征苗。
时挑野菜和根煮,旋斫生柴带叶烧。
任是深山更深处,也应无计避征徭。

## 作者简介

杜荀鹤（846～904），字彦之，自号九华山人。晚唐著名诗人。池州石埭（今安徽石台）人。唐昭宗大顺二年（891）进士，曾任翰林学士、主客员外郎、知制诰等职。平生才华横溢，仕途坎坷，终未酬志，而在诗坛却享有盛名，自成一家，擅长宫词，作品多反映唐末军阀混战局面下的社会矛盾和人民的悲惨遭遇。其诗语言通俗、平易清新，后人称"杜荀鹤体"。著有《唐风集》。

## 注释

蓬茅：简陋的茅草房。兵：指代战争。麻苎衣衫：用粗糙的苎麻布做成的衣服。苎：麻之一种，其皮可以做粗麻布。焦：营养缺乏，毛发焦枯变黄。柘：柘树，叶子可用来养蚕。征苗：征收青苗税。这是正税以外的附加税，是对农民的额外敲诈。旋斫：现砍。旋：随即。斫：砍。生柴：刚从山上砍下来的湿柴。任：任凭。征徭：强出实物叫征，强出劳力叫徭。此处指赋税和徭役。

## 送天师

### 宁献王

霜落芝城柳影疏,殷勤送客出鄱湖。
黄金甲锁雷霆印,红锦韬缠日月符。

天上晓行骑只鹤,人间夜宿解双凫。
匆匆归到神仙府,为问蟠桃熟也无。

### 作者简介

宁献王(1378~1448),即朱权,明太祖朱元璋第十七子,始封于大宁(今属内蒙古),后改封于南昌(今属江西)。卒后谥献,世称宁献王。因受诬陷而对政治灰心失望,开始远离官场独居,信奉道家学说,与道士有来往,并以弹琴读书著说为乐,是明代戏曲理论家、剧作家,自称"大明奇士"。所著除《卓文君私奔相如》等十二种杂剧外,还有影响很大的戏曲论著《太和正音谱》《务头集韵》《琼林雅韵》等。

### 注释

天师:道教徒对其教主的称呼。此处指与作者有交往的居住在江西贵溪龙虎山的道士张正常。芝城:地名,即今江西鄱阳,因城北有芝山,故称。柳影疏:柳树因天气已寒冷,柳叶凋落,所以影子也显得稀稀疏疏。鄱湖:指鄱阳湖。在今江西省北部。客:即张正常。"黄金"句:黄金铠甲般的道袍潜藏着威力无穷的印章。黄金甲:金黄色的铠甲,此处借指黄色的道袍。锁:潜藏。雷霆:用来形容印章的威力之大。"红锦"句:大红锦缎的袋子装裹着管束阴阳的符咒。韬:袋子。缠:裹缠。日月:日代表阳,月代表阴。符:道士用来"驱鬼召神""治病延年"的神秘咒文。"天上"句:早晨出行骑着仙鹤飞翔在天上。晓行:清晨行走。骑只鹤:传说中仙人的坐骑。典出汉刘向《列仙传·王子乔》:周灵王太子王子乔随道士入山学道成仙,三十余年后,骑鹤在缑氏山头与家人见面。后人遂用"骑鹤""驾鹤"等比喻得道成仙。"人间"句:晚上在人间住宿时解开了乘行的双凫。

夜宿：夜晚住宿。双凫：事见《后汉书·王乔传》：东汉明帝时王乔为叶县令，有神术，其脚套木鞋，化为双凫，朝夕之间，来往千里。凫：即野鸭子。神仙府：神仙居处，此处是对张正常龙虎山住处的美称。蟠桃熟也无：蟠桃是否熟了。

## 送毛伯温

### 明世宗

大将南征胆气豪，腰横秋水雁翎刀。
风吹鼍鼓山河动，电闪旌旗日月高。
天上麒麟原有种，穴中蝼蚁岂能逃。
太平待诏归来日，朕与先生解战袍。

### 作者简介

明世宗（1507～1566），即明嘉靖皇帝朱厚熜。明宪宗之孙，明武宗之堂弟。武宗死，无嗣，乃至京即位，为明朝第十一代皇帝。执政早年曾斩杀权贵，还田于民，但到晚期，迷信道教，二十余年不理朝政，一心只求长生不老，致使国家危机四伏，边患迭起。博通经史，喜作诗，尝与阁臣酬唱。卒葬永陵（今北京昌平），庙号世宗。

### 注释

毛伯温：字汝厉，明吉水（今属江西）人。武宗正德年间进士。明世宗嘉靖年间受命讨伐安南（今越南）叛军，屡有边功，因被封为太子太保。大将：指毛伯温。横：横挎。秋水：形容刀剑如秋水般明亮闪光。雁翎刀：形状像大雁羽毛般的刀。鼍鼓：用鼍皮做成的战鼓。鼍：即扬子鳄，俗称"猪婆龙"，性凶猛，生活于我国南方沼泽地区。旌旗：指挥作战的军旗。麒麟：一种古代传说中的祥瑞动物，状似鹿，独角，全身生麟甲，尾像牛。此处喻指毛伯温。蝼蚁：蝼蛄和蚂蚁。比喻卑贱、无足轻重的人物。此处用来比喻安南叛军不堪一击，不成气候。诏：皇帝的诏令。朕：古代皇帝的自称。与：给。先生：指毛伯温。

# 第三卷  五言绝句（三十九首）

## 春　晓
孟浩然

春眠不觉晓，
处处闻啼鸟。
夜来风雨声，
花落知多少。

**作者简介**

孟浩然（689～740），本名浩，字浩然，人称孟襄阳、孟山人。唐代著名诗人。襄州襄阳（今湖北襄樊）人。早年隐居鹿门山，四十岁时游长安，应进士未第，失意而归。喜游历名山胜水，后患痈疽毒疮而卒。其诗艺术造诣很高，曾在太学赋诗，举座皆惊，为之搁笔。擅长山水诗，为盛唐山水田园诗派的代表人物，与王维齐名，并称"王孟"。著有《孟浩然集》。

**注释**

眠：睡眠。晓：天亮。啼鸟：啼叫的鸟儿，犹言鸟啼。

## 访袁拾遗不遇
孟浩然

洛阳访才子，

江岭作流人。

闻说梅花早,

何如此地春。

### 注释

袁拾遗:洛阳人,诗人的友人,姓袁。拾遗,官名,掌供奉讽谏的职务,以匡正人主言行的缺失。才子:才德兼备的人。此处指袁拾遗。江岭:指大庾岭,位于今江西大余县和广东南雄市的交界处,唐代流放罪人的地方。流人:因罪被贬官放逐到遥远地方的人。指当时袁拾遗因罪免官而被流放到岭外。闻说:听别人说,没有亲临其地,故言闻说。梅花早:大庾岭又名梅岭,因其地处南方,气候温暖,梅花开放得很早。何如:怎么比得上。此地:指洛阳。

## 送郭司仓

王昌龄

映门淮水绿,

留骑主人心。

明月随良掾,

春潮夜夜深。

### 作者简介

王昌龄(?~756?),字少伯,世称王江宁。盛唐著名诗人。京兆长安(今陕西西安)人。一作太原(今属山西)人。唐玄宗开元年间进士,曾任秘书省校书郎、江宁丞、龙标尉等职。安史乱起,由贬所赴江宁,为濠州刺史间丘晓所杀。极负诗名,被誉为"诗家夫子王江宁",并与李白、孟浩然、岑参、王维等均有交谊。诗作以边塞诗、宫怨诗成就最高,尤擅七绝,有"七绝圣手"之称。今存《王昌龄集》《王昌龄诗集》等。

**注释**

郭司仓:诗人的朋友,姓郭,司仓是官名,为管理仓库的小官。淮水:即淮河。留:挽留。骑:这里指代郭司仓。主人:指诗人自己。心:心意。良掾:即好官。掾:县衙门中的属吏。此处指郭司仓。

## 洛阳道
### 储光羲

大道直如发,
春日佳气多。
五陵贵公子,
双双鸣玉珂。

**作者简介**

储光羲(706?～763?),人称储太祝。润州延陵(今江苏丹阳)人,祖籍兖州(今山东兖州)。唐玄宗开元十四年(726)进士,历任冯翊县尉、汜水县尉等职。退隐终南山后,又出山任太祝,迁监察御史。"安史之乱"时,被俘而迫受伪职,后脱身归朝,贬死岭南。为唐代山水田园诗派的重要人物。有《储光羲集》五卷。

**注释**

佳气:指阳气,春天气温回升,生气蓬勃。玉珂:马勒上的玉器饰物。两勒相击而发声,故又叫鸣珂。

## 独坐敬亭山

李　白

众鸟高飞尽,
孤云独去闲。
相看两不厌,
只有敬亭山。

**注释**

敬亭山:在今安徽省宣城市北,原名昭亭山,风景幽静秀丽。山上旧有敬亭,为南齐谢朓吟咏处。孤云:片云。闲:作悠悠解。

## 登鹳雀楼

王之涣

白日依山尽,
黄河入海流。
欲穷千里目,
更上一层楼。

**作者简介**

王之涣(688~742),字季凌。盛唐著名诗人。祖籍并州(今山西太原),后迁居绛州(今山西新绛)。性格豪放,不愿应举进士。曾任衡水主簿,因被人诬陷,乃拂衣去官,悠游于山水之间,十五年后,复为文安县尉。在职以清廉称,天宝元年

(742)卒于官。为人性格豪放,有侠士风度,常击剑悲歌。善写边塞诗,为盛唐边塞诗派重要代表,与高适、王昌龄等相唱和。其诗意境雄阔,韵调优美,奔放壮健。惜诗作大都散佚,仅传世六首。

### 注释

鹳雀楼:原址在蒲州(今山西永济)西南城上,其楼三层,前瞻中条山,下临黄河,常有鹳雀栖息其上,故名。白日:太阳。依:依傍。尽:沉,落。这句话是说太阳依傍山峦沉落。欲:想要。穷:穷尽。千里目:目力所能及的自然景物。极言其视野开阔深远。更:再。

## 观永乐公主入蕃

孙 逖

边地莺花少,
年来未觉新。
美人天上落,
龙塞始应春。

### 作者简介

孙逖(696~761),唐朝大臣、史学家。博州武水(今山东聊城)人。自幼能文,才思敏捷。唐玄宗开元十年(722),经推荐受唐玄宗李隆基接见,并甚得其器重,升为左拾遗。不久,即升为考功员外郎,后迁中书舍人,终太子詹事。谥曰文。有文集二十卷。

> 注释

永乐公主：唐代凡是有宗女出嫁外蕃，按例封为公主。唐玄宗开元五年（718），东平王的外孙女杨氏被封为永乐公主，嫁给契丹王李失活。入蕃：进入到少数民族地区，此处指进入契丹国。莺花：黄莺和春花。美人：此处指永乐公主。龙塞：即卢龙塞，故址在今河北遵化西北，此处泛指北方边塞之地。

## 伊州歌

盖嘉运

打起黄莺儿，
莫教枝上啼。
啼时惊妾梦，
不得到辽西。

> 作者简介

盖嘉运，盛唐开元时人。历任北庭都护、碛西节度使等职。曾在碎叶城以东的贺逻岭大败突骑施，立有战功，于是诏加河西、陇右两节度使。其既是边将，也是诗人，深通音律，所制乐府曲调除《伊州歌》外，还有《胡渭州》《双带子》等，内容上多抒发征人久戍与行旅之情怀。

> 注释

伊州歌：唐代乐府曲调名。据宋代郭茂倩所编《乐府诗集》卷七十九《近代曲辞》引《乐苑》曰："《伊州》，商调曲，西京节度盖嘉运所进也。"妾：古代妇女对自己的谦称。辽西：指辽河以西地区，唐时为征东军队驻扎之地。

## 左掖梨花

丘 为

冷艳全欺雪,
余香乍入衣。
春风且莫定,
吹向玉阶飞。

**作者简介**

丘为（694～789?），唐代诗人。苏州嘉兴（今浙江嘉兴）人。屡试不第，归山苦读数年，于天宝初年进士及第，年八十余致仕，累官至太子右庶子等。诗工五言，风格清新淡雅，为盛唐山水田园诗派的代表人物之一，与王维、刘长卿等互有唱和，在唐代诗人中享寿最高。《全唐诗》收录其诗十三首。

**注释**

左掖：唐时指称门下省，高宗以后位于大明宫宣政殿的左侧，相对于中书省位置而言，门下省被称为左省，亦称左掖。掖，指旁边。冷艳：鲜艳有凉意。形容梨花洁白夺目，气度高傲。欺：超过，压过。乍：恰好，正好，刚刚。玉阶：玉石砌的精美台阶。此处暗指皇宫。

## 思君恩

令狐楚

小苑莺歌歇,
长门蝶舞多。
眼看春又去,

翠辇不曾过。

**作者简介**

令狐楚(766～837),字壳士,自号白云孺子。唐代文学家。宜州华原(今陕西耀州区)人。唐德宗贞元七年(791)登进士第,累官至翰林学士、中书舍人、华州刺史、吏部尚书、左仆射等。卒赠司空,谥曰文。才思俊丽,能文工诗。晚年与刘禹锡、白居易唱和较多。《全唐诗》收其诗五十多首。

**注释**

小苑:即小园,指宫中的小园林。歇:停止。长门:汉宫殿名。汉武帝时陈皇后失宠,被贬至长门宫居住,后遂用此来代指失宠宫妃所居住的内宫。翠辇:羽饰的帝王坐的车子。过:造访,经过。

## 题袁氏别业

贺知章

主人不相识,
偶坐为林泉。
莫谩愁沽酒,
囊中自有钱。

**作者简介**

贺知章(659～744),字季真,自号四明狂客。初唐诗人。越州永兴(今浙江萧山)人。少以文辞知名,与张旭、包融、张若虚合称为"吴中四士"。武则天证圣元年(695)进士,累官至礼部侍郎、太子宾客、秘书监等。天宝初还乡隐居。性旷达,好饮酒，与李白、张旭等合称"饮中八仙"。其诗挥洒自如，尤擅绝句，现仅存二十首。

*注释*

别业：即别墅，指住宅以外另置的园林休息处及其建筑物。储光羲有诗云："制岩开别业，桑柘亦依然。"主人：即指别墅的主人。林泉：山林泉溪。谩：通"慢"。怠慢，轻视。此处引申为"没有根据"或"凭空"等。沽：买。囊：衣袋。

## 夜送赵纵

### 杨 炯

赵氏连城璧，
由来天下传。
送君还旧府，
明月满前川。

*作者简介*

杨炯（650～693?），唐代诗人。华阴（今属陕西）人。幼聪敏好学，唐高宗显庆四年（659）举神童。曾任崇文馆学士、盈川令等职，蔑视权贵，仕途失意。擅写边塞诗，尤工五律，作品风格豪迈，格调激扬奋发。与王勃、卢照邻、骆宾王并称为"初唐四杰"。著有《盈川集》三十卷，今存诗一卷。

*注释*

赵纵：作者的朋友，郭子仪之婿，曾任太仆卿、户部侍郎等职。连城璧：价值连城的美玉。据《史记·廉颇蔺相如列传》记载，战国时，赵惠文王得到一块美玉，秦昭王知道后，想用十五座城池来交换这块美玉,所以称之为连城璧。后来代指十分珍贵之物,这里用来比喻赵纵。旧府:赵纵的故乡在山西,是古代赵国所属的地方,即连城璧的故土,所以被称为旧府。川:河流。

## 竹里馆

王 维

独坐幽篁里,
弹琴复长啸。
深林人不知,
明月来相照。

**注释**

竹里馆:竹林中的一座屋舍,是王维在辋川别业中的二十个景点之一。幽篁:幽暗的竹林。篁,竹林。复:又,重复。长啸:撮口发出的长而清越的声音。是古人的一种口技。

## 送朱大入秦

孟浩然

游人五陵去,
宝剑值千金。
分手脱相赠,
平生一片心。

**注释**

朱大:作者的朋友,姓朱,排行第一,故称朱大。入秦:进入秦地,这里代指进入长安。游人:离家远游的人。此处指朱大。脱:解下来。平生:平素。

## 长干行
### 崔 颢

"君家何处住?
妾住在横塘。"
停船暂借问,
或恐是同乡。

**注释**

长干行:属乐府《杂曲歌辞》调名。其内容多抒发船家女子的思想感情。长干:即长干里,地名,在今南京市,是当年船民集居之所。崔颢有《长干曲》四首,记述了长干里船家的生活。横塘:在今江苏省江宁县。或恐:恐怕,或许。

## 咏 史
### 高 适

尚有绨袍赠,
应怜范叔寒。
不知天下士,
犹作布衣看。

**作者简介**

高适(约700~765),字达夫,一字仲武。盛唐著名诗人。渤海蓨(今河北景县)人。性落拓,不拘小节,是唐朝"诗人之达者"。曾游蓟门欲从军,两入京城求仕,均失意而归。四十九岁举道科，历任封丘尉、左骁卫兵曹参军、谏议大夫、左散骑常侍等职，被封为渤海县侯。擅写边塞诗，与岑参齐名，世称"高岑"，同为盛唐边塞诗派的代表人物。其诗风格沉雄劲健，气骨凛然。著有《高常侍集》，今存诗二百余首。

注释

绨袍：用粗绨做成的长袍。绨：古代丝织物名。范叔：即范雎，字叔。曾在秦国为相，使秦国威震天下。布衣：指普通老百姓。

## 罢相作

李适之

避贤初罢相，
乐圣且衔杯。
为问门前客，
今朝几个来。

作者简介

李适之（？～747），一名昌，李唐王朝宗室，恒山王之孙。陇西成纪（今甘肃秦安）人。曾任通州刺史、陕州刺史、御史大夫、刑部尚书，后官至左丞相。天宝五年（746）受奸相李林甫排挤而罢相，被贬为宜春太守，到任后服毒自杀。性嗜酒，与李白、张旭、贺知章等合称为"饮中八仙"。

注释

避贤：让位于贤能的人。此处是作者罢相后言不由衷之语。乐圣：喜欢酒。典出《三国志·魏志·徐邈传》：当时魏国禁酒，徐邈私饮，以至于沉醉，不理政事。他称酒醉为"中圣人"，又称清酒为"圣人",浊酒为"贤人"。作者为"饮中八仙"之一,故称乐圣。圣:代指美酒。衔杯:饮酒。为问:试问。今朝:现在。

## 逢侠者

钱 起

燕赵悲歌士,
相逢剧孟家。
寸心言不尽,
前路日将斜。

注释

侠者:即剑客,又叫游侠。古时指那种重信誉、轻死生,勇于帮助别人的豪侠之士。燕赵:燕赵两国均为周代诸侯国,列于战国七雄之中。燕国在今天的河北省北部,赵国在今天的山西北部、中部、河套地区及河北西南部。韩愈《送董邵南序》有"燕赵古称多感慨悲歌之士"的说法。悲歌士:慷慨悲歌的豪侠之士。剧孟:据《史记》记载,剧孟是雒阳(在今河南洛阳东)一带有名的豪侠。杜甫《入衡州》诗云:"剧孟七国畏,马卿四赋良。"寸心:犹言区区之心。言不尽:说不完。日将斜:太阳西下,指天色将晚。

## 江行望匡庐

钱 起

咫尺愁风雨,
匡庐不可登。

只疑云雾窟,
犹有六朝僧。

*注释*

咫尺:极言距离之近。咫,古代的长度单位,周制一咫为八寸。匡庐:即庐山。位于今江西省九江市辖区内。相传殷、周时,此处是匡氏七兄弟的隐居之所,当主人羽化成仙后,唯庐犹存,故名庐山。庐山雄奇秀丽,自古就有"匡庐奇秀甲天下"之誉。庐:小茅屋。云雾窟:指盖在云雾笼罩的山顶上的寺庙或洞窟。六朝:朝代名。指三国时的吴国和随后的晋、宋、齐、梁、陈等,因先后都在建康(今江苏南京)建立过都城,历史上合称六朝。当时佛教盛行,名山胜水广布寺庙。

## 答李浣

韦应物

林中观易罢,
溪上对鸥闲。
楚俗饶词客,
何人最往还。

*注释*

李浣:作者的朋友,当时在楚地(今湖北、湖南一带)为官,与作者有诗相赠。易:即《周易》,亦称《易》《易经》,是儒家经典之一,多记载求神算卦卜吉凶之事。罢:完,毕。闲:悠闲。饶:多。词客:才人,善写文辞的人。往还:来往。

## 秋风引

刘禹锡

何处秋风至,
萧萧送燕群。
朝来入庭树,
孤客最先闻。

**注释**

引:吟唱或序奏。乐府诗题形式之一。本诗属于乐府琴曲歌词。萧萧:象声词,指风声。庭树:庭院里的树木。孤客:客居他乡的贬谪之人。此处为作者自指。闻:听到。

## 秋夜寄丘员外

韦应物

怀君属秋夜,
散步咏凉天。
空山松子落,
幽人应未眠。

**注释**

丘员外:即丘丹。诗人丘为的弟弟,曾官仓部员外郎等职,后在临平山隐居。员外:官名。怀君:怀念你。君,此处指丘丹。属:适值,正好。凉天:寒冷的天气。幽人:即隐士,高旷幽隐之人。此处指丘丹,当时他正入山修道。

## 秋　日

耿　沣

返照入闾巷，

忧来谁共语。

古道少人行，

秋风动禾黍。

### 作者简介

耿沣，生卒年不详，字洪源。唐代诗人。河东（今山西永济）人。唐代宗宝应元年（762）进士，官至左拾遗。工诗，与钱起、卢纶、司空曙等人齐名，为"大历十才子"之一。其诗多为酬赠和日常生活之作，诗风精细工巧、闲淡幽远。明人辑有《耿沣集》。

### 注释

返照：即落日的余晖。闾巷：古时以二十五家为一闾。后来称居民所住的区域为闾里或闾巷。古道：旧有的荒僻的道路。禾黍：高粱和稻谷，这里泛指庄稼。

## 秋日湖上

薛　莹

落日五湖游，

烟波处处愁。

浮沉千古事，

谁与问东流。

**作者简介**

薛莹，晚唐诗人，生平事迹不详。其诗多表现隐逸生活，充满感伤情调。著有《洞庭诗集》一卷。

**注释**

五湖：即江苏太湖，因其周围方圆五百里，故称五湖。烟波：水波浩渺，远远望去好像笼罩着一层烟雾一般。浮沉：比喻世事的兴亡盛衰。千古事：指春秋吴越争霸，相继六朝纷争之事。

## 宫中题

李 昂

辇路生秋草，
上林花满枝。
凭高何限意，
无复侍臣知。

**作者简介**

李昂（809～840），即唐文宗，初名李涵，唐穆宗次子，唐敬宗宝历二年（826）即位，在位十四年。文宗当政之时，宦官专权，大和九年（835）发动"甘露之变"，事败，为宦官仇士良等软禁而死。工五言诗，诗风清俊有骨气。《全唐诗》存其诗六首。

**注释**

辇路：皇宫中供皇帝车驾行驶的车道。凭高：登高。何限意：无限的心思。无复：不再让。侍臣：近侍之臣。

## 寻隐者不遇
### 贾 岛

松下问童子,
言师采药去。
只在此山中,
云深不知处。

**注释**

隐者:隐居的人,即隐士。童子:指隐者的侍童。言:(童子)说。不知处:不知道到哪里去了。处:此处指行迹。

## 汾上惊秋
### 苏 颋

北风吹白云,
万里渡河汾。
心绪逢摇落,
秋声不可闻。

**作者简介**

苏颋(670~727),字廷硕。唐代文学家。京兆武功(今属陕西)人。幼聪敏,一览至千言,弱冠中进士,曾任乌程尉、监察御史、修文馆学士、中书舍人等职,袭封许国公,官至宰相。工文善诗,朝中的文诰多出自其手,诗多奉和应制之作,风格秀丽典雅。卒谥文宪。《全唐诗》编其诗为二卷。

**注释**

汾：即汾水，是黄河的第二大支流，发源于山西省宁武县。心绪：心情，心境。摇落：草木凋零，树叶纷纷飘落的样子。此处借以指秋天。秋声：秋风吹过，发出萧瑟之声。不可闻：不愿意听，不忍心听。

## 蜀道后期

张 说

客心争日月，
来往预期程。
秋风不相待，
先至洛阳城。

**作者简介**

张说（667～730），字道济，一字说之。盛唐诗人。洛阳（今属河南）人。累官至凤阁舍人、中书令、尚书左丞相等，封燕国公。工文，与苏颋齐名，掌朝廷制诰著作，人称"燕许大手笔"。其诗质朴凄婉。著有《张燕公集》二十五卷。

**注释**

后期：犹言延期，迟于预定的日期。此指作者出使蜀地，未能如期归家。争日月：与日月相争，有抓紧时间、争分夺秒之意。说明客人的急迫心情。预期程：预先算定旅程的期限。犹言客人珍惜时间。不相待：不肯等待。

## 静夜思

李 白

床前明月光,
疑是地上霜。
举头望明月,
低头思故乡。

**注释**

静夜思:在静静的夜晚所引起的思念。床:卧床。古义又作"井栏",《韵令》称"床"谓"井干,井上木栏也"。此处床前指井上围栏前。俗语云"背井离乡","井"和"乡"是关合的。古人把"有井水处"称为故乡。诗人置身在秋夜明月下的井边上,举头遥望,顿生思乡之情。疑:怀疑,以为。举头:抬头。

## 秋浦歌

李 白

白发三千丈,
缘愁似个长。
不知明镜里,
何处得秋霜。

**注释**

秋浦歌:秋浦,唐代银和铜的产地之一,在今安徽省贵池西。约在天宝十二年(753)前后,李白漫游至此,创作组诗《秋浦歌》,共十七首。本篇是其中的第十五首。缘:因为。似个:似这般。指白发因愁而生,因愁而长。个:代词,这,这般。秋霜:秋天里的霜。此处指诗人的头发像秋霜一样。

## 赠乔侍郎
### 陈子昂

汉庭荣巧宦,

云阁薄边功。

可怜骢马使,

白首为谁雄。

**作者简介**

陈子昂(661～702),字伯玉。唐代文学家。梓州射洪(今属四川)人。武则天光宅年间进士,历任麟台正字、右拾遗等职。屡次上书,揭露时弊并建议改革,均未被采纳。后辞职回乡,受诬陷而冤死于狱中。文学上反对齐、梁以来的浮靡文风,力倡诗文革新,为初唐诗文革新人物之一。诗擅五古,风骨峥嵘,寓意深远,苍劲有力。著有《陈伯玉集》传世。

**注释**

乔侍郎:作者的友人。侍郎:官名。汉庭:汉朝廷。这里暗指唐朝廷。巧宦:指那些玩弄权术,善于钻营的官员。云:指云台。东汉永平年间,汉明帝为追念汉室中兴时期的功臣,绘二十八位名将于南宫之云台,以示表彰,此即历史上著名的"云台二十八将"。李白《游敬亭寄崔侍御》诗云:"壮士不可轻,相期在云阁。"阁:指麒麟阁,为汉初萧何所造的楼阁。后汉宣帝绘霍光等十一人之像于阁上。后泛指画有功臣画像的楼阁。薄:轻视。骢马使:指汉代的桓典。桓典为御史时,执法严正不阿,他常骑骢马（青白色的马），人称骢马御史。此处指代戍守边地、劳苦功高的将领。

## 答武陵太守

王昌龄

仗剑行千里，
微躯敢一言。
曾为大梁客，
不负信陵恩。

**注释**

武陵：唐代武陵郡，治所在今湖南常德。太守：唐代地方行政官员，为一郡最高长官。仗剑：佩剑。微躯：微贱的身躯。此处是作者自谦之辞。大梁客：大梁的门客。此处用典，指战国时魏国侠士侯嬴、朱亥。此两人都居住在魏都大梁（今河南开封），一为监门小吏，一为屠者，两人友善相处。侯嬴受魏公子无忌赏识，待为上宾。后秦兵围赵，赵向魏求救，魏王不愿出兵，侯嬴为无忌出谋窃符救赵，并援引朱亥，椎杀魏将晋鄙，夺权代将，遂解赵之围。此处作者以侯嬴、朱亥自许。负：辜负。信陵：即信陵君，战国时魏国公子无忌，有食客三千。由于他礼贤下士，所以那些食客们都很愿为他出力。此处以信陵君代指武陵太守。

## 行军九日思长安故园

岑　参

强欲登高去，
无人送酒来。

遥怜故园菊,

应傍战场开。

**注释**

行军:行营。九日:即阴历九月九日重阳节。故园:故乡。岑参曾居长安八九年,因称长安为故乡。强欲:勉强要,坚持要。登高:古人节日习俗,重阳之日,人们偕亲友登高、饮酒、赏菊。送酒:此处用东晋陶渊明的典故。有一年重阳节,陶渊明无酒可饮,只好闷坐在宅边菊丛之中。幸而江州刺史王弘送酒来,这才尽醉而归。怜:怜惜,悯惜。应傍:应该挨着。战场:时长安仍陷叛军手中,乡国沦为战场。

## 婕妤怨

皇甫冉

花枝出建章,

凤管发昭阳。

借问承恩者,

双蛾几许长。

**作者简介**

皇甫冉(717～770?),字茂政。盛唐诗人。润州丹阳(今属江苏)人。皇甫谧之后裔。十岁能文,深受张九龄器重。唐玄宗天宝十五年(756)进士,累官至无锡尉、左拾遗、右补阙等。工诗,尤擅五言、七言律诗,多为应酬写景之作,风格俊逸清新。

**注释**

婕妤：这里指班婕妤，班固的姑姑。曾得到汉成帝的宠幸。赵飞燕姐妹入宫后，失宠，自请到长信宫侍奉太后。后人多咏之。花枝：形容女人美丽，打扮得像花一样。此处喻指得宠的宫妃。凤管：即箫，吹奏时如凤鸣一般，故称。昭阳：汉朝宫殿名，是汉成帝的宠妃赵合德所住的宫殿。借问：请问。承恩者：受到皇帝宠爱的人。双蛾：女子修长的双眉。这里以蛾眉指代美色。

## 题竹林寺

朱 放

岁月人间促，
烟霞此地多。
殷勤竹林寺，
更得几回过。

**作者简介**

朱放，生卒年不详，字长通。中唐诗人。襄州南阳（今湖北襄樊）人。李皋镇江西时，辟为节度参谋。唐德宗贞元初年，召为左拾遗，不就。后隐居于越之剡溪（在今浙江嵊州市）。工诗，与戴叔伦、刘长卿等诗人多有唱和。其诗内容多为送别赠答、隐居生活，风格平易晓畅、恬淡自然。

**注释**

竹林寺：在今江西庐山仙人洞旁。据说明代开国皇帝朱元璋大战陈友谅和身患疾病时都得到庐山竹林寺的神仙和尚周巅仙的帮助，多次化险为夷。为酬谢救命恩人，朱元璋得天下后，派人到庐山来寻找竹林寺,可每次来人除了找到崖壁上高高刻着的"竹林寺"三个大字外,其他别无所获。促:短促,短暂。烟霞:指山水胜景。殷勤:情意深厚。更得:还有。过:访问。

## 三闾庙

戴叔伦

沅湘流不尽,
屈子怨何深。
日暮秋风起,
萧萧枫树林。

**作者简介**

戴叔伦(732~789),字幼公,一作次公。中唐著名诗人。润州金坛(今属江苏)人。年少即博闻强记,聪慧过人,曾任东阳令、抚州刺史、容管经略使等职,晚年上表辞官归隐。其诗以反映农村生活见长,抒发隐逸生活的闲适情调,情景交融,真挚动人。明人辑有《戴叔伦集》。

**注释**

三闾庙:始建于汉代,是祭祀春秋时楚国三闾大夫屈原的庙宇,在今湖南省汨罗市玉笥山上。沅湘:即沅江和湘江,均在湖南省。屈原当年曾在这一带生活过。何深:多么的深。屈子:即屈原。子:古代称呼人时用,表示对人的尊敬。萧萧:象声词,风吹动树木发出来的声音。

## 易水送别

骆宾王

此地别燕丹，

壮士发冲冠。

昔时人已没，

今日水犹寒。

**作者简介**

骆宾王（约638～684），字观光。初唐著名诗人，"初唐四杰"之一。婺州义乌（今属浙江）人。家境贫寒，七岁时作《咏鹅》诗，时人视为神童。曾任侍御史，后被贬为临海县丞。为在扬州起兵反武则天的徐敬业撰写檄文《为徐敬业讨武曌檄》，慷慨激昂，气吞山河。徐兵败后，骆宾王下落不明。其诗多抒发心志，感慨身世，风格激昂慷慨，一扫六朝雕琢纤弱的文风。清人辑有《骆临海集笺注》。

**注释**

易水：水名，在今河北省易县。燕丹：指战国时燕国的太子丹。壮士：对荆轲的尊称。据《史记·刺客列传》载：荆轲受燕太子丹委托，去秦国刺杀秦王，太子丹在易水之滨为他钱行。荆轲临别前慷慨悲歌："风萧萧兮易水寒，壮士一去兮不复还。"后刺杀未遂，荆轲当即赴难。冲冠：发怒时头发竖起，把帽子都顶起来了。形容非常愤怒。人：指荆轲。没：通"殁"，死亡。

## 别卢秦卿

司空曙

知有前期在，

难分此夜中。
无将故人酒,
不及石尤风。

**作者简介**

司空曙(720?～790?),字文明,一作文初。中唐诗人,"大历十才子"之一。洺州(今河北永年)人。进士及第,累官至洛阳主簿、左拾遗、水部郎中等。其诗朴素真挚,细腻熨帖,多抒写自然景色和乡情旅思,长于五律,风格闲雅疏淡。著有《司空文明诗集》。

**注释**

卢秦卿:作者的朋友,其生平不详。无将:不要把。石尤风:打头逆风。据元代伊士珍《琅嬛记》记载:商人尤某之妻石氏,思夫成疾,死前曰:"我欲变为逆风,阻止天下商人远行。"

# 答 人
太上隐者

偶来松树下,
高枕石头眠。
山中无历日,
寒尽不知年。

**作者简介**

太上隐者,唐代的一位隐者,隐居在终南山,人不知其姓名。

**注释**

答人：此诗是太上隐者回答别人的问话。无历日：没有推算岁时节气的历法。犹言隐居在山中用不着历法。历日：指记载年、月、日和四季节令的历书。寒尽：寒冷过去，即言春来。不知年：不知道是哪年哪月。

# 第四卷 五言律诗(四十四首)

## 幸蜀西至剑门

### 唐玄宗

剑阁横云峻,銮舆出狩回。
翠屏千仞合,丹嶂五丁开。
灌木萦旗转,仙云拂马来。
乘时方在德,嗟尔勒铭才。

**作者简介**

李隆基(685~762),即唐玄宗,又称唐明皇。712~756年在位,初有政绩。开元、天宝年间,纵情声色,政治腐败,终酿成"安史之乱"。遂让位于太子李亨,自逃往四川。肃宗至德二年(757)回长安,后抑郁而死。

**注释**

幸蜀:帝王驾临蜀地。幸:古时称帝王驾临为幸。剑门:即剑门关,在今四川剑阁县北。此诗是李隆基在平息"安史之乱"后从四川回长安时,行至剑门时所写。横云峻:峻立在横云之中,极言剑门关之高峻。銮舆:皇帝的车驾。出狩:古代皇帝离开京城去外地打猎、巡视。翠屏:绿色的屏风。喻指剑门山。千仞:形容山势极高。仞:古代的长度单位,周代八尺为仞。合:

合拢，闭合。丹嶂：高峻如同屏障一般的赤色山峰。五丁开：古代神话传说。据《华阳国志·蜀志》载：秦惠王许嫁五个美女给蜀王，蜀王派五个力士去迎接，回来途经梓潼，见一大蛇入穴中，五力士齐拽蛇尾，山崩。五力士及秦女被压死，而山分为五岭。乘时：造就时势。德：仁德，德政。西晋时张载作《剑阁铭》，晋武帝司马炎派人刻于石上。铭中有"兴时在德，险亦难恃"之语。嗟尔：赞叹。勒铭：刻石记功。史载后汉窦宪追击北匈奴，登燕然山，曾刻石以记功绩。此处以"勒铭才"称赞那些随侍的诸大臣。

## 和晋陵陆丞早春游望

杜审言

独有宦游人，偏惊物候新。

云霞出海曙，梅柳渡江春。

淑气催黄鸟，晴光转绿蘋。

忽闻歌古调，归思欲沾巾。

### 作者简介

杜审言（645？～708），字必简。唐代文学家。祖籍襄阳（今湖北襄樊），后迁河南巩义市。是杜甫的祖父。唐高宗咸亨年间进士，曾任隰城尉、洛阳丞等小官，累官修文馆直学士。少与李峤、崔融、苏味道齐名，并称"文章四友"，为唐代"近体诗"的奠基人之一。诗多为应制、酬和及写景之作，其五言律诗格律严谨，风格雄浑。原有文集已散失，明人辑有《杜审言诗集》。

**注释**

和：应和。晋陵：唐时郡名，今江苏常州。陆丞：陆县丞。陆丞写了一首《早春游望》，这首诗是作者依意而应和之作。宦游：在外地做官。物候：自然界生物随季节的转换而变化的现象。淑气：温暖的气候。黄鸟：黄莺。晴光：即春光。绿蘋：蕨类植物，生在浅水中，也叫田字草。古调：指陆丞古朴的《早春游望》诗。

## 蓬莱三殿侍宴奉敕咏终南山

杜审言

北斗挂城边，南山倚殿前。
云标金阙迥，树杪玉堂悬。
半岭通佳气，中峰绕瑞烟。
小臣持献寿，长此戴尧天。

**注释**

蓬莱三殿：唐代皇宫里的大明宫内有紫宸、蓬莱、合元三殿，统称蓬莱三殿。故址在今陕西省西安市北。奉敕：奉皇帝命令。云标：云端。金阙：含元殿有"翔鸾"与"栖凤"二阙。称金阙，是言其富丽堂皇。迥：高远貌。树杪：树梢。玉堂：本为汉代建章宫殿名。这里泛指终南山上精美的建筑。半岭：山半腰。指终南山。中峰：终南山主峰。绕：环绕。戴：头顶着。此处引申为生活在（贤明君主的）太平圣世。尧天：尧舜时代的太平盛世。

## 春夜别友人（两首选一）

陈子昂

银烛吐清烟，金尊对绮筵。
离堂思琴瑟，别路绕山川。
明月隐高树，长河没晓天。
悠悠洛阳道，此会在何年？

**注释**

银烛：白色蜡烛。金尊：指精美的酒杯。绮筵：华丽丰盛的宴席。琴瑟：本为两种乐器，同时演奏，其音谐和。比喻朋友的情意融洽。悠悠：悠长。此会：这样的聚会。犹言再次相聚。

## 长宁公主东庄侍宴

李峤

别业临青甸，鸣銮降紫霄。
长筵鹓鹭集，仙管凤凰调。
树接南山近，烟含北渚遥。
承恩咸已醉，恋赏未还镳。

**作者简介**

李峤（645～714），字巨山。初唐诗人。赵州（今河北赵县）人。唐高宗时进士，官至平章事。善诗文，唐初"文章四友"之一。诗多咏物之作，与苏味道齐名，号称"苏李"。明人辑有《李峤集》。

**注释**

长宁公主：唐中宗李显之女，生活极为豪奢。东庄：长宁公主在长安的别墅。青甸：绿色的郊野。甸：草甸。鸣銮：皇帝的车驾。长筵：长长排列的筵席。鹓：凤雏。鹭：白鹭。鹓鹭群飞而有序，因以喻朝廷百官齐集，列队班行。仙管：对侍宴管乐的美称。凤凰调：形容曲调优美，犹如凤凰鸣叫。北渚：北边的水中陆地。遥：遥远。恋赏：贪恋赏赐。未还镳：犹言未回马，没有返回。镳：马嚼子的两端露出嘴外的部分，是连接缰绳之处。此处指代马。

## 恩赐丽正殿书院赐宴应制得林字

张　说

东壁图书府，西园翰墨林。
诵诗闻国政，讲易见天心。
位窃和羹重，恩叨醉酒深。
载歌春兴曲，情竭为知音。

**注释**

丽正殿：唐代宫殿名。应制得林字：奉皇帝之命作诗，规定用林字韵。应制：按皇帝的命令作诗。得林字：即押林字韵。东壁：星名，是"壁宿"的别称。壁宿，北方玄武之象的二星名，为二十八宿之一。传说它是掌管天上文章图书的秘府。西园：三国时魏曹子建置西园以招文士。此处借指书院文人云集。翰墨：笔墨，文房四宝。诗：指《诗经》。闻：从中领悟。国政：国家政事。此处指治国的道理。易：指《易经》，又称《周易》。见：体察，发现。天心：天意。位窃：犹言窃位。此处是诗人自谦之词。和羹：本指为羹汤调味，此处用作比喻宰相辅佐帝王综理朝政。和羹重：指宰相的责任重大。诗人当时任中书令，兼掌书院事。恩叨：叨恩。受到恩惠。

## 送友人

李　白

青山横北郭，白水绕东城。
此地一为别，孤蓬万里征。
浮云游子意，落日故人情。
挥手自兹去，萧萧班马鸣。

注释

北郭：即外城的北面。郭：古代在城的外围加筑的一道城墙。白水：清澈的水流。孤蓬：蓬，草名，为菊科植物，枯后断根，遇风吹散，飞转无定。古诗多以此喻指孤身远行的旅人。故人：诗人自称。自兹去：从此分手。兹：此。萧萧：马的嘶叫声。班马鸣：马相别的嘶叫声。班马：离群之马，喻人之分别。

## 送友人入蜀

李　白

见说蚕丛路，崎岖不易行。
山从人面起，云傍马头生。
芳树笼秦栈，春流绕蜀城。
升沉应已定，不必问君平。

注释

入蜀：到蜀地去。唐玄宗天宝二年（743），李白在长安送友人入蜀。见说：听说。蚕丛路：代称进入蜀地的道路。蚕丛：传说中古代蜀王之名，此处代指蜀地。笼：笼罩。秦栈：从秦入蜀的栈道。栈道通于陕西，陕西古为秦地，故云秦栈。栈：在陡崖峭壁上凿崖架木修成的路。春流：即流经成都的河流。蜀城：成都。升沉：宦海浮沉，功名得失。定：定局。君平：即严君平，西汉人，名遵，隐居成都，以算命占卜为生。

## 次北固山下

### 王 湾

客路青山外，行舟绿水前。
潮平两岸阔，风正一帆悬。
海日生残夜，江春入旧年。
乡书何处达，归雁洛阳边。

**作者简介**

王湾，生卒年不详。唐代文学家。洛阳（今属河南）人。唐玄宗先天年间进士，累官至荥阳主簿、洛阳尉等。早有文名，其诗多写景之作，气象高远，情景交融。

**注释**

次：停下住宿。此处指船停泊。北固山：在今江苏镇江市北，三面临江。客路：旅客要走的路。潮平：涨潮的江水和江岸快要平了。海日：从海上升起的朝阳。残夜：夜未尽时，即天快亮的时候。入旧年：指旧年尚未逝去。乡书：家信。何处达：从哪里传来。

## 苏氏别业

祖 咏

别业居幽处,到来生隐心。

南山当户牖,沣水映园林。

竹覆经冬雪,庭昏未夕阴。

寥寥人境外,闲坐听春禽。

**作者简介**

祖咏(699～746?),盛唐诗人。洛阳(今属河南)人。唐玄宗开元年间进士。与王维友善,其诗多写景绘物和隐逸生活,风格简练,意境清新。明人辑有《祖咏集》。

**注释**

隐心:隐居之心。南山:终南山。户牖:门窗。沣水:水名,发源于秦岭,经户县、西安入渭水。未夕:还未到黄昏。寥寥:人稀少的样子。

## 春宿左省

杜 甫

花隐掖垣暮,啾啾栖鸟过。

星临万户动,月傍九霄多。

不寝听金钥,因风想玉珂。

明朝有封事,数问夜如何。

**注释**

宿:值夜,即值夜班。左省:古时称门下省为左省。左拾遗属门下省,其办公地在皇宫东边,故称左省。杜甫曾任左拾遗属门下省。掖垣:此处指门下省的矮墙。掖:左掖,即门下省。啾啾:鸟鸣声。临:居高临下。九霄:此处指高耸入云的宫殿。金钥:此处指开宫门的钥匙声。玉珂:马的装饰物,即马铃。封事:臣子上书奏事,以袋封缄,防止泄露机密。即封章。唐时的拾遗,掌供奉讽谏,小则廷诤,大则上封事。

## 题玄武禅师屋壁

杜 甫

何年顾虎头,满壁画沧洲。
赤日石林气,青天江海流。
锡飞常近鹤,杯渡不惊鸥。
似得庐山路,真随惠远游。

注释

玄武禅师:玄武庙中的僧人。禅师是对和尚的尊称。唐乾元二年(759)在玄武山(在今四川中江县城东)建"乾昌寺",又名"玄武观"。762年,杜甫游乾昌寺观顾恺之的壁画,写下这首著名的五律。顾虎头:即东晋著名画家顾恺之,字长康,小字虎头,晋陵无锡(今属江苏)人。博学多才,善绘画,人称"文绝、画绝、痴绝"。沧洲:滨水的地方。古时常用来称隐士的居处。此处是指壁画上高人隐士居住之地。"锡飞"句:典出《高僧传》:梁时,舒州潜山风光奇绝,僧侣宝志与白鹤道人都想到那里去住。梁武帝知道他们都有些神通,令他们各用物在想要住的地方做个标志。道人放出鹤,和尚则挥锡杖并飞入云中。结果,锡杖比鹤先到,白鹤道人只得另选地方居住。"杯渡"句:

这是画面上画的另一个典故。传说古时有位高僧乘木杯渡海而来,人们称他为杯渡禅师。真随:真愿意跟随。惠远:东晋时高僧。曾在庐山结庐修行,陶渊明与他有交往。

## 终南山

王　维

太乙近天都,连山到海隅。
白云回望合,青霭入看无。
分野中峰变,阴晴众壑殊。
欲投人处宿,隔水问樵夫。

注释

太乙:终南山的别名。天都:指京都长安。海隅:海边,海角。回望:四面望。青霭:青色的烟雾。入看:接近观看。分野:古人将天上的二十八宿星座和地上的各州对应,分为若干区域,叫分野。中峰:最高峰。人处:有人居住的地方。

## 寄左省杜拾遗

岑　参

联步趋丹陛,分曹限紫微。
晓随天仗入,暮惹御香归。
白发悲花落,青云羡鸟飞。
圣朝无阙事,自觉谏书稀。

注释

寄左省杜拾遗:岑参为右补阙,居尚书右省;杜甫任左拾遗，居门下省，同居禁中，故赠之以诗。联步：左右并排上朝。趋：碎步快行，很恭敬的样子。丹陛：宫殿前的红色台阶。分曹：作者与杜甫分属不同官署。曹：官署。限紫微：作者隶属于紫微（中书）省。天仗：宫中的仪仗。暮惹：黄昏带着。惹：沾染。御香：金殿上的香气。阙事：使人缺憾、不满的事。阙：通"缺"。谏书：规劝皇帝的上疏。

## 登总持阁

岑　参

高阁逼诸天，登临近日边。
晴开万井树，愁看五陵烟。
槛外低秦岭，窗中小渭川。
早知清净理，常愿奉金仙。

注释

总持阁：故址在终南山上。诸天：佛教术语。指众神佛居住之界。万井：指长安城内。言其街道多，方整如井。槛外：栏杆之外。渭川：即渭河，一称渭水。黄河的最大支流，在陕西省中部，源出甘肃省渭源县西北鸟鼠山，东南流至清水县，入陕西省境，横贯渭河平原，东流至潼关入黄河，经过历史名城西安。清净理：佛教禅理，主张远离罪恶与烦恼。奉：侍奉。金仙：用金色涂抹的佛像。汉明帝梦一仙人身长一丈六尺，紫金身。后问群臣，有人回答是西方的佛，故用此指佛像。

## 登兖州城楼

杜　甫

东郡趋庭日，南楼纵目初。

浮云连海岱,平野入青徐。
孤嶂秦碑在,荒城鲁殿余。
从来多古意,临眺独踌躇。

### 注释

兖州:唐代州名,在今山东省。东郡:指兖州。趋庭:语见《论语》:"鲤(孔子的儿子)趋而过庭。"意指随侍父亲。此处指杜甫来看望其父。杜甫之父杜闲时任兖州司马。纵目:放眼远眺。初:初次。海岱:黄海、泰山。平野:空旷的原野。入:一直延伸。青徐:指青州(今山东益都)、徐州(今江苏徐州)。此两州与兖州相邻。孤嶂:独立的山峰,指泰山。秦碑:秦代碑刻。秦始皇命人在泰山所刻的歌颂他功德的石碑。据《史记》载:秦始皇二十八年(前219)东游泰山,于山上刻石勒铭。鲁殿:汉初汉景帝的儿子鲁恭王刘余在曲阜城修的灵光殿。曲阜时为鲁恭王的都城。古意:伤古的意绪。

## 送杜少府之任蜀州

王 勃

城阙辅三秦,风烟望五津。
与君离别意,同是宦游人。
海内存知己,天涯若比邻。
无为在歧路,儿女共沾巾。

### 作者简介

王勃(650~676),字子安。唐代文学家。绛州龙门(今山西河津)人。少时即显露过人才华,为"初唐四杰"之一。唐高宗麟德初年应举及第,曾任虢州参军。工文擅诗,创作突破六朝颓靡绮丽之风。其诗意境开阔,刚健清新。著有《王子安集》。

*注释*

　　杜少府:作者的朋友。少府:官名。城:城墙。阙:皇宫门前的望楼。城阙指唐王朝的京都长安。辅:护持,拱卫。三秦:长安附近的关中地区。项羽灭秦后,曾分秦国的故地为雍、塞、翟三国,故称三秦。风烟:风光烟色。五津:指四川岷江中的五个渡口,即白华津、万里津、涉头津、江南津、江首津。此处用来代指四川。比邻:近邻。无为:不要做出。歧路:岔道口。指临别分手的地方。

## 送崔融

### 杜审言

君王行出将,书记远从征。
祖帐连河阙,军麾动洛城。
旌旗朝朔气,笳吹夜边声。
坐觉烟尘扫,秋风古北平。

*注释*

　　行出将:将要命令将军出征。行:将要,行将。出将:派大将出征。书记:幕府中主管文字工作的官员。此处指崔融。崔融曾随梁王出征,掌书记职务。祖帐:古代送人远行,在野外路旁为饯别而搭的帐篷。亦指送行的酒筵。军麾:古代军中用以指挥作战的旗帜。朔气:北方的寒气。"笳吹"句:夜晚,耳闻笳声阵阵。笳声:北方边地特有的乐器声。坐觉:顿觉。犹言马上。烟尘:代指战事。扫:意即干净。北平:郡名,在今河北省东部一带。此处泛指北方边地。

## 扈从登封途中作

宋之问

帐殿郁崔嵬,仙游实壮哉。

晓云连幕卷,夜火杂星回。

谷暗千旗出,山鸣万乘来。

扈游良可赋,终乏掞天才。

**作者简介**

宋之问(656?~712?),字延清,一字少连。初唐诗人。汾州(今山西汾阳)人,一说虢州弘农(今河南灵宝)人。唐高宗上元年间进士,官至考功员外郎等。其诗多歌功颂德之作,讲究声律,文辞华靡。与沈佺期齐名,并称"沈宋"。著有《宋之问集》。

**注释**

登封:今河南省登封市。帐殿:用锦帐围成的宫殿。郁:文采华丽的样子。崔嵬:本指山的高峻。此状帐殿高大之貌。仙游:对皇帝出游的谀称。谷暗:山谷幽暗。万乘:皇帝的车驾。扈游:随从皇帝出巡。良可赋:实在值得赋诗。乏:缺少。掞天才:颂扬天子功德的才能。掞:舒展,铺张。此处作抒发、渲染讲。

## 题义公禅房

孟浩然

义公习禅寂,结宇依空林。

户外一峰秀,阶前众壑深。

夕阳连雨足,空翠落庭阴。

看取莲花净，方知不染心。

**注释**

义公：唐时高僧，作者之友。禅房：僧房。习禅寂：习惯于禅房的寂静。结宇：造房子。空林：空旷的山林。空翠：树木的阴影。莲花：指《妙法莲花经》，是一部影响十分广泛的大乘佛教经典，其义为"像白莲花一样的正确说教"。

## 醉后赠张九旭

高　适

世上漫相识，此翁殊不然。
兴来书自圣，醉后语尤颠。
白发老闲事，青云在目前。
床头一壶酒，能更几回眠。

**注释**

张九旭：即张旭，字伯高，排行第九。唐代著名书法家、诗人。苏州吴（今江苏苏州）人。曾官常熟县尉。性嗜酒，常喝得酩酊大醉，醉后呼叫狂奔，然后挥笔写字，有时竟用头发沾着墨汁疾书，酒醒后观赏自己的书法，龙飞凤舞，飘逸万态，以为有神力相助。唐文宗时，他的狂草与李白诗歌、裴旻剑舞，号称"三绝"。漫相识：随意交往。漫，随便。此翁：这位老先生，指张旭。殊不然：不太一样。兴：兴致。书自圣：书法自然达到很高的成就。闲事：无事。青云：此处指事业前程、高官显爵。几回眠：几回醉。

## 玉台观

杜 甫

浩劫因王造,平台访古游。
彩云萧史驻,文字鲁恭留。
宫阙通群帝,乾坤到十洲。
人传有笙鹤,时过北山头。

**注释**

玉台观:故址在今四川省阆中市,相传为唐高祖之子滕王李元婴所建。浩劫:道家称宫观的台阶为浩劫。劫:台阶,为道家用语。平台:古迹名。在今河南商丘东北。相传为春秋时宋国皇国父所筑。此处指玉台观。彩云:指壁画上的云彩。萧史:此处用"乘鸾跨凤"典故。据汉刘向《列仙传》载:萧史为秦穆公时人,善吹箫,穆公女儿弄玉也好吹箫,秦穆公将女嫁给他为妻,并筑凤台让他们居住。鲁恭:即鲁恭王刘余,曾造灵光殿。现灵光殿文字碑记虽存而人已不存。此处借指玉台观上也留下了滕王的手迹。群帝:五方的天帝。道教信徒认为,天有群帝。乾坤:代指玉台观的殿宇。十洲:古代传说中仙人居住的十个岛。《海内十洲记》指祖洲、瀛洲、玄洲、炎洲、长洲、元洲、流洲、生洲、凤麟洲、聚窟洲十洲。此处泛指四海之地。"人传"句:《列仙传》中载有王子乔乘鹤飞升成仙的故事。

## 观李固请司马弟山水图

杜 甫

方丈浑连水,天台总映云。
人间长见画,老去恨空闻。

范蠡舟偏小，王乔鹤不群。
此生随万物，何处出尘氛。

### 注释

观李固请司马弟山水图：因观赏李固的弟弟画的山水画而请写的诗。李固：蜀人，唐代宗时曾为司马。司马弟：李固的弟弟。方丈：和尚参禅打坐之处。此处指传说中的海上三座仙山之一。《史记·秦始皇本纪》载："海中有三神山，名曰蓬莱、方丈、瀛洲，仙人居之。"此处方丈指画中的神仙境界。浑连水：与水浑然相连。天台：即天台山。在今浙江省天台县西。总映云：形容天台山很高，时常与天上的云彩相映衬。范蠡：春秋时越国大夫，辅助越王勾践消灭了吴国，功成后携西施泛舟太湖，终不知去向。王乔：即王子乔。周灵王太子，成仙后乘白鹤而去。尘氛：尘俗的气氛。

## 旅夜书怀

杜 甫

细草微风岸，危樯独夜舟。
星垂平野阔，月涌大江流。
名岂文章著，官应老病休。
飘飘何所似，天地一沙鸥。

### 注释

书怀：抒写情怀。唐代宗永泰元年（765）五月，杜甫携家小离开成都，沿江东下，途中历览渝州忠州一带的长江景色。此诗为诗人抒发心中无处施展才能的愤懑与不平。危樯：高高的桅杆。独夜舟：孤舟夜泊。官应老病休：年老病多也应该休官了。著：著名。何所似：像什么呢？沙鸥：水鸟，飘零无常居。此处是诗人以沙鸥自比。

## 登岳阳楼
### 杜 甫

昔闻洞庭水，今上岳阳楼。
吴楚东南坼，乾坤日夜浮。
亲朋无一字，老病有孤舟。
戎马关山北，凭轩涕泗流。

**注释**

岳阳楼：游览胜地。在今湖南省岳阳市，唐初修建，下瞰洞庭湖。吴楚：吴和楚分别为春秋时代的国名。其地域约在今湖南、湖北、江西、安徽、浙江、江苏等长江中下游一带。坼：裂开、分开。此处为分界之意。楚地大致在洞庭湖的南部，吴地在湖的东部，故言两地为湖水所分开。乾坤：天地、日月。据《水经注·湘水》载："洞庭湖水广五百余里，日月出没其中。"字：书信。老病：年迈多病。当时杜甫年已五十七，且有多种疾病缠身。戎马：喻指战事。关山北：此处泛指北方边地。凭：倚、靠。轩：轩窗。指楼上窗户。涕泗：眼泪。

## 江南旅情
### 祖 咏

楚山不可极，归路但萧条。
海色晴看雨，江声夜听潮。

剑留南斗近，书寄北风遥。

为报空潭橘，无媒寄洛桥。

### 注释

楚山：楚地之山。极：穷尽。"剑留"句：此处用"丰城剑气"典故。据《晋书·张华传》载，吴灭晋兴之际，有紫气直射斗、牛二星之间。晋尚书张华请教雷焕，雷焕说：此为宝剑之精，上彻于天，在豫章丰城。张华即让雷焕当丰城县令，掘出龙泉、太阿两把剑，当晚，斗牛间气就消失了。因丰城属豫章郡，在南方，故云"南斗"。南斗：星名，南斗六星，即斗宿。为报：让人转告。此处作让人捎带解。空潭：深潭。古时有"昭潭无底橘洲浮"的说法。昭潭在今湖南省长沙市南。此处的空潭橘是泛指南方的橘子。媒：通媒妁。指代捎信、捎物之人。洛桥：洛阳天津桥。此处指代诗人的故乡洛阳。

## 宿龙兴寺

**綦毋潜**

香刹夜忘归，松清古殿扉。

灯明方丈室，珠系比丘衣。

白日传心净，青莲喻法微。

天花落不尽，处处鸟衔飞。

### 作者简介

綦毋潜（692～749?），字孝通。盛唐诗人。荆南（今湖北江陵）人，一说江西南康人。唐玄宗开元年间进士，累官至左拾遗、著作郎等。后辞官归隐，游历江淮。其诗多写山林隐逸生活和方外之情,清秀俊丽。《全唐诗》收录其诗一卷二十六首。

**注释**

龙兴寺:在今湖南省零陵县西南。香刹:香火寺院。此处指龙兴寺。方丈室:寺院中长老或住持所居之处。比丘:即和尚。为梵语的音译,一般意译为"乞士",俗称"和尚"。青莲:本指产于印度的青色莲花。此指青莲香。《妙法莲花经》说:"有人闻是品能随善赞道者,是人口中常出青莲香。"此处用以比喻寺院里长老能阐明精微的佛理,是口吐青莲香之人。喻法微:用事例比喻来讲精微的佛法。"天花"两句:引用佛经中天女散花的故事。据《维摩经·观众生品》载:佛祖让天女散花以验试菩萨和声闻弟子的道行,花落绵绵不绝,有群鸟飞来衔花而去。

# 破山寺后禅院

常 建

清晨入古寺,初日照高林。
曲径通幽处,禅房花木深。
山光悦鸟性,潭影空人心。
万籁此俱寂,惟闻钟磬音。

**作者简介**

常建(708~765?),字号不详。唐代诗人。长安(今陕西西安)人。唐玄宗开元十五年(727)与王昌龄同榜进士,曾任盱眙尉。一生沉沦失意,耿介自守。诗多写田园风光和山林逸趣,选语精妙,意境超远。

**注释**

破山寺：即兴福寺，在今江苏省常熟市虞山北侧。后禅院：寺庙中和尚居住的地方。初日：初升的太阳。悦鸟性：使鸟儿感到快乐。人心：世俗中荣辱得失的俗念。万籁：自然界各种声响。籁：孔穴中发出的声音。此：此时，此处。俱寂：都寂静下来。钟磬：寺庙中常设的乐器。为僧侣诵经、供斋时的信号，撞钟表示开始，击磬表示结束。

## 题松汀驿

张　祜

山色远含空，苍茫泽国东。
海明先见日，江白迥闻风。
鸟道高原去，人烟小径通。
那知旧遗逸，不在五湖中。

**作者简介**

张祜（785？～849？），字承吉。中唐诗人。贝州清河（今属河北）人，早年寓居苏州，后至长安，为元稹排挤，遂至淮南。爱丹阳曲阿地，隐居以终。诗以宫词而著名，诗风沉静浑厚，有隐逸之气，深得杜牧推重。现存诗十卷。

**注释**

松汀驿：在今江苏省太湖一带，具体地点不详。此诗为作者访友不遇而在途中松汀驿所作。苍茫：旷远迷茫的样子。泽国：多水之乡。此处指太湖及其吴中一带。迥：远。鸟道：鸟飞的路径。人烟：人迹，有人居住之处。旧遗逸：指隐身遁迹的旧友。五湖：此处泛指太湖流域。

## 圣果寺

释处默

路自中峰上,盘回出薜萝。
到江吴地尽,隔岸越山多。
古木丛青霭,遥天浸白波。
下方城郭近,钟磬杂笙歌。

**作者简介**

释处默,生卒年不详。唐末诗僧,曾居住于庐山,常与贯休、罗隐等人交往。

**注释**

圣果寺:故址在今浙江省杭州市城南的凤凰山上。中峰:主峰。盘回:盘旋曲折。薜萝:薜山麻、萝艽兰,多年生蔓草。江:指钱塘江。江北属古吴国地,江南属古越国。尽:尽头。青霭:青青的烟雾。

## 野 望

王 绩

东皋薄暮望,徙倚欲何依。
树树皆秋色,山山惟落晖。
牧人驱犊返,猎马带禽归。
相顾无相识,长歌怀采薇。

**作者简介**

王绩(589～644),字无功,自号东皋子、五斗先生。唐代著名诗人。绛州龙门（今山西河津）人。出身官宦世家，自幼博闻强记，有"神童仙子"之称。隋代曾任秘书省正字，初唐时以原官待诏门下省，后弃官隐居于故乡东皋村。嗜酒，好琴，精于占卜算卦。一生最大成就在于诗歌，被公认为五言律诗的奠基人。其诗多涉饮酒和田园风光，含伤感情味。著有《王无功文集》。

注释

东皋：山西省河津市的东皋村，为作者隐居之地。徙倚：徘徊彷徨。欲何依：打算依靠什么。此处化用曹操《短歌行》"月明星稀，乌鹊南飞。绕树三匝，何枝可依"之诗意。落晖：落日的余光。犊：小牛。怀采薇：此处用伯夷、叔齐不食周粟的典故。据《史记·伯夷列传》载：伯夷、叔齐二人是孤竹君的儿子，两人互辞王位，投奔周文王。他们反对周武王讨纣，武王灭殷后，伯夷、叔齐跑到首阳山隐居，采薇而食，终于饿死，后遂为守节隐居的代名词。

## 送别崔著作东征

陈子昂

金天方肃杀，白露始专征。
王师非乐战，之子慎佳兵。
海气侵南部，边风扫北平。
莫卖卢龙塞，归邀麟阁名。

注释

崔著作：即崔融。崔融曾任著作佐郎一职。金天：秋天的别称。古代将一年四季分为春、夏、长夏、秋、冬五个部分，并分别与五行相对应,春属木,夏属火,长夏属土,秋属金,冬属水。**肃杀**:严酷萧瑟。四季之中,秋主肃杀,所以古代常在秋季征伐不义、处死犯人。**白露**:二十四节气之一。为立秋后的第三个节气。**专征**:全权主持征伐。此处指出征。古代帝王常选择秋初至白露这一时节训练甲兵,然后出征作战,以服荒夷。**王师**:帝王的军队。**乐战**:喜欢打仗,即好战。**之子**:这些从征的人。指崔融等。**慎佳兵**:慎重对待用兵之事。**慎**:当心,慎重。**佳兵**:《老子》:"夫佳兵者,不祥之器。"意即玩弄武力、黩武纵杀。**海气**:西北谓大泽曰海,即今海子。此处指边地战尘。**侵南部**:往南移进侵犯。**边风**:指突厥等边地民族的骑兵。**扫**:扫荡,荡平。**北平**:今河北卢龙,古代军事要地。**卢龙塞**:古代通往东北的交通要道,军事要塞。**归邀**:回来后邀取。**麟阁名**:显赫的功名。汉代在未央宫建麒麟阁,画功臣像于阁上,以褒彰其功德。后人即用以赞美有功之臣。

## 陪诸公子丈八沟携妓纳凉晚际遇雨(二首)

杜 甫

其一

落日放船好,轻风生浪迟。

竹深留客处,荷静纳凉时。

公子调冰水,佳人雪藕丝。

片云头上黑,应是雨催诗。

**注释**

**丈八沟**:唐代皇家的避暑胜地。原址在今陕西西安城西南。开通于唐天宝初年,起初作为一条人工河流,主要往京城运送物资。因为沟深一丈、宽八尺,所以叫丈八沟。放船:泛舟,荡舟。迟:迟缓。调冰水:用冰调制冷饮之水。雪藕丝:把藕的白丝除掉。

### 其二

雨来沾席上,风急打船头。
越女红裙湿,燕姬翠黛愁。
缆侵堤柳系,幔卷浪花浮。
归路翻萧飒,陂塘五月秋。

*注释*

沾:溅,打湿。越女:越地的美女。与下句的燕姬均代指歌妓。翠黛:指女子的眉毛。古时女子用螺黛(一种青黑色矿物颜料)画眉,故称眉为"翠黛"。缆:系船的绳子。侵:逼近,靠近。系:拴上。幔:船上用以遮太阳的布幔。翻:反而,却。萧飒:(秋风)萧瑟。陂塘:水塘。此处指丈八沟。

## 宿云门寺阁

孙 逖

香阁东山下,烟花象外幽。
悬灯千嶂夕,卷幔五湖秋。
画壁余鸿雁,纱窗宿斗牛。
更疑天路近,梦与白云游。

*注释*

云门寺:故址在今浙江省绍兴市境内的云门山。东晋时建,梁代处士何胤、唐代名僧智永等在此居住过，是当时有名的隐居之地。香阁：云门寺为佛寺，常年供香，故云。东山：即云门山。烟花：山花盛开的景色。此指美好的景致。象外：超然物象之外。此指意境。幽：远。嶂：像屏障一样陡峭的山峰。斗牛：指斗星宿和牛星宿。此处形容云门寺之高。天路：通天之路。

## 秋登宣城谢朓北楼

李　白

江城如画里，山晓望晴空。
两水夹明镜，双桥落彩虹。
人烟寒橘柚，秋色老梧桐。
谁念北楼上，临风怀谢公。

### 注释

宣城：今安徽省宣城市。谢朓北楼：又名谢公楼，位于宣城近郊的陵阳山顶，南齐著名山水诗人谢朓任宣城太守时所建。因楼址在郡治之北，故取名"北楼"。唐时改名为叠嶂楼。江城：指宣城。两水：指宣城东郊的宛溪、句溪。两水在宣城东北处相会，绕城合流。明镜：指拱桥桥洞和它在水中的倒影合成的圆形，像明亮的镜子一样。双桥：宛溪上有凤凰、济川两桥，均为隋文帝时所建。彩虹：指水中的桥影。人烟：炊烟。念：挂念，思念。临风：迎着风。怀：怀念。谢公：即谢朓。

## 临洞庭上张丞相

孟浩然

八月湖水平，涵虚混太清。

气蒸云梦泽,波撼岳阳城。
欲济无舟楫,端居耻圣明。
坐观垂钓者,徒有羡鱼情。

**注释**

张丞相:即张九龄,为唐玄宗时名相。此诗作者委婉地表达了希望自己在仕途上能得到张九龄援引的愿望。涵:包容。虚:指湖水。太清:天空的代称。气蒸:水面上水汽蒸腾。云梦泽:我国古代巨大的湖泊沼泽区,大致包含今湖南益阳市、湖阴县以北,湖北江陵县、安陆市以南,武汉市以西地区。端居:安居,闲居。耻圣明:愧对当今圣明之世。羡鱼:古语有"临渊羡鱼,不如退而结网"。此处羡鱼,意指羡慕钓叟钓鱼多,暗示作者无人推荐空有从政愿望而已。

## 过香积寺

王 维

不知香积寺,数里入云峰。
古木无人径,深山何处钟。
泉声咽危石,日色冷青松。
薄暮空潭曲,安禅制毒龙。

**注释**

香积寺:又名开利寺,在今陕西西安市南三十里的子午谷中。唐高宗永隆二年(681),净土宗创始人之一善导大师圆寂,弟子怀恽为纪念善导功德,修建了香积寺和善导大师供养塔,使香积寺成为中国佛教净土宗正式创立后的第一个道场。咽:哽咽。此处指水流经山石发出的不畅之声。危石：高而险的石头。薄暮：傍晚，太阳快落山的时候。空潭：明净清澈的水潭。曲：曲折隐藏的地方。此处指弯曲的潭岸。安禅：和尚坐禅时，身心安静入于禅定的状态。毒龙：佛经故事中的凶猛动物。相传某寺潭中有毒龙伤人，一高僧安禅于潭上持咒咒之，龙浮出悔过。此处用以比喻人的非分之想和邪恶欲念。

## 送郑侍御谪闽中
### 高　适

谪去君无恨，闽中我旧过。
大都秋雁少，只是夜猿多。
东路云山合，南天瘴疠和。
自当逢雨露，行矣慎风波。

*注释*

侍御：官名。郑侍御为高适的朋友。谪：贬谪。无恨：不要怨恨。无：通"毋"。闽中：今福建省福州市。旧过：以往曾经到过的地方。大都：大多是。秋雁少：因闽中在湖南回雁峰以南，秋雁一般不到福建，故有此说。南天：指闽南。瘴疠：南方山林间的毒气和瘟疫。和：平和，和缓。自当：终当，终究会。雨露：喻指皇帝的恩泽、恩惠。风波：指路途险阻。

## 秦州杂诗
### 杜　甫

凤林戈未息，鱼海路常难。
候火云峰峻，悬军幕井干。

风连西极动,月过北庭寒。

故老思飞将,何时议筑坛。

**注释**

秦州:今甘肃省天水市,是唐代西北边防要地。杂诗:指题材不定、有感而写的诗。凤林:即凤林关,秦州境内。戈:干戈,战争。鱼海:秦州辖内的小地名,当时为吐蕃所占领。候火:亦作堠火,即烽火,边庭报警之火。云峰峻:狼烟峰起,高升入云。烽火既高而烈,说明边庭战事紧急。悬军:深入敌境的孤军。幕井干:用布所覆盖的井中,水已干竭。幕:覆盖。西极:西方极远的地方。北庭:唐时曾设北庭都护府,在今新疆。故老:泛指边城的百姓。飞将:西汉时飞将军李广,骁勇善战,为西汉名将。此处暗指被罢官闲居京师的大将郭子仪。议:计议,商议。筑坛:指任命将领戍边。古代任命大将为主帅,要筑坛举行仪式以示慎重威严。刘邦就曾筑坛拜韩信为大将军。

## 禹　庙

### 杜　甫

禹庙空山里,秋风落日斜。

荒庭垂橘柚,古屋画龙蛇。

云气生虚壁,江声走白沙。

早知乘四载,疏凿控三巴。

**注释**

禹庙:指忠州禹庙。故址在今重庆市忠县南临江的山崖上。禹,即古代传说中治水的大禹,为夏的始祖。空山:喻山景的荒凉。虚壁：石壁经禹疏凿开断之处。四载：传说大禹治水时用的四种交通工具。即：水行乘舟，陆行乘车，山行乘樏，泥行乘橇。樏，登山的用具。橇，形如船的短小，两头微翘，人由一脚踏橇而行泥上。疏凿：凿开山崖，疏通水道。三巴：长江流经忠州一带曲折如巴字，其地分为巴都（今重庆市巴县以东至忠县）、巴东（今重庆市云阳、奉节县等地）、巴西（今四川阆中市）。此处代指整个长江流域地区。

## 望秦川

李　颀

秦川朝望迥，日出正东峰。
远近山河净，逶迤城阙重。
秋声万户竹，寒色五陵松。
有客归欤叹，凄其霜露浓。

### 作者简介

李颀（？～753），盛唐诗人。少时家居颍阳（今河南登封）。唐玄宗开元年间进士，曾任新乡县尉。与王维、高适、王昌龄等著名诗人皆有来往，诗名颇高。所作边塞诗风格豪放，七言歌行尤具特色。著有《李颀诗集》。

### 注释

秦川：泛指今秦岭以北平原地带。按此诗中意思指长安一带。朝望：早晨东望。迥：遥远貌。净：明净，洁净。指天气晴朗，空气清新。逶迤：连绵不断的样子。重：重叠。五陵：长安城外汉代的五个皇帝的陵墓。客：作者自称。归欤叹：思归故乡所发出的感叹。凄其：寒冷的样子。语出《诗经·邶风·绿衣》："凄其以风。"

## 同王征君湘中有怀

张　谓

八月洞庭秋，潇湘水北流。
还家万里梦，为客五更愁。
不用开书帙，偏宜上酒楼。
故人京洛满，何日复同游？

**作者简介**

张谓（？～约778），字正言。盛唐诗人。河内（今河南沁阳）人。唐玄宗天宝二年（743）进士，累官至尚书郎、潭州刺史、礼部侍郎等。其诗辞精意深，讲究格律，诗风清正，多饮宴送别之作。《全唐诗》存其诗一卷。

**注释**

北流：湘江与潇水在零陵县西汇合后，向北流入洞庭湖。故称北流。书帙：书籍。帙：用布帛做的包书套子。偏宜：只适宜。京洛：京城长安和洛阳。

## 渡扬子江

丁仙芝

桂楫中流望，空波两畔明。
林开扬子驿，山出润州城。
海尽边阴静，江寒朔吹生。

更闻枫叶下,淅沥度秋声。

### 作者简介

丁仙芝,字元祯,生卒年不详。唐代诗人。润州曲阿(今江苏丹阳)人。唐玄宗开元年间进士,曾任余杭尉,好交游。《全唐诗》存其诗十四首。

### 注释

扬子江:流经扬州、镇江一带的长江称扬子江。桂楫:用桂木做的桨。此处代指船。中流:江流之中。扬子驿:设在扬子津的驿站,故址在今江苏省江都市南。润州:唐代州名,治所在丹徒,即今江苏省镇江市。润州城外有金山、北固山等名胜,故言"山出"。海尽:海的尽头即是海滩。阴静:阴凉寂静。

## 幽州夜饮

张 说

凉风吹夜雨,萧瑟动寒林。
正有高堂宴,能忘迟暮心。
军中宜剑舞,塞上重笳音。
不作边城将,谁知恩遇深。

### 注释

幽州:唐代州名。辖今北京、天津一带,治所在蓟县。正有:正好有。高堂宴:设在高大的厅堂里的宴席。迟暮心:因衰老引起凄凉黯淡的心情。宜:适宜,应当。剑舞:即舞剑。语出《史记·项羽本纪》:"(项)庄则入为寿。寿毕,曰:'君王与沛公饮,军中无以为乐,请以剑舞。'项王曰:'诺。'项庄拔剑起舞。"重：看重，重视。边地习俗以笳声为美，故言"重"。笳音：吹奏笳管发出的声音。笳：古管乐器，流行于北方边地和西域一带。其声苍凉高亢。边城将：作者自指。时张说任幽州都督。